KB189795

장사니즘

포용적—혁신—성장

포용적 ─ 혁신 ─ 성장

이재명과 전문가 9인이 말하는
한국경제를 어떻게?

서정희, 구윤철, 신진영
박홍재, 이의영, 김흥종
박정수, 이한주, 황상민

단반

책을 펴내며

◇◇◇◇◇◇◇◇

이 책은 2024년을 지나고 2025년을 살아가고 있는 지금 이 시대의 산물입니다. 계엄 사태 이후 우리가 직면한 그리고 앞으로 직면할 현실이 우리와 같은 이런 노력을 부르고 있습니다. 대한민국을 새롭게 설계하고 구축하는 일이 지금 우리에겐 대단히 시급하고도 중요한 과제입니다. 한국의 민주주의와 자본주의 모두 새 엔진을 장착할 때라고 우리는 믿습니다.

이 책의 출간은 국민의 명령이기도 합니다. 8년 전 갑작스러운 대통령 탄핵과 그에 이은 대통령 선거 그리고 머잖아 유사한 경험을 하게 된 우리의 운명, 이런 과거와 작금의 현실이 모두를 불안하게 합니다. 준비가 부족한 정권의 출범은 국민 모두에게 불행입니다. 경제만 망가뜨릴 뿐입니다. 대선에서 누가 이기든 준비된 솔루션이 필요합니다. 이것이 국민의 명령이라고 우리는 생각합니다.

우리는 이 책에서 포용적 혁신 성장을 제안합니다. 포용적 정책을 통해 약자를 철저히 보호하는 대신 시장에서는 시장원리가 제대로 작동해 혁신과 성장이 힘차게 이뤄지도록 하자는 것입니다. 보수든 진보든 그동안 정권에서는 포용도, 혁신도 온전하지 않았습니다. 정권 재창출 욕심에 5년 단임 정부가 누더기 정책을 늘어놓은 바람에 죽도 밥도 되지 못했습니다.

이제 정말 골든 타임이 얼마 남지 않았습니다. 마지막 기회라고 생각하고, 우리 경제가 다시 비상하는 가이드라인이자 지침서가 되고자 합니다.

이번 작업에 참여한 필진은 어느 극단에도 치우치지 않고, 특정한 모임의 구성원들도 아닙니다. 군이 부연하자면 중도 진보 혹은 중도 보수 성향의 학자들로서, 한국경제를 오랫동안 함께 고민하고 토의해 온 그룹입니다. 그리고 우리가 이번에 어렵사리 나선 데에는 앞에서 밝힌 바와 같이 더 이상 미룰 수 없다는 절박감이 컸습니다.

끝으로 이 책의 기획부터 마무리까지 이재명 더불어민주당 대표의 격려가 큰 힘이 되었습니다. 특히 요즘 누구보다 바쁜 일정을 소화하고 계시면서도 짧지 않은 서문을 직접 써주신 데 대해 이 자리를 빌려 깊은 경의를 표합니다. 그리고 우리 모두 다시 대한민국을 외쳐 봅니다.

2025년 3월

저자 일동

차례

◇◇◇◇◇◇◇◇

회복과 성장, 다시 大한민국!

중대한 역사적 기로, 2025년

2025년, 대한민국이 위기다. 식민지 해방국 중 유일하게 산업화와 민주화에 성공한 나라, 세계 10위 경제력과 세계 5위 군사력, K-컬쳐로 세계를 선도하던 나라에서 후진적 친위쿠데타가 발생했다.

내란 세력의 폭동과 저항은 온 국민이 피로 쟁취한 민주주의와 헌정 질서를 위협한다. '군의 정치적 중립 보장', '기본권 제한 금지'라는 87년 합의의 전복을 시도한다. 그사이 힘겨운 국민의 삶은 벼랑 끝에 내몰렸다. 외신의 아픈 지적처럼 "계엄의 경제적 대가를 오천만 국민이 두고두고 할부로 갚게" 됐다.

무엇보다 큰 문제는 '극단주의'의 세력화다. 법원, 헌법재판소, 선거관리위원회 등 헌법기관에 대한 근거 없는 불신과 폭력이 난무했다. 자유민주적 기본 질서, 헌법원리를 부정하는 '반헌법, 헌정파괴세력'이 가짜뉴스를 먹고 자라며 몸집을 키웠다.

우리는 작금의 난관을 극복할 수 있을 것인가? 대한민국의 역사는 위기 극복의 서사이다. 위기를 만든 것은 언제나 무책임하고 무능한 기득권이었지만, 위기를 이겨내고 새 길을 연 것은 깨어 행동하는 국민이었다.

우선, 회복과 성장

안타깝게도 우리 경제는 1%대 저성장에 진입한 지 오래다. 여기에 12·3 내란사태가 겹쳤다. 기회와 자원의 불평등이 심화되고, 양극화가 성장을 막는 악순환이 반복된다. 기회가 희박해지고, 경쟁은 전쟁이 됐다. 아이 낳는 것이 손해인 사회는 인구소멸의 간두지세에 내몰린다. 인공지능으로 상징되는 초과학기술의 신문명시대에서 '하던 대로' 먹고 살기는 불가하다.

외면하면 도태 위험에 시달리는 추격자가 되지만, 한발 먼저 대응하면 무한한 기회를 누리는 선도자가 될 수 있다. 초과학기술로 생산성이 극대화되니 노동시간 감소는 필연이다. 모두가 일할 수 있음을 전제로 예외적 소수를 보호하는 복지제도는 한계에 직면할 것이다.

구성원의 기본적인 삶을 보장하지 않으면 공동체의 존속이 불가능하다. 초과학기술 신문명이 불러올 사회적 위기를 보편적 기본사회로 대비해야 한다. 기회가 공평하고, 공정한 경쟁이 가능하며, 기여한 만큼의 정당한 몫이 보장되는 사회로 나아가야 한다.

문제는 기회 자체가 부족하다는 점이다. 노력한 만큼 주어져야 할 몫 자체가 희소하다. '회복과 성장'으로 기회의 총량을 확보하고 공정한 보장이 가능할 만큼의 몫을 생산할 수 있게 하는 것이 우선이다. 둥지를 넓히고 파이를 키워야 한다. 새로운 성장동력을 만들고, 성장의 기회와 결과를 함께 나누는 '공정성장'이 더 나은 세상의 문을 여는 첫걸음이다.

먹사니즘을 넘어 잘사니즘으로

◇◇◇◇◇◇◇◇◇◇

지난해 초, 나는 좌우이념, 색깔논쟁을 넘어, 국민이 먹고사는 문제에 집중하자는 '먹사니즘'을 이야기했다.

경제를 살리는 데 이념이 무슨 소용이며, 민생을 살리는 데 색깔이 무슨 의미가 있나? 국민에게는 '좌파'나 '우파'보다 '배고파'가 더 중요하다. 진보정책이든 보수정책이든 유용한 처방이라면 총동원해야 한다. 이것이 먹고사는 문제를 해결하는 '먹사니즘'이다.

나는 여기에서 한발 더 나아가 올해 초 국회 교섭단체대표연설에서 모두가 함께 잘 사는 세상 '잘사니즘'의 비전을 제시했다. '잘사니즘'은 단순히 '함께 잘 사는 것'이 아니다. 산업화 이후 지금까지 우리는 '기능'을 추구해 왔다. 가장 효율적으로 가장 많이 생산 가능한 방식을 좇았다. '한강의 기적'으로 상징되는 초고속성장의 배경에는 '기능' 추구의 삶이 있었다.

신문명시대는 다르다. 과학기술이 혁신적 효율과 초기능적 생산을 담당할 때, 인간의 욕구는 '기능'보다 '가치'를 향한다. 가령, 값싸고 배

이재명

부른 음식으로 허기를 없애는 '기능' 중심에서, 마음과 몸 모두 만족하는 식사로 감동을 영위하는 '가치' 중심의 삶으로 지향점이 전환된다. 새로운 시대에 새로운 길을 제시하며 '그래, 저렇게 사는 게 맞지!' 하는 감탄을 일으키는 삶. 그것이 내가 말하는 '잘사니즘'이다. 이 위기를 기회로 만들 수 있다면, 앞서 언급했듯 한발 더 먼저 움직인다면, 우리는 무한한 기회를 누리는 진정 '잘 사는' 세상을 열 수 있으리라.

회복과 성장을 위한 과제 'A2G'

AI

돌이켜보면 박정희 시대 경부고속도로 건설은 산업화의 초석이었다. 김대중 시대의 초고속 인터넷망은 ICT 산업 발전의 토대였다. 지금은 AI 중심 첨단기술산업을 육성해야 한다.

Bio

현재 국내 10위 기업 중 2개가 바이오 기업이다. 바이오에도 충분한 기회가 있다. 향후 5대 바이오 글로벌 경쟁력을 보유하기 위해 국가투자가 필요하다. 권역별 특화 발전 전략으로 R&D 및 금융지원, 바이오특화 펀드 등 투자 생태계 구축, 관련 의학자 등 전문인력 양성을 통해 바이오산업 생태계를 강화하자.

Contents & Culture

"오직 한없이 가지고 싶은 것이 높은 문화의 힘" 백범 김구 선생의 꿈, 문화강국은 이제 더 이상 꿈이 아니다. 영화, 드라마, 게임, 웹툰, K팝, K푸드까지 한국문화가 세계를 사로잡고 있다. K콘텐츠 수출이 이차전지와 전기차도 넘어선 시대다. 문화가 곧 경제고, 문화가 미래 먹거리다.

Defense

반도의 특성상 우리나라 주변엔 군사 강국이 즐비하다. 이러한 지정학적 특성이 오늘날 방위산업 발전의 토대가 됐다. 방위산업을 미래 먹거리로 육성해야 한다. 다변하는 미래 전장과 기술 환경에 맞춰 드론과 로봇, 장비 등의 연구개발에 지속 투자하고, 방위산업 협력국을 지속 발굴해야 한다. 우리나라의 지정학적 위기, 충분히 기회로 바꿀 수 있다.

Energy

우리나라는 에너지원 대부분을 수입에 의존하고 있다. 마치 섬처럼 전력망이 고립된 우리나라에게 있어 에너지 자립과 에너지 안보는 생존의 문제다.

석탄의 비중을 최소화해야 한다. LNG 비중도 줄여가되, 재생에너지를 신속히 늘려야 한다. 어디서나 재생에너지를 생산할 수 있도록 에너지 고속도로를 건설해야 한다. 전력 생산지에 대한 배려도 시작하자. 특히 바람과 태양이 풍부한 신안, 영광 등 서남해안 소멸 위기 지

이재명

역을 주목하자. 이와 같은 전력 생산지에 전력 요금을 낮춰주는 정책적 배려가 필요하다.

Factory

수출과 내수의 고리가 끊긴 지 오래다. 기업매출 증가가 국내 재투자, 고용, 임금인상에 연결되지 않고 있다. 기업이 해외투자에만 집중하면 대한민국은 산업공동화 현상에 직면할 것이다.

강력한 국내 산업 진흥책을 추진해야 한다. 국내 공급망을 중심으로 하는 '한국형 마더팩토리' 전략이 필요하다. 마더팩토리를 거점으로, 소재·부품·장비의 국산화를 지원하고, 산학협력 등 혁신 생태계를 조성해야 한다. 특정 대기업에 대한 단순 지원을 넘어, 산업 생태계를 조성함으로써 기회와 결과를 함께 나누게 해야 한다.

Global

트럼프 2기 출범과 함께 국제질서가 빠르게 재편 중이다. 미국은 중국에 10%, 멕시코와 캐나다에 25% 관세를 예고하며 무역전쟁의 서막을 열었다. 자국 우선주의가 지배하는 각자도생의 시대 개막은 수출 의존도가 높은 우리를 더 어렵게 하고 있다.

하루빨리 내란을 극복하고 외교적 대응 체제를 구축해야 한다. 가용한 통상전략을 세우고 대응을 시작해야 한다.

2025년, 회복과 성장. 다시 大한민국

◇◇◇◇◇◇◇◇

우리는 전례 없이 험준한 역경을 마주하고 있다. 하지만 극복하지 못할 일도 아니다. 우리 국민은 환란 때마다 하나로 뭉쳐 위기를 기회로 만들어 왔다. 일제 폭압에 3·1 운동으로 맞서 대한민국 임시정부를 수립했다. 분단의 아픔과 전쟁의 포화 위에 산업화를 이뤄냈다. 무자비한 독재에 맞서 민주주의를 쟁취했으며, 아름다운 촛불혁명으로 국민 권력을 되찾았다. IMF위기에도 굴복하지 않았고, 위기를 경제개혁의 기회로 삼아 복지국가와 IT 강국의 초석을 다졌다.

이 모든 성취는 '더 나은 나라를 물려주겠다'는 통합된 국민 의지의 산물이다. 이렇듯 우리 국민은 내란조차 기회로 만들 만큼 용감하고 지혜롭다. 굴곡진 우리 역사가 그랬듯 더디고 끝난 것처럼 보여도, 무력감에 잠시 흔들려도, 역사는 전진해 왔고, 또 전진할 것이다.

그렇게 전진할 2025년을 만들기 위해, 국민이 던지는 질문과 과제를 가지고 아홉 분의 전문가가 각자의 해답을 내놓았다. '포용적 혁신 성장은 어떻게 이룰 것이며, 재정은 어떻게 할 것인가?', '자본시장과 중소기업, 그리고 대기업의 생태계는 어떻게 할 것인가?', 'AI시대에 혁신을 어떻게 이룰 것인가?', '통상정책과 교육 문제는 어떻게 할 것인가?', '대중심리와 리더십을 어떻게 세워 나갈 것인가?' 등에 대한 각 저자의 생각이 자못 흥미롭다. 물론 내 생각과 다른 지점도 많다. 다른 생각은 토론의 재료이고, 활발한 토론은 성장을 위한 동력이다. 그래서 이 책은 더 의미 있다.

2025년, 회복과 성장을 위해 이 책이 던지는 화두와 해법을 곱씹어

이재명

보길 바란다. 그렇게 우리는 질문과 답변을 하며 '국민이 나라의 주인임을 선포하고 내란마저 극복한 대(大)한국민'임을 증명할 것이라 믿는다. 좌절과 절망이 있지만 결국엔 다시 일어서는 대한민국을 만들어 낼 것이다.

CHAPTER 1

◇◇◇◇◇◇◇◇◇◇◇

포용적 혁신
성장으로 가자

보수 정부는 포용과 복지를 경시했고,
진보 정부는 혁신을 외면하고
시장경제 원리를 파괴했다.
우리가 찾았어야 할 길은
두툼한 사회안전망(복지 강화)과
철저한 시장경제 원리를 중시하는 혁신,
즉 포용과 혁신 두 가지 모두를
결합해 내는 것이어야 했다.

서정희

- 美 미주리대 박사
- 전 매경TV 출판 대표
- 전 서울대 경제학과 객원교수
- 현 연우컨설팅 대표

❖ ❖ ❖

1. 포용적 혁신 성장으로 가자

◇◇◇◇◇◇◇◇◇

12·3 계엄으로 촉발된 위기 상황은 결국 경제에 크나큰 후유증을 발생시키고 말았다. 달러 대비 원화 환율이 여지없이 뛰었고(원화 가치 하락), 성장은 곤두박질치고 있다. 최악의 소비 위축에 이미 100만 명 폐업을 기록 중인 자영업자들은 여기저기서 아우성이다. 체감경기는 싸늘하다 못해 아예 얼어 버렸다. 혹자는 계엄, 탄핵 사태 이후 2월 말까지 직접 손실만도 최소한 한 분기 국내총생산GDP의 2~3% 정도가 날아갔을 것으로 추정한다. 줄잡아도 10조~20조 원에 달하는 규모다.

경제적 후유증은 정치적 불확실성이 가라앉으면 안정을 되찾을 수 있다. 한국경제는 강한 회복력을 늘 보여 왔다. 그런데 12·3 계엄과 탄핵에 이은 현재 상황은 사실상의 내란이나 마찬가지이고, 문제는 이런 정치적 불안이 좀처럼 가시기 어려워 보인다는 점이다. 사실 경제적 양극화보다 정치적 양극화가 훨씬 더 극단으로 치닫고 있다. 정치적 이념이나 주장의 양극화가 어제오늘의 일은 아니다. 서로 각자의 진지에서 유튜브 등을 통한 선전전이 연일 치열하게 벌어진 지 이미 오래다. 그러나 언제 적 '백골단' 이름이 다시 등장하고 법원이 습격당하는 현실은 충격이 아닐 수 없다. 정치적 양극화가 완화되지 않는 한 경제 회복도 요원하다.

흔하게는 정치적 양극화가 경제적 양극화에 뿌리를 두고 있다. 2008년 글로벌 금융위기 이후인 2011년 '월가를 점령하라Occupy the Wall!' 구호가 터져 나온 지 14년이 지났다. 그 후 세계가 정치적 양극화로 더 큰 몸살을 앓고 있다. 그사이 한국은 보수와 진보를 두세 번을 오가는 정권 교체가 있었고 더욱이 대통령 탄핵이라는 뼈아픈 극단의 정치적 경험을 두 번이나 치루고 있다. 대통령 탄핵, 준비가 부족한 정권 교체 경험이라는 악순환은 그 자체로 민주주의에 심각한 상처를 남겼을 뿐만 아니라 설익은 경제정책 실험으로 인해 경제 자체를 크게 훼손하는 치명적 결과를 가져왔다.

21세기 초반을 지나고 있는 한국은 지금 두 개의 위기에 동시에 직면해 있다. 하나는 대한민국이 경제적으로나 정치적으로 이미 최정점 Peak Korea을 지나고 있는 게 아닌가 하는 불안감이다. 산업화와 민주화를 성공적으로 이루어 내면서 선진국 반열에 올랐다고 기뻐한 지가 불과 얼마 만인가. 그러나 이제는 1인당 국민소득이 정체 혹은 하락(원화 가치 하락으로 인한 달러 표시 소득수준 반락도 영향)을 경험하고 있고, 산업계는 새로운 먹거리를 찾지 못하고 길을 잃은 상태다. 위기 때마다 경제 회복의 견인차 역할을 해온 제조업의 경쟁력 상실이 뼈아프다. 대표적으로 한국의 3, 6위 수출품이자 산업화의 상징인 석유화학과 철강은 설립 50년 만에 최대 위기를 지나고 있다. 불길한 이 예감

서정희

과 흐름이 맞는다면 우리에게 남은 건 이제 내리막길뿐이다.

'피크 코리아' 위기가 경제적 위기 징후라면 다른 하나는 정치적 민주주의의 위기이다. 우리나라만 그런 것은 아니라지만, 지금 한국이 겪어 내고 있는 민주주의의 위기는 미국이나 유럽에 못지않은 아주 독한 중증이다. 이제는 어느 한쪽도 상대방을 인정조차 하지 않으려 든다. 보수 우파 진영의 일부는 부정 선거 음모론에 흠뻑 젖어 위법 위헌적이 12·3 계엄마저 정당화하려는 모습까지 내비치고 있다. 위험한 형국이 아니라고 할 수 없다.

한국의 정치와 경제가 이런 좌표에 놓여 있는 바로 지금, 우리는 다시 새로운 리더십을 선택해야 하는 기로에 서 있다. 이번에는 과연 기회가 될 것인가, 아니면 또다시 국운을 뒷걸음질 치게 만드는 못난 준비와 선택을 할 것인가. 그 답은 현재의 한국 민주주의와 경제 시스템을 우리가 얼마나 직시하고 그에 상응한 올바른 정책과 제도를 설계할 수 있도록 차기 리더십의 울타리를 제대로 만들어 가느냐에 달려 있다.

진영 논리로는 답이 없다. 지금 같은 식이면 보수와 진보 진영 둘 다 경제 문제를 해결할 수 없다. 서로가 상대방을 문제의 근원이라고 믿고 또 공격하고 있다. 그러나 양극단으로는 보수가 강조하는 성장도, 진보가 내세우는 복지도, 어느 것 하나 제대로 지켜 낼 수 없다. 선택은 둘 중의 하나다. 어느 쪽이 이기든 나라가 두 동강 난 채 포퓰리즘의 늪에 빠져 예전의 남미 꼴이 나든지 아니면 이제는 어설픈 양극단의 경제 논리와 철저하게 결별하고 새로운 창조적 길을 선택하는 것이다. 후자의 사는 길로 들어서기 위해서는 정교한 경제 논리로 한국

경제의 미래를 치밀하게 설계해야 한다. 그 골든 타임이 얼마 남지 않았다는 데 이의를 제기할 사람은 이제 거의 없을 것이다.

왜 포용적 혁신 성장인가

한국은 시장경제를 기본 원칙으로 택하고 있는 자본주의 국가다. 여기에는 아무도 토를 달지 않을 것이다. 그러나 한국경제에서 시장경제 원칙이 제대로 지켜지고 있느냐고 물으면 별로 그렇지 않은 것 같다는 데 토를 달 사람 또한 별로 없다.

그렇다면 우리나라 법에는 우리 경제 시스템이 어떻게 정의되어 있을까. 요즘 유행처럼 헌법부터 먼저 확인해 보자.

우리 헌법에서 경제를 다룬 제9장의 첫 번째 조항인 제119조를 보면 1항에서 "개인과 기업의 경제상의 자유와 창의를 존중함을 기본으로 한다"고 돼 있고, 2항에서는 적정한 소득의 분배와 경제의 민주화를 거론하고 있다. 1항은 시장경제와 성장을, 2항은 복지와 분배를 설명하고 있는 것으로 해석해도 큰 무리가 없을 것이다. 1항이 먼저이고, 2항이 보조적인 것이냐 아니면 1항과 2항이 서로 병렬적으로 대등한 것이냐를 두고 논란이 조금 있지만 그게 그리 큰 문제는 아니라고 본다.

진짜 문제는 역대 정부가 과연 이런 헌법 정신을 제대로 이행했느냐 하는 점이다. 결론부터 말하면 보수정권은 119조에서 1항에 집중하며 2항을 1항에 종속시키고 경시했던 반면 진보정권은 반대로 2항에 올인하며 1항을 다소 무시해 온 게 사실이다.

그리 멀지 않은 이명박 정부부터 시작해 그 이후 정부들을 살펴보

서정희

자. 이명박 정부의 747 공약(연간 성장률 7%, 1인당 국민소득 4만 달러, 세계 7대 강국)은 성장에 올인하다시피 돼 있다. 이전 노무현 정부에 대한 반발 의식이 컸을 것이다. 이명박 정부에 이은 박근혜 정부는 창조경제를 내세우며 혁신 성장을 천명했다. 하지만 안타깝게도 시장원리를 제대로 지켰다는 평가는 듣지 못했고 임기 중 탄핵되는 첫 대통령이 되고 말았다.

박근혜 대통령의 탄핵으로 인해 갑자기 치러진 대선에서 승리한 문재인 정부는 소득주도 성장을 내세웠다. 말이 성장론이지, 실상은 분배론에 다름 아니었다. 코로나 사태 때문이라고는 하지만, 문재인 정부에서 정부 지출이 급격히 늘어났고, 그나마 효율적으로 쓰인 흔적을 찾기 쉽지 않다. 단지 나눠 주기식의 분배를 소득주도 성장이라고 불렀을 뿐이다. 시장이 잘 돌아가도록 해서 경제 파이를 키우는 게 성장인데, 정부 돈을 풀어 하위계층에 이전 소득으로 나눠 주는 식이었으니 성장이 될 턱이 없었다.

윤석열 정부는 시장주의의 첨병이라는 미국 유명 경제학자인 밀턴 프리드먼을 윤석열 대통령 스스로가 추종한다며 공정과 상식(시장원리)을 강조하는 듯했다. 그러나 아이러니하게도 시장원리에 입각한 사소한 정책이나마 선뜻 기억에 남는 게 없다. 그리고 모든 걸 야당 탓으로 돌리며 스스로 탄핵 국면을 자초했다.

이명박 정부에서 윤석열 정부까지 네 번의 정부를 거치는 과정에서 우리나라 경제의 펀더멘털은 크게 위축됐다. 무엇보다 잠재성장률이 절반 이하로 주저앉았다. 4%를 넘어서던 잠재성장률이 지금은 2%에 간신히 턱걸이하고 있고 곧 1%대로 추락하는 것이 기정사실처럼 돼 있다. 5년 단임 대통령마다 잠재성장률이 1% 포인트씩 하락한다는 '5년마다 1% 하락 법칙'이 실제 들어맞고 있는 셈이다. 30%대를 유지하던 국가채무가 2024년 말 51%를 넘었고 머지않아 60% 선을 위협할 정도로 정부가 돈을 마구 써댔음에도 말이다. 간단히 말해서 폭망한 셈이다. 왜 이런 결과가 나왔을까.

한두 마디로 설명하기는 곤란하다. 글로벌 금융위기에 미중 충돌이 이어졌고, 우리나라와 같은 지정학적 구도를 가진 경제로서는 이런 환경에서 어려움이 적지 않았다. 또 세계를 강타한 코로나 사태도 한몫했을 것이다. 그러나 이런 변수들은 세계 모든 국가들에게 공통으로 주어진 외부 환경일 뿐이다. 따라서 내부 정책에서 그 진짜 원인을 찾는 게 옳다. 결론부터 말하면 보수 정부는 시장경제 원리를 지켜 낼 결기를 보여 주지도 못하면서 포용과 복지를 경시했고, 진보 정부는 국가 부담만 늘린 채 성장의 엔진인 혁신을 외면하고 시장경제 원리를 파괴했다. 되돌아보면 양극화가 극심해진 세계경제 흐름 속에서 우리가 찾았어야 할 길은 두툼한 사회안전망(복지 강화)과 철저한 시장경제 원리를 중시하는 혁신, 즉 포용과 혁신 두 가지 모두를 결합해 내는 것이어야 했다.

아직도 성장과 복지를 선택의 문제로만 바라보려는 경향이 있다. 하지만 이는 잘못된 판단이고, 작금의 경제 흐름을 제대로 읽지 못하는 무지의 결과다. 양극화가 심화한 뒤 예전의 성장 공식은 더 이상 통하지 않는다. 예전에는 성장을 우선시하고 이를 통해 마련된 경제적 파이를 토대로(낙수효과) 분배가 조화롭게 이뤄지도록 정책적 배려를 하는 게 하나의 공식이었다면 양극화가 본격화한 이후에는 공식이 바뀌

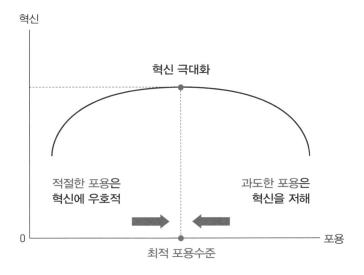

〈그림〉 **혁신과 포용 사이의 상관 관계**
이인호, 혁신과 상생의 조화, 중소벤처기업 컨퍼런스 기조연설, 2024.11

었다. 성장을 위해서도 포용과 상생이 적절히 선행 혹은 동반되어야 하고, 반대로 상생 혹은 포용이 이뤄지기 위해서도 성장이 반드시 담보돼야 한다는 것이다. 즉 양자가 서로에게 필요조건이자 충분조건이 되는 식이다.

위 그림이 이를 한눈에 보여 준다. 포용과 상생이 적정 수준까지 커져야 성장도 여기에 비례해서 성과가 늘어난다는 것을 이 그림은 잘 보여 주고 있다. 포용을 경시하는 보수주의가 곱씹어 볼 부분이다. 물론 포용과 상생, 즉 분배 측면이 너무 강조되다 보면 정점에 달했던 성장 동력이 오히려 꺾이는 역효과를 나타낸다는 점도 이 그림은 보여 주고 있다. 복지에 매몰되는 진보주의가 경각심을 가져야 할 대목이다.

이 그림이 아니더라도, 우리 경제의 지속 가능한 성장과 발전을 위해 혁신과 포용이 동시에 필요하다는 데에는 이제 우리 사회에서도 대체로 의견이 일치하고 있다. 그러나 어떻게 혁신을 촉진할 것인지, 포용이 정확히 무엇을 의미하는지, 그리고 어떻게 혁신과 포용을 조화시킬지는 아직 해답을 찾지 못하고 있다. 그러면 새롭게 검토하고자 하는 포용적 혁신 성장은 현실 경제에서 실제 어떻게 작동될 수 있을까.

포용 성장과 혁신 성장

언제부턴가 우리 주변에서 포용적 성장inclusive growth이란 용어가 흔히 사용되고 있다. 그러나 이 용어가 무슨 뜻인지 정확히 설명할 수 있는 사람은 그리 많지 않다. 무엇보다 그 개념이 다소 혼용되고 있다. 우리 사회 구성원 중 상당수는 포용적 성장을 분배에 초점을 맞춰 받아들이고 있다. 그러나 포용적 성장에는 이와 함께 다른 측면의 개념도 포함하고 있다. 사회 구성원 모두의 참여를 강조하는 성장의 과정에도 초점을 맞추고 있다. 어쩌면 이 개념이 포용적 성장의 주된 측면이라고 봐야 할 듯하다.

이처럼 혼용과 오해를 불러일으킬 만한 소지는 애초에 이를 처음 개념화한 경제개발협력기구OECD나 아시아개발은행ADB 같은 국제기구들의 정의에서 비롯된다. OECD는 "포용적 성장은 사회 전체적으로 공정하게 분배되고 모두를 위한 기회를 창출하는 경제성장"이라고 정의함으로써 기회와 분배라는 두 요소를 공히 강조하고 있다. ADB도 포용적 성장을 정의하면서 성장의 과정과 성장의 결과라는 두 측면을

서정희

내세우고 있다. 성장의 과정에서는 사회 모든 구성원의 참여와 기회를 허용한다는 점을 개념의 틀로 제시했고, 성장의 결과에서는 교육 건강 사회통합 등 경제적 기회를 증진시키는 데 필요한 비금전적 불평등 감소를 구성 요소로 설명하고 있다.

포용적 성장 개념은 경제학적으로 아직 완성된 이론은 아니다. 전통적인 혁신 성장 이론에 비하면 역사도 훨씬 짧다. 제도학파적 성향을 띠고 있고, 2000년대 후반 이후 양극화가 심해지면서 더욱 주목을 받기 시작한 개념이자 주장이다. 2024년 노벨경제학상을 수상한 대런 아세모글루는 포용적 제도의 채택 여부가 국가의 부를 가른다는 획기적 연구 업적으로 유명하다. 패널 데이터를 기초로 국가별 경제사적 비교를 담은 그의 이론은 한 국가 내의 성장을 다루는 거시경제학 이론과는 다소 궤를 달리한다. 하지만 큰 틀에서는 유사한 성격을 지니고 있다고 봐도 무방하다.

아세모글루는 어떤 나라는 부유하고 어떤 나라는 가난한지에 대한 연구에 천착해 국가의 성패를 가르는 열쇠로 제도라는 요소를 추출해 냈다. 예컨대 포용적 제도를 구축한 나라에서 경제성장과 국가 번영이 이뤄진다고 봤는데, 여기에서 말하는 포용적 제도란 일반 대중의 재산권을 보장하고 필요한 서비스를 제공하는 등 공정한 경쟁의 장을 제공하는 제도를 일컫는다. 그는 포용적 성장에 대한 반대 개념으로 착취적 제도라는 개념을 제시하고 있다. 소수의 집단에 부와 권력이 집중된 제도를 지칭한다. 흥미로운 일은 그가 상반된 이 두 제도의 사례로 한국과 북한을 예시하고 있다는 점이다. 그의 지적처럼 한국이 북한에 비해 포용적 제도를 갖춘 국가임은 너무도 당연하다. 그러나 아세모글루는 한국 미디어와의 여러 차례 인터뷰에서 한국의 성장이 정체되고 있음을 지적하고, 혁신과 포용성에서 새로운 돌파구를 찾아야 한다는 조언도 잊지 않았다.

혁신 성장은 포용적 성장에 비해 우리에게 비교적 익숙한 개념이다. 경제학적으로도 완성도가 높은 이론이다. 혁신 성장의 원조 격은 창조적 파괴Creative Destruction 개념으로 유명한 경제학자인 조지프 슘페터이다. 혁신이 자본주의 경제발전의 원동력이라고 간파한 슘페터는 그 구체적 원천으로 새로운 품질의 상품 생산이나 생산 방식의 도입, 새로운 시장의 개척이나 새로운 공급원 확보 등을 열거했다. 그러면서 이 같은 혁신에 성공하는 기업은 산업 내에 독점적 지위를 형성하게 된다고 강조했는데, 이것이 결국 자본주의의 미래에 커다란 변수로 작용하게 된다.

주지하다시피 한국경제가 저개발에서 중진국 대열에 들어서기까지는 정부 주도의 관치경제가 주효했다. 자본과 노동이라는 생산 요소를 정부가 집중 관리하고 투입함으로써 효율성을 창출하는 식이었다. 선진권 진입을 위한 그다음 단계에서는 대기업의 혁신에 정부의 지원이 뒷받침됐고, 이를 통해 고부가가치 산업으로의 전환이 성공적으로 진행된 점을 성공 요인으로 꼽을 수 있다. 반도체, 자동차 등이 대표적이다. 이 같은 혁신과 기술 발전이 결국 한국경제의 10위권 선진 경제 진입을 가능하게 했다.

그러나 여기까지였다. 언제부턴가 한국경제의 혁신은 정체되기 시작했다. 미래 성장 동력이 될 주력산업이 보이지 않는 현상이 지속되고 있다. 반도체 이후 먹거리가 안 보인다는 얘기가 나온 지 벌써 오래

서정희

다. 그렇다고 혁신을 위한 투자가 없었던 것도 아니다. 국내총생산 대비 연구개발 투자 비중은 2010년대 이후 줄곧 OECD 회원국 가운데 2위를 지키고 있다(1위 이스라엘). 혁신을 위한 투자 규모를 이처럼 계속 늘리고 있는데도 실제 효과가 잘 나타나지 않고 있다는 사실이 우리에겐 더욱 아픈 대목이다. 이러니 답답한 노릇이 아닐 수 없다.

이 때문인지 성장률을 구성하는 기여분(자본, 노동, 총요소생산성) 가운데 혁신에 의해 이뤄지는 총요소생산성의 기여분이 급격히 낮아졌다. 얼마 전부터는 그 기여분이 1%에도 못 미치고 있다. 돈이 넘쳐나는 시대에 접어들면서 성장에 대한 자본의 기여분이 미미해진 것은 당연한 일이다. 여기에 인구 정체 탓에 노동의 기여분마저 급격히 추락했다(심지어 마이너스로 돌아설 시점이 머지않았다). 이러니 우리 경제의 잠재성장률은 끝없는 추락을 거듭하고 있는 것이다. 그나마 남은 희망은 혁신을 통한 총요소생산성 제고 하나뿐이다. 그래서 혁신을 도외시하고는 성장을 기대할 수 없는 것이다.

거품-위기-분노 넘어 새희망으로

언제부턴가 한국은 거대한 세 개의 모순 혹은 부조화 덩어리와 전쟁 중이다. 첫 번째 덩어리는 눈부신 과학기술의 발전과 이를 통제할 구닥다리 규제 사이에서 빚어지는 모순과 갈등이다. 인류 사회가 지금과 같이 빠른 기술 진보를 경험해 본 적은 없다. 기술 진보라는 가속도 페달이 발전할수록 이를 제어할 브레이크(새로운 규제나 제도에 대한 사회적 합의)도 동시에 성능이 좋아져야 자동차 주행이 가능하다. 그래야 사고가 나지 않고 빠른 주행이 가능하다. 그러나 지금 세계는 이런 사회적

합의(브레이크)를 도출하고 개발하기가 그 어느 때보다 힘든 상황이다.

두 번째 갈등은 갈수록 첨예해지고 있는 미중 갈등 속 세계 체제다. 미국을 중심으로 한 세계 일극 체제가 중국이라는 새로운 강자의 부상으로 양극체제로의 이행을 시도 중이다. 일극 체제에서 양자 패권 시대로 넘어가는 과정에서는 수많은 국가, 제도, 관례들의 재배치와 그로 인한 새로운 균형이 요구된다. 한국은 이 중에서도 새로운 포지셔닝이 가장 힘든 틈바구니에 서 있다. 20세기 전후에 조선이 처했던 상황과 마치 흡사하다는 얘기가 나오는 이유다.

세 번째는 자본주의와 민주주의의 위기이다. 미국, 유럽 등 어디에서나 예외 없이 이 두 가지 위기를 겪지 않는 곳이 거의 없다시피 하다. 한국도 마찬가지다. 어쩌면 가장 심각한 나라 가운데 하나다. 사실 민주주의와 자본주의의 위기는 동전의 양면과 같은 성격이 있다. 모두 위기의 중심에 대리인 문제가 있고, 권한과 책임에 있어 비례의 원칙이 잘 지켜지지 않는 데 있다. 근대경제학의 원조인 애덤 스미스가 그의 국부론에서 주식회사 제도를 합명회사나 합자회사와 비교해 극력 비판한 이유도 대리인 문제였다. 선거에서 민초들의 의지가 당리당략을 압도하기가 쉽지 않듯이, 자본주의에서는 수많은 소액주주의 이해가 지분이 그리 많지도 않은 대주주의 입김에 휘둘리는 일이 비일비재하다. 민주주의든 자본주의 회사체계든 대리인 문제를 바로잡기 위해 제일 시급한 일은 풀뿌리 의견을 수렴하고 이를 의사결정에 반영하는 일일 것이다.

이러한 세 가지 충돌과 위기는 한국만의 것은 아니다. 세계 거의 모든 나라들이 겪고 있는 환경이다. 그래서 세계는 지금 분노의 시대를

서정희

살아가고 있다. 필자는 한 나라의 경제든 세계경제든 모든 사회는 '거품의 시대-위기의 시대-분노의 시대-새희망의 시대' 등 총 4단계 사이클을 거친다는 4단계 경제발전 사이클 이론을 제시한 바 있다.

성장이 이뤄지는 과정에서 선거를 몇 번 치르다 보면 정치적 포퓰

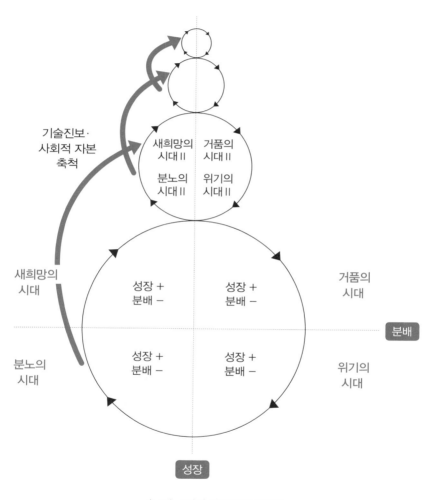

〈그림〉 **4단계 경제 발전 사이클**
서정희, 브런치 경제학, 5쇄, 2014.5. p.10 인용

리즘 영향 탓에 경제에 거품이 끼기 마련이다. 거품의 시대엔 성장과 분배가 모두 플러스(+)로 나타나는 경향이 있다. 문제는 거품의 단계에서 경제 구석구석에 잔뜩 낀 거품을 상쇄하고도 남을 정도로 생산성 향상과 기술 진보가 진전되지 못할 경우에 발생한다. 성장이 되레 뚝 떨어지는 위기의 시대(성장 마이너스, 분배 플러스)로 넘어가는 것이다. 지금의 경제 시스템으로 더 이상 감당이 안 되니 위기가 터지는 것이다.

위기의 시대가 진행되다 보면 분배가 악화되고 양극화가 심화되는 단계로 접어들기 마련이다. 바로 분노의 시대(성장 마이너스, 분배 마이너스)다. 분노의 시대를 뛰어넘어 새희망의 시대로 도약하기 위해선 특단의 모멘텀이 필요하다. 일정 수준 이상으로 기술 진보나 사회적 자본의 축적이 진행되는 것을 말한다. 그러면 이 경제의 발전단계가 기존 사이클에서 한 단계 올라서게 된다. 우리 경제는 이렇게 4단계 사이클을 거치며 나선형으로 진화 발전한다는 게 개인적 생각이다.

동서고금을 막론하고 모든 경제는 성장과 분배를 둘러싼 치열한 갈등의 역사였다. 좌파 정치경제학에서 주장하는 생산력과 생산관계의 끊임없는 상호작용과 변증법적 진화에도 맥이 닿을 만하다. 그러면 지금 우리는 어디에 서 있을까. 혹자는 지금을 위기의 시대라고 부르고 혹자는 분노의 시대라고 칭할 것이다. 또 누군가는 새희망의 시대가 다가오고 있다고 말할지 모른다. 아마도 지금 우리 사회에는 분노와 위기, 그리고 새희망의 싹이 함께 혼재되어 있다고 보는 것이 맞지 않을까.

여기에서 탈출하기 위해선 무엇보다 새로운 모멘텀이 절실하다.

서정희

즉, 상당한 수준의 기술 진보가 선행되든지 혹은 진정한 의미의 성숙한 민주주의의 정치발전 혹은 노사 대타협과 같은 사회적 자본의 거대한 축적이 진행돼야 한다. 지금 우리 주변에서 터져 나오고 있는 목소리들, 진행되고 있는 기술 진보들, 이 모든 것들이 이 조건들과 너무도 흡사하다. 그래서 결론적으로 이번 대선은 새희망으로 나아가는 출구를 우리가 찾아내느냐 하는 데 있어 대단히 중요한 분수령이 될 것이다.

2. 포용적 혁신 성장 모델

포용적 혁신 성장 모델의 핵심은 시장과 복지정책을 철저히 분리해 시장은 시장대로, 복지는 복지대로, 제대로 돌아가게 하자는 것이다. 어설픈 정책 과잉과 시장 왜곡을 사전에 차단하자는 뜻이다. 이를 위해선 시장과 복지정책 사이에 분명한 차단벽, 즉 파이어 월을 철저히 쌓아 상호 간섭을 배제해야 한다.

시장은 풀고 사회안전망은 더 촘촘하게

혹자는 우리나라에서 취약한 복지정책과 시장경제 원칙 훼손은 동전의 양면과도 같다고 말한다. 옳은 지적이다. 원래 약자 보호는 재정을 풀어 복지제도와 사회안전망을 통해 이루어야 한다. 그러나 우리나라는 그렇게 하지 못했다. 어쩌면 그렇게 하지 않았다고 해야 옳을 것이다. 그래 놓고 약자 보호라는 미명 아래 시장경제 원칙을 훼손하는 정책을 마구 쏟아 냈다. 그게 재정도 덜 들이고(작은 정부론), 관료들로선 손쉽게 생색도 내는 편한 방법이었다.

통신 등 각종 공공 서비스 요금 규제, 서민 금융이라는 이름의 금융권 팔 비틀기(서민 대출 확대와 저금리, 신용사면 요구 등) 등 이런 사례는 우리 주변에 차고 넘친다. 해고를 어렵게 하고 최저임금을 감내하기 힘든 정도로 높게 책정하는 것도 마찬가지 사례다. 만약 사회안전망이 제대로 확충되어 약자를 보호할 수 있었다면 노동 관련 제도도 훨씬 더 유연해질 수 있었을 것이다.

모든 일에는 다 변명이 뒤따르기 마련이다. 시장경제의 팔을 비틀어 취약한 복지제도의 구멍을 메우는 비정상에도 밑바닥 명분이 있었다. 재정건전성 수호다. 물론 옳은 명분이고 옳은 방향이다. 문제는 이 명분이 너무 오래 그리고 너무 과도하게 영향을 미치고 있다는 점이다. 자기 입맛에 맞게 돈 쓸 곳 많은 권력자와 예산 당국에겐 밖으로 내세우기 좋은 명분이자 달콤한 유혹이었다.

이렇게 해서 시장경제 원칙은 하나둘씩 훼손되고 무너졌다. 이로 인해 경제는 꽃을 피우지 못하고 시들어 갔다. 그 결과로 약자 지원 필요성은 더 커졌고, 시장경제 원칙은 더 훼손되는 길로 들어섰다. 이렇게 해서 경제는 더 시들면서 약자도 제대로 보호하지 못하는 악순환이 지속된 것이다.

이제는 바꿔야 한다. 약자는 경제정책이나 제도가 아니라 재정 투입을 통한 사회안전망으로 보호해야 한다. 그 대신 시장경제 원칙은 정상으로 회복되어야 함은 물론이다. 이래야 혁신이 이뤄지고 우리가 다시 비상할 수 있다.

서정희

이때에도 포용(복지)과 혁신은 단순 병렬적 합(+)을 의미하는 게 아니다. 포용적 혁신 성장 모델은 이 둘을 곱하기(X)처럼 화학적 융합이 되도록 하는 것이다. 재정도, 금융도, 산업정책이나 과학기술 정책도 이 원칙 아래 새롭게 재구축돼야 한다. 이래야 혁신이 이뤄지고 성장이 이뤄지며 세계 10위권의 복지도 완성된다.

이게 말은 쉬워도 실행이 어려울 수 있다. 이미 시장에 깊숙이 들어와 있는 각종 규제를 일거에 걷어 내기란 사실상 불가능하다. 그렇다고 손을 놓고 있을 수는 없다. 이제부터라도 모든 규제 입법은 네거티브 방식으로 바꿔 추진해야 한다. 그리고 사회안전망 확충이 성과를 내는 데 보조를 맞춰 기존 규제도 하나둘씩 걷어 내야 한다.

물론 이런 접근법으로 해법을 도출하기 어려운 분야도 있다. 인공지능AI 같은 최첨단 기술, 금융 같은 글로벌 선진 서비스 등은 더욱 그렇다. 이 영역에서는 특단의 조치 없이 점진적이고 단계적인 규제 완화로 일이 되지 않는다. 규제 프리존 같은 초법적 조치들이 필요하다. 중국에 홍콩이 있듯이 우리나라에도 기존 법률의 규제를 받지 않는 초법적 특별구역을 설치해야 할지도 모른다. 당장 실행은 어렵더라도, 이런 의지와 마음가짐으로 일을 풀어 가야 한다.

트럼프 2기 정부가 정부 안에 정부효율부DOGE를 신설한 일은 신선하다. 벤치마킹할 만하다. 우리 정부는 손볼 곳이 너무 많다. 그럼에도 불구하고 5년 단임 정부마다 정부조직 개편을 단행하는 몸살을 수차례 앓은 이후부터는 아예 손을 대지 못하고 있다. 그러다 보니 정부 곳곳에 군더더기가 덕지덕지 붙어 있다. 정부조직 개편 말고도 정부를 혁신할 방법은 많다. 세계 각국에 수많은 사례가 있다.

대기업 정책도 크게 손질해야 한다. 삼성전자와 현대자동차가 새로운 먹거리 발굴에 힘겨워하고 있는 현실이다. 슘페터 이론에서 독과점 대기업이 자본주의 발전의 상징이자 곧 자본주의 쇠락의 징표로 등장하듯이, 한국 자본주의에서도 소위 재벌이라는 상위 대기업들이 경제성장과 시장 왜곡을 동시에 담고 있는 것도 사실이다. 그러나 이제는 대기업을 바라보는 시각도, 대기업을 경영하는 원리도 모두 바뀌어야 하고 바뀌고 있다. 한국 대기업에 관한 시장원리가 근본적으로 탈바꿈해야 할 시점이 이미 지나고 있다.

　　대기업의 문어발식 확장이나 대기업 오너들의 전횡을 막는 일은 이제 상법 등 고유의 법률에 의해 이뤄지도록 정공법으로 단순화해야 한다. 현재 검토 중인 상법 개정안도 이런 맥락에서 긍정적으로 검토 추진돼야 한다. 대신 대기업을 옥죄는 수많은 규제 혹은 지원 정책들을 대거 정리해 대기업들이 세계 무대에서 자기 책임하에 무섭게 경쟁하도록 해야 한다. 대표적으로 대규모기업집단을 관리하기 위한 공정거래법은 크게 축소 손질할 필요가 있다.

　　대기업 정책이 정상화하는 속도에 맞춰 복잡다기한 중소기업 정책도 대대적으로 정리해야 한다. 웬만한 대기업보다 일부 중견기업과 중소기업이 더 문제라는 뒷얘기가 없어져야 한다.

　　신기술과 함께 등장해 짧은 시간에 독과점을 형성하는 소위 슈퍼기업, 플랫폼 기업에 대한 규제는 대대적으로 강화해야 한다. 기술 발전 속도를 따라가지 못하는 정부의 뒷북 규제는 시장의 생태계를 망치고 결국은 우리나라의 자본주의와 시장경제 시스템에 회의감만 키운다. 대단히 위험한 일이다.

서정희

혁신 체계 정비와 함께 당연히 복지와 사회안전망 전반도 전면 재설계 해야 한다. 복잡다기한 복지제도를 단순화하고 효율적인 사회안전망을 재구축해야 한다. 아직도 많이 미흡한 복지시스템은 대대적으로 확충해야 한다. 복지지출을 포함한 사회적 지출의 GDP 대비 비율은 2022년 기준 14.8%로, OECD 국가 평균인 21.1%에 한참 못 미친다. 노인빈곤율과 자살률은 세계 최고 수준이다. 사회적 지출 비중을 높이고 노인층의 취업 기회를 더 늘려야 한다. 양질의 교육을 받은 베이비 부머의 은퇴 시대다. 이들을 겨냥한 시니어 혁명 혹은 재취업 캠페인을 벌이는 것도 방법이다.

한국경제의 최대 취약 지점의 하나인 소규모 자영업자들에 대해서도 땜질식 처방(예컨대 카드 수수료 인하 등) 대신 근본 대책이 필요하다. 한국경제의 생산성 구멍인 서비스업과 자영업에서 생산성 혁명이 일어나야 한다. 그래야 포용적 성장이 단순히 분배정책의 다른 이름이 아니라는 인식이 널리 확산될 수 있다.

중부담 중복지, 내수 강국

복지 확충을 얘기하면 거기에 들어가는 재원은 어떻게 마련할 것이냐는 반문이 당장 돌아온다. 이제 솔직하고 당당하게 얘기해야 한다. 복지 확대에는 국민 부담 증대가 불가피하다. 증세가 필요하다는 뜻이다.

방법은 세 가지다. 하나는 세금을 더 걷는 것이다. 세목을 신설하든지 세율을 올리든지, 어떤 방법으로든 증세가 필요하다. 선거를 앞둔 정치권이 증세를 얘기하기 어렵겠지만, 이제는 해야 한다. 더 이상의 편법은 오히려 사회적 총비용만 늘릴 뿐이다.

두 번째는 국채 발행을 과감히 늘리는 방법이다. 국가채무 비율이 빠르게 높아지고 있다고는 하지만 아직 여력이 있다. 특히 자본시장을 효율화하면 국가채무 비율 상승 효과를 크게 상쇄할 수 있다. 소위 국가 재정과 자본시장과의 통합 연계 효과다. 일본이 자본시장 선진화 작업을 과감하게 진행한 배경도 여기에 있다. 우리도 기업 지배구조 개선을 통해 주식시장을 포함한 자본시장 선진화 작업을 과감히 진행하고 이를 재정 확충에 도움이 되도록 활용해야 한다.

세 번째는 재정 개혁이다. 앞의 두 가지가 재정 수입을 늘리는 것이라면 이것은 재정 지출을 줄이고 재배치하는 것을 말한다. 가장 어려운 과제다. 한마디로 주었던 것을 빼앗아 오는 일이기 때문이다. 하지만 가장 중요한 작업이다. 작은 정부라는 대원칙에서 벗어나 조금씩 재정 지출을 확대해 오는 과정에서 재정에 기름이 끼고 군더더기가 붙은 지 오래다. 복지 환경 등 본래의 취지에 재정 투입을 늘려 가는 일은 불가피하다. 그러나 이 과정에서 덕지덕지 붙은 군살이 너무 많다. 이를 벗겨 내야 한다. 다만 너무 어려운 작업이니만큼 세밀한 계획과 대국민 홍보가 중요하다. 그동안 횡행한 각종 지대 추구를 걷어 내고 그 대신 대대적인 복지 확대로 국민들에게 직접 이익을 되돌려 준다는 식으로 공감대를 이끌어 내야 한다.

중부담 중복지 모델로 전환하는 일과 함께 한 가지 더 추가해야 할 목표는 내수강국 모델이다. 한국경제는 세계 모두가 알다시피 수출주도형 경제다. 이 모델로 지난 50년 이상 큰 성공을 거두어 온 것도 사실이다. 개방과 경쟁의 덕분이었다.

문제는 세계가 크게 바뀌었다는 점이다. 중국이라는 제조업 강자가 군림하고 있는 것이 큰 문제다. 미국에 대해 경상수지 흑자를 기록하는 나라를 눈 뜨고 못 보겠다는 트럼프 미국 대통령의 공격적 관세정책도 심각한 변수다. 이런 외부 변수가 아니더라도 한국경제 체질 자체가 더 이상 수출만으로 버티기에는 힘든 모양새다.

한국무역협회 분석에 따르면, 2023년 한국의 실질경제성장률 1.36% 중 수출기여도는 1.17% 포인트로 전체 경제성장의 86.1%가 수출에 의존하는 것으로 나타났다. 국내총생산 대비 수출액 비중은 2023년 35.7%로 2020년대 들어 최고치를 기록했다. 어느 모로 보나 수출에 너무 치우친 모습이다.

반면 내수는 상대적으로 빈약하다. 최근 들어 더 얼어붙은 소비와 투자의 영향이 절대적이다. 투자 부진은 국내 건설투자 위축이 원인일 것이다. 그러나 부동산 쪽을 다시 부양해 내수를 살리는 길은 바람직하지 않다. 소비를 늘릴 수 있다면 좋겠는데 여기에 아직 뾰족한 수가 없는 게 현실이다. 한국의 가계소득 증가폭이 OECD 회원국 가운데 꼴찌에 가깝다. 최근 집계된 2024년 소매판매 통계는 21년 만에 최악이다. 충격이 아닐 수 없다. 지금과 같은 기조대로면 소비 확대를 당장 기대하긴 힘들다는 뜻이다.

이처럼 낮은 소비와 투자 그리고 이로 인한 저성장은 이제 일시적이 아니라 한국식 뉴노멀로 보는 게 타당하다. 그래서 정부 재정을 풀어 해결하려는 것도 일시적 해법일 뿐 제대로 된 해결책이 되지 못한다. 답은 수출주도 성장모델을 수출-내수 쌍봉형으로 바꾸는 것이다. 이를 위해 단기적으론 내수입국 정도의 강도 높은 드라이브가 필요하다.

내수산업의 경우 대대적인 개방을 통해 독과점을 해소하고 새로운 참여자의 시장 진입을 활성화해야 한다. 특히 서비스업의 대대적인 규제 완화를 통해 신규 서비스업 수요를 창출해야 한다. 필요하다면 공기업 민영화도 과감히 실행에 옮길 필요가 있다.

수출 대신 내수가 강조될 경우 대기업 중심 성장모델도 자연스레 중소기업 쪽으로 무게중심이 옮아갈 수 있다. 대기업 중소기업 격차를 해소함과 동시에 서비스업 생산성 혁신도 기대할 수 있다. 이를 통해 한국경제의 생산성 전체가 크게 높아지는 길이 열릴 것이다.

4-5-20-30

여기에서는 포용적 혁신 성장이 나아가야 할 구체적 이정표를 검토하고 제시하고자 한다. 크게 나눠서 혁신과 포용, 두 가지 방향에서 각기 한두 개 정도씩 구체적이고 상징적인 목표치를 설정해 보자.

먼저 혁신 쪽이다. 가장 중요한 이정표는 우리 경제가 경기진작 등에 의한 물가상승 없이 실현해 낼 수 있는 성장 잠재력, 즉 잠재성장률이다. 1990년대까지 7%를 상회하던 이 수치가 2000년대 들어 4%대로 낮아지더니 2010년대에는 2% 후반으로 급속히 떨어졌다. 급기야 현재는 2%를 넘지 못한다는 추계가 나오고 있다.

다음 정부는 한국경제의 성장판이 완전히 닫히기 전의 마지막 정부가 될 공산이 크다. 따라서 향후 5년간 잠재성장률을 크게 높이려는 노력이 절실히 요구된다. 현재 전망대로라면 향후 5년간 잠재성장률 평균은 2%를 밑돌겠지만, 이를 4% 정도인 10년 전으로 되돌려야 한다. 다소 무리가 따르는 수치겠지만, 상징적 의미에서 잠재성장률 4%

서정희

를 목표치로 하고자 한다.

　잠재성장률은 앞에서도 설명했지만, 자본, 노동, 총요소생산성 등의 구성 요소로 산출된다. 자본의 기여도는 이미 목에 차 있고 노동은 저출산 고령화로 인해 오히려 기여도가 줄어들 것으로 예상되고 있다. 그리고 총요소생산성은 잘해야 1% 정도 유지될 수 있을 것으로 기대하는 정도다.

　돌파구는 총요소생산성과 노동이다. 우선 총요소생산성의 기여도를 2% 정도로 배가시키는 것을 고민해야 한다. 현재 추세대로라면 불가능이다. 하지만 여기에서도 돌파구는 있다. 우리 사회에서 생산성을 잡아먹는 하마인 서비스업 쪽의 생산성을 대대적으로 끌어올리는 작업을 해야 한다. 각종 규제로 얽혀 있는 서비스업 부문에서 대대적인 규제혁파가 이뤄진다면 파격적인 생산성 혁신이 이뤄질 수 있다. 향후 5년간 매년 10%씩 생산성 향상이 이뤄지도록 해야 한다. 이를 위한 캠페인과 재정 지원 그리고 규제혁신이 선행돼야 한다. 또 중소기업과 자영업의 생산성 혁신도 도모해야 한다. 이 부문들이 생산성 혁신의 불모지가 아니라 생산성 혁신의 금맥이 된다면 우리 경제 전체의 생산성이 크게 개선되는 효과를 가져올 것이다.

　다음은 노동의 기여분이다. 지금과 같은 저출산 기조가 지속된다면 당연히 이쪽에서 기대를 높이기 힘들다. 하지만 길이 없는 것도 아니다. 두 가지다. 올해부터 퇴직이 시작되는 2차 베이비 부머 세대를 경제활동 인구로 유지시키는 일이 시급하다. 이들은 비교적 교육과 훈련을 잘 받은 세대이기도 하다. 이들의 지속 고용에 장애물이 되고 있는 퇴직 연령과 연공서열식 임금 체계와 고용 형태를 뜯어고친다면 길이 열릴 것이다. 이미 그런 쪽으로 고민이 시작된 마당이니 제도 개선에 박차를 가할 필요가 있다. 다음은 여성 경제활동을 더욱 확충하는 일이다. 보육시설 확충 등 고급 여성 인력의 활용에 도움이 되는 재정 지원을 앞으로 더욱 늘려야 한다.

두 번째는 1인당 국민소득 5만 달러 목표다. 잠재성장률을 끌어올릴 수만 있다면 1인당 국민소득 5만 달러 달성에도 그리 오랜 시일이 걸리진 않을 수 있다. 2023년 기준 우리나라의 국내총생산은 1조 8,394억 달러, 인구는 5,175만 명(2024)이다. 지금처럼 초특급 저출산이 지속된다면 인구가 감소할 것이고, 이렇게 되면 1인당 국민소득은 자동으로 높아질 것이다. 그러나 이는 의미가 없다. 경제 강국의 면모를 갖추려면 인구가 적어도 5,000만 명을 유지해야 한다. 이밖에 환율 변수도 있다. 환율에 따른 시계열 비교의 변동성을 제거하기 위해 현재 급등한 상태인 달러 대비 원화 환율도 다시 1~2년 전의 환율인 1,300원대로 복귀한다고 전제하자.

여기에 잠재성장률 4% 회복을 전제로 한다면, 1인당 국민소득은 향후 5년 뒤인 2029년 혹은 2030년에 4만 6,000~5만 달러 수준에 도달하게 된다. 또 여기에 인구수를 곱한 국내총생산 규모는 2조 3,000억~2조 5,000억 달러에 이른다. 이를 전제로 국내총생산을 국제 비교하면, 현재 세계 7위인 프랑스(3조 2,000억 달러)를 향후 5년 안에 따라잡기는 어려울지 몰라도 8위인 이탈리아(2조 4,000억 달러)를 따라잡는 것은 불가능한 일이 아니다.

다음은 복지 지표다. 우리나라의 사회적 지출은 2022년 기준으로 국내총생산 대비 14.8%에 불과하다. 이는 OECD 회원국 평균인

서정희

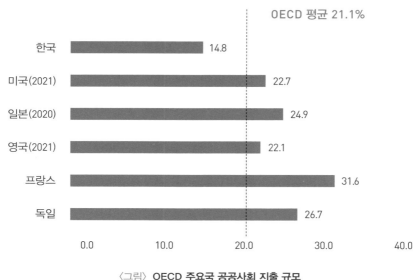

〈그림〉 **OECD 주요국 공공사회 지출 규모**
Social Expenditure Database, OECD

21.1%에 크게 못 미치는 수준이다. 따라서 국내총생산 대비 사회적 지출을 향후 5년 안에 20%까지 올리는 게 필요하다. 향후 10년까지는 25%까지 높이는 것도 검토해야 한다. 그래야 우리나라의 사회안전망이 일정 수준 이상으로 확보된다. 이래야만 더 이상 정책 왜곡 없이 시장은 시장대로 시장원리에 맡겨 둘 수 있고, 여기에서 혁신과 창의가 싹트게 된다.

다음은 수출-내수 쌍봉형 모델을 위한 내수강국 플랜이다. 수출 중심의 정부 지원체계를 수출과 내수를 모두 동등하게 지원하는 시스템으로 전환해야 한다. 그리고 내수의 기반인 서비스업에 대한 대대적인 규제혁신과 지원이 뒤따라야 한다. 이를 통해 국내총생산 대비 수출액 비중을 30% 이내로 축소하고 그 자리를 내수가 충실히 채울 수 있도록 유도해야 한다.

기본사회와 먹사니즘

현재로선 더불어민주당과 국민의힘이 다시 대선에서 한판 승부를 벌여야 할 운명인 듯하다. 국민의힘은 아직 오리무중이지만, 민주당은 이재명 대표가 일단 후보 지위를 선점하고 있다. 그래서 여기에서는 이 대표와 민주당의 경제정책을 간단히 평가해 보자.

민주당의 싱크탱크인 민주연구원은 2024년 말 '대한민국 대전환과 기본사회'라는 내부 자료를 만들었다. 민주당 소속 기초자치단체장 교육 연수용으로 제작된 것이다. 이 자료에 나타난 민주당 정책 흐름의 가장 큰 특징은 기본소득 대신 기본사회라는 용어를 전면에 등장시키고 있다는 점, 먹사니즘과 같은 실용주의적 용어를 활용하고 있다는 점 등이다. 기본소득을 철회한 것은 아니지만, 기본소득 정책의 비중을 크게 낮췄고 우선순위도 늦췄다. 정책 이미지를 훨씬 유연하고 실용성 있게 꾸민 흔적이 역력하다. 의미 있는 변화이고, 옳은 방향이라고 생각한다.

이 자료에서 민주연구원은 중진국의 함정에 빠진 한국이 대전환을 위해 가야 할 길로 '기본사회+먹사니즘'을 제시하고 있다. 기본사회를 포용, 먹사니즘을 혁신으로 치환한다면 우리의 주장인 포용적 혁신 성장과 맥을 같이 하는 측면이 없지 않다.

민주연구원은 기본사회 개념을 우리 헌법에 명시된 개인의 불가침의 기본적 인권(제10조)에서 유도하고 있다. 그리고 그 구성 요소로 평등권 자유권 참정권 청구권 외에 헌법 31~36조의 사회권(교육권, 노동

서정희

3권, 복리증진권, 환경권, 양성평등권)을 특히 강조하고 있다. 기본사회는 개인들의 기본적인 삶을 보장하는 사회라고 정의하고, 사회권이 여기에 직결된다는 것이다. 2024년 8월에 개정된 민주당 강령 전문에서도 "우리는 … 사회경제적 양극화와 불평등을 극복하고 모든 사람의 기본적인 삶을 보장하는 기본사회를 원한다"고 기본사회를 명문화했다.

민주연구원은 그러나 기본사회라는 개념이 궁극적 목표인지 아니면 새로운 세상으로 나아가기 위한 하나의 구성 요소인지 다소 불분명하게 설명하고 있다. '위기를 기회로'라는 슬로건과 함께 제시된 내용을 살펴보면, 경제 대전환(기술혁신, 잠재성장률 제고), 에너지 대전환(에너지 고속도로), 디지털 대전환(AI정부, AI 인재교육), 민관 대타협(기본소득/서비스) 등이 기본사회를 만들어 낼 것이라고 주장한다. 여기에서는 기본사회가 새로운 균형이나 새로운 세상, 즉 궁극의 목표처럼 묘사돼 있다.

그러나 이렇게 되면 과거 진보 정권의 포용이나 복지 올인과 크게 다르지 않을 수 있다는 점에서 보완이 필요하다고 본다. 바로 여기에 먹사니즘과 잘사니즘 개념의 역할이 있다고 필자는 생각한다. 민주당과 이재명 대표는 먹사니즘을 설명하는 여러 자리에서 먹사니즘은 곧 민생 보호와 성장 동력 확보 두 가지라며, '성장'을 분명한 방향으로 제시하고 있다. 다만 먹사니즘이 가진 성장론이 무엇인지 디테일이 전혀 제시되지 못하고 있다는 점에서 아쉬움이 남는데, 이 빈자리를 혁신이라는 개념이 채워야 할 것이다.

최근 이재명 대표의 우클릭 행보를 두고 선거를 의식한 제스처라는 지적이 없는 것은 아니다. 그러나 이 대표의 지적대로, 현재 한국경제의 현실은 어떤 제스처만으로 헤쳐 나가기엔 너무도 엄혹하다.

서정희

CHAPTER 2

◇◇◇◇◇◇◇◇◇◇◇

포용적 혁신 재정
: 국가발전+국민행복 달성

시장과 성과 지향의 혁신적인
재정 운영을 통해 재정의 효율성과
생산성을 반드시 확보해야 한다.
이를 통하여 대한민국 경제의
잠재성장률을 높여, 경제의 파이,
즉 국부를 늘려 국민 모두가
행복한 국가를 건설해야 한다.
즉, 혁신적 재정운영 → 국가발전 →
국민행복 → 위대한 대한민국 건설의
선순환 구조를 만들어야 한다.

구윤철

- 중앙대 경영학 박사
- 전 국무조정실장 (장관급)
- 전 기획재정부 2차관
- 현 서울대 경제학부 특임교수

❖ ❖ ❖

국가 재정이란 무엇인가? 국가 재정은 크게 수입 측면과 지출 측면
으로 나뉘어진다.

수입은 기본적으로 '국민이 낸 세금 즉 조세'를 바탕으로 한다. 세금
은 소득이나 재산이 많은 국민에게서는 많이 징수하고, 소득이나 재산
이 적은 국민에게서는 적게 징수한다. 소위 능력에 따른 부담 즉 '응능
부담(應能負擔)'이 조세 부담의 원칙이다. 세금 이외에도 부담금 등 기
타 세입도 재원이 된다. 그러나 세금이나 기타 세입이 부족한 경우에
는 불가피하게 국채를 발행하여 부족한 수입을 조달한다. 이렇게 해서
국가는 사용할 재정의 수입을 마련한다.

지출은 이렇게 마련된 수입을 재원으로 해서, 국가를 운영하는 데
필요한 도로, 철도 등 사회간접자본 시설 투자는 물론 미래 대비 투자
인 연구개발R&D 지원, 민간기업 지원, 공무원 인건비, 행정관서 운영
경비 등에 지출을 한다. 또한, 어려운 계층에 대한 복지 지원 등도 중
요한 지출항목 중의 하나이다.

여기서 특별히 강조하고 싶은 점은 국가 재정은 기본적으로는 국민

이 낸 세금이나 세입이다. 게다가 정부가 발행한 국채도 결국은 국민이 갚아야 하기 때문에, 재정 지출을 결정함에 있어서는 '국민이 낸 돈에 대한 강한 책임성과 공공성'이 요구된다는 점이다. 개인이 자기가 번 수입으로 지출하는 것과는 아주 다른 차원의 강한 책임성이 요구된다. 따라서 재정 지출을 결정함에 있어서는 신중에 신중을 기하여 의사 결정을 해야 한다.

이처럼 국가 재정은 국가를 위한 그리고 국민을 위한 정책 목표를 달성하는 데 가장 효율적으로 사용되어야 한다. 소위 일부에서 이야기하듯이 재정은 결코 눈먼 돈이 아니다. 이제 이러한 인식하에서 재정을 둘러싼 고민에 대해 이야기해 보자.

1. 재정 운영의 목표

앞서 재정은 국가와 국민을 위한 정책 목표를 가장 효율적으로 달성하는 방향에서 운영되어야 한다고 했다. 따라서 재정 운영의 목표는 국가와 국민을 위한 정책 목표의 달성을 가장 효율적으로 뒷받침하는 것이다.

그러면, 국가와 국민을 위한 정책 목표는 무엇인가? 국가와 국민을 위한 정책 목표는 '이것이다'라고 일률적으로 단정해서 말하기는 어렵다. 그러나 국가와 국민을 위한 정책 목표는 '국가는 지속적으로 발전하고, 이러한 국가 발전의 과실이 국민들에게 골고루 분배되어 국민들이 행복한 국가의 일원이 되도록 하는 것'이 아닌가 생각한다. 즉 '국가발전',

　　　　　　　　　　　　　　　　　　　구윤철

'국민 행복'이다.

따라서, 재정 운영의 목표는 바로 국가와 국민을 위한 정책목표인 국가발전과 국민행복을 위하여 운영되어야 하고, 그래서 결국 위대한 대한민국을 건설하는 것이다.

2. 포용적 혁신 재정 운영

◇◇◇◇◇◇◇◇◇

국가발전과 국민행복 그리고 위대한 대한민국을 건설하기 위해서는 재정이 어떻게 운영되어야 하는가?

혁신적 재정 운영

먼저 국가발전을 위하여는 재정이 '혁신적'으로 운영되어야 한다. 즉, 국가를 발전시킬 수 있도록 재정이 효율적이고 생산적으로 운영되어야 한다. 결국 성과가 나는 재정지출이 이루어져야 한다. 그래서 국가가 지속적으로 발전해야 한다. 국가의 발전을 통해서 국가의 파이, 즉 국부(國富)를 계속 키워 나가야 한다.

어떻게 국가의 파이, 즉 국부를 키울 수가 있을까?

지금은 '글로벌 개방 경제 시대'이자, 치열한 '글로벌 경쟁 시대'이다. 이러한 글로벌 개방 경제와 치열한 경쟁 시대에서 살아남으려면, 반드시 글로벌 1등 경쟁력을 가져야 한다. 글로벌 1등 경쟁력을 가지려면, 세계 1등 제품이나 서비스를 개발해야 한다. 세계 1등 제품이나 서비스를 개발하려면, '초혁신 기술개발'을 해야 한다. 초혁신 기술개발을 통하여 세상에 없는 1등 제품이나 서비스를 개발해서, 글로벌 시장에 진출하여 세계 시장을 석권해야 한다. 이렇게 하면 한국의 파이, 국부가 엄청나게 늘어날 것이다.

따라서, 재정은 이러한 초혁신 기술 개발을 위한 R&D 지원 등을 아끼지 않아야 한다. 초혁신 기술 개발은 쉽지 않다. 따라서 재원, 인력 등 가용 가능한 모든 자원을 집중적으로 투입하여 초혁신 기술을 개발해야 한다.

① 슬로건 정책에 대한 재정 지원 지양

재정 지원이 성과가 나려면 목표가 정확해야 한다. 예를 들어 '제조업 르네상스'라는 정책을 생각해 보자. 이름은 아주 좋다. 제조업을 르네상스하겠다고 하니, 얼마나 좋은 정책인가?

그런데 이 정책은 범위가 너무나 넓다. 제조업을 모두 르네상스시키겠다? 이건 말도 안 된다. 하나의 제조업도 확실히 르네상스하기가 어려운데, 수많은 제조업을 르네상스하겠다는 것은, 재원도 부족하고, 성과가 나기도 어렵다. 재정 운영의 선택과 집중이 이루어지기도 어렵다.

설령 이 안에 많은 제조업 육성 정책이 있다고 하더라도, 그 정책의 깊이나 실행의 측면에서 완성도가 분명하게 낮을 것이다. 그래서, 확실한 목표를 확실하게 정해서 집중적으로 지원해야 성과가 날 것이다. 이처럼 슬로건Slogan적인 정책은 필요가 없다. 해서도 안 된다. 성과가 나지도 않는다.

또 하나 더 예를 들어 보겠다. '바이오 활성화 정책'이 있다고 하자.

이 정책도 슬로건적인 정책이다. 바이오 중에서 어떤 바이오인지 명확히 해야 한다. 목표를 더 줄여야 한다. 예를 들어, 'mRNA 백신 개발'이라고 하자. 이 경우에는 정책 목표가 매우 구체적이므로, 재정 지원을 해서 확실한 성과가 날 수 있다.

② 확실한 기술 개발 목표: 아이템 설정과 집중적인 재정 지원

확실한 기술 개발을 위해서는 기술 개발 목표를 품목Item 단위로 설정해야 한다. 즉 초혁신 기술 품목 중에서 어떤 아이템을 목표로 설정Targeting할 수가 있다. 그리고 이 기술을 반드시 개발해야 한다.

초혁신 기술개발을 달성하기 위하여는 국가적인 총력 지원과 규제 혁신은 물론 기존의 지원 방식에 대한 발상의 전환을 해야 한다. 필요한 경우, 초혁신 기술 개발에 대해서는 예비 타당성 조사의 면제(국가 정책적 목적)는 물론, 혁신 조달 방식도 적용해야 한다. 초혁신 기술은 무수히 많다. 그중에서 우리가 개발할 가능성이 가장 높은 품목을 선정하여 집중적인 인력과 재원의 투입을 통해 빠른 시일 내에 개발해야 한다.

초혁신 기술 중에서 가장 핫Hot한 분야의 하나가 인공지능AI이다. 앞으로의 미래는 인공지능이 모든 것이 되는 시대이다. 즉 'AI is everything'인 시대가 될 것이다. 인공지능을 대한민국 곳곳에 접목한 AI 대한민국을 만드는 데 모든 재정 여력을 집중해야 한다.

국내에서의 AI 기술개발과 AI 기술인력 양성은 물론, 해외 AI 선진국에 유학생 파견, 해외 AI 선진국에 AI 기술 연구센터 설치 등을 할 수 있게 총력을 다해서 지원해야 한다. 또한 지금은 대학마다 각각 설

치된 AI 학과, AI 대학원을 통합하여 국가 AI학과, 국가 AI대학원을 설치해야 한다. 그래서 지금도 턱없이 부족한 대한민국의 AI 교수요원과 AI 교육 프로그램을 통합적으로 운영할 필요가 있다. AI 연구 데이터 Data 센터 등 인프라도 조속히 설치해야 한다.

이러한 AI 대한민국 건설에 필요한 재정을 과감히 지출해야 한다. 필요한 재정은 우선적으로 쏟아부어야 한다. 돈이 없어서, AI 연구나 AI 기술 개발을 못 했다는 말이 나오지 않도록 필요한 모든 것을 지원해야 한다. AI 기술개발 속도가 너무 빨라 지체할 시간이 없다. 조속히, 가능하면 빨리 AI를 위한 재원을 전폭적으로 지원할 것을 제안한다. 좌고우면할 시간이 거의 없다. 바로 실행하자.

재정은 이런 데 쓰라고 국민들이 세금을 낸 것이다. 그래서 국가를 발전시키는 데 쓰여야 한다. 돈이 모자라면 국채를 발행해서라도 과감히 지원해야 한다. 이런 것이 바로 혁신적 재정운영이다.

③ 시장 지향의 기술 개발에 대한 재정 지원

국가 재정운영에도 이제는 기업의 경영개념을 도입해야 한다. 국가 재정이 지원되면 반드시 성과가 있어야 한다. 시장 개념을 도입해야 한다. 물론 사회복지 분야는 다르겠지만, 경제분야 재정 운영만큼은 시장 지향의 지원이 이루어져야 한다.

R&D 투자의 경우에도 시장에서 팔릴 수가 있는 제품과 서비스를 개발하는 데 지출이 이루어져야 한다. 국무조정실장 재임 시절에 공공부문에서 추진한 연구개발 실적을 점검한 경험이 있다. 당시 기억으로는 공공부문에서 연구개발한 결과가 기술개발 수준Technology

Readiness Level, TRL으로 일(1)이 되는 연구가 거의 없었다. 대부분의 R&D 결과가 TRL기준으로 대부분 0.8~0.9 정도였고, 아주 좋아도 0.96 정도였다. 어찌 되었거나 1이 되지 않으면 작동이 되지 않는다.

이러한 연구가 중간에 멈춘다면, 그동안 해온 연구가 소용이 없게 된다. 소위 말해서 '작동하지 않는 고장 난 벽시계'가 된다. 당연히 시장에도 나갈 수가 없다. 재정에서 지원하는 R&D는 결코 공짜가 아니다. 국민들이 낸 세금으로 지원된다. 심지어는 빚까지 내서 지원한다. 따라서 반드시 시장 지향의 기술개발 등이 되도록 성과를 관리해야 한다.

④ 국가가 재정 지원해야 할 부분과 아닌 부분의 확실한 구분

또한 혁신적인 재정 운영에 있어서는 기업이나 민간이 해야 할 사항과 국가가 지원해야 할 사항에 대한 확실한 구분이 있어야 한다. 국가는 특정 한두 기업에만 적용되는 재정 지원보다는 여러 기업에 적용되는 인프라나 기술 개발, 인력 양성 등에 필요한 재정을 지원하는 것이 좋다.

반도체를 예로 들어 설명해 보자. 반도체 부문은 기업이 하기가 어려운 반도체 기술개발 분야에 대한 국가의 재정 지원이 필요하다. 전력 반도체 기술 개발이 되어 있지 않다면, 이에 대한 기술개발이 지원 대상이 될 수 있다. 반도체 기술인력 양성 지원도 될 수 있다. 기술 인력은 개별 기업별로 양성하기가 어렵다. 국가에서 기술인력 양성을 지원해야 한다. 이외에도 반도체에 필요한 전력 지원, 용수 지원 등이 국가 재정으로 지원해야 할 분야이다. 반도체 기업이 라인을 증설하는

데 돈이 부족하다면, 재정에서 자금을 융자하는 것도 필요하다. 규제 완화도 필요하다.

그러나 기업이 당장 반도체 생산을 하는데, 여기에 필요한 직접 지원 등을 하는 것은 안 될 것이다. 특정한 기업에만 적용되는 국가 재정 지원은 가능하면 회피하고, 여러 기업에 공통적으로 적용 가능한 분야가 우선적으로 지원되어야 한다.

포용적 재정 운영

포용적 재정 운영과 혁신적 재정 운영의 관계는 어떠한가?

혁신 없이 포용이 가능할까? 또한 포용 없는 혁신이 가능할까? 불가능하다. 포용과 혁신의 관계는 동전의 양면이라고 생각된다. 혁신이 있어야 지속적인 포용이 가능하고, 포용이 있어야 지속적인 혁신도 가능하다. 즉 일심동체가 아닐까! 동반성장 되어야 한다. 새들의 양 날개와 같다.

혁신적 재정 운영을 통하여 국가가 지속 발전하고, 국가의 파이 즉 국부가 늘어나면, 세금도 늘어나게 될 것이다. 그러면 이 늘어난 세금으로 지속적인 포용적 재정 운영도 가능하다. 그래서 혁신적인 재정 운영은 바로 포용적 재정 운영을 가능하게 한다. 국가의 혁신적인 재정 운영으로 기업이 돈을 많이 벌게 하면, 기업들은 세금을 많이 낼 것이고, 그러면 세입이 증가하고 세출도 넉넉하게 되어 포용적 재정 운영도 가능하게 된다.

그런데, 혁신적 재정 운영이 이루어지지 않아, 국가의 경쟁력이 떨어진다고 하자. 그러면 글로벌 경쟁에서 살아남을 수가 없고, 기업이

구윤철

내는 세금이 줄어들게 되고, 국가는 수입이 줄어들어 지출할 돈이 없어서, 지속적인 포용적 재정 운영을 할 수가 없다.

따라서 국가는 혁신적 재정 운영과 포용적 재정 운영의 쌍두마차를 잘 관리해야 한다. 그렇게 해야 국가는 지속적으로 발전하고, 그 여력으로 포용적 재정 운영이 가능하게 됨으로써 국민은 행복한 삶을 누리게 되고, 국가발전, 국민행복, 위대한 대한민국 건설이 가능할 것이다. 따라서 대한민국 재정 운영 방향은 혁신적인 재정 운영과 포용적인 재정 운영을 반드시 실현해야 한다.

① 양극화의 심화

현재 한국은 양극화가 심각하다. 즉, 잘사는 사람은 이전보다 훨씬 잘살고, 못사는 사람은 이전보다 훨씬 어려운 환경이 가속화되고 있다. 게다가 어려운 사람들의 숫자가 갈수록 늘어나고 있다. 소위 '중산층'도 점차 줄어들고 있다. 국민소득은 증가하는데, 왜 이러한 현상이 발생할까? 이러한 양극화 심화 현상은 사실 글로벌 모든 국가들이 겪고 있는 공통적인 문제이다. 왜 국내는 물론 세계적으로 양극화 현상이 심화될까?

그 이유는 치열한 글로벌 경쟁 때문이다. 치열한 글로벌 경쟁의 심화로 글로벌 시장에서 상위 1~3등의 기업만 살아남고, 나머지 모든 기업은 도태가 된다. 그렇게 되니, 상위 1~3등 기업은 엄청난 돈을 벌고, 경쟁에서 낙오한 대부분의 기업은 돈을 적게 버는 것이 아니라, 아예 사라지게 되는 것이다.

이처럼 치열한 글로벌 경쟁에 따라 양극화 현상이 보다 심각하게 되므로, 이를 해결하는 방안이 혁신적 재정 운영을 통하여 세계 1등 제품이나 서비스를 개발하여 글로벌 시장에서 살아남아 많은 돈을 벌고, 그 돈을 세금으로 환수하여, 시장에서 낙오한 국민들을 지원해야 한다. 따라서 과거 그 어느 때보다도 재정의 소득 재분배 기능이 중요해지고 있다. 글로벌적인 양극화 현상의 심화로 포용적인 재정 운영이 갈수록 중요해지고 있는 것이다.

② 대한민국의 포용적 재정 운영 강화

앞으로 대한민국도 더욱 포용적인 재정 운영을 강화해야 할 것이다. 양극화가 갈수록 심해지기 때문이다. 이를 위하여 대한민국 국민으로 태어났다면, 누구든지 인간으로서의 기본적인 삶과 생활을 보장받도록 해야 한다. 아주 넉넉할 수는 없지만, 그렇다고 생활이 되지 않을 정도로 너무 부족해서도 안 된다. 인간으로서의 기본적인 삶을 영위하는 데 꼭 필요한 수준에서의 기본 복지는 필수적이다.

기본적인 복지는 생계, 주거, 교육, 의료의 4가지가 될 것이다.

첫째, 삼시세끼를 먹고 사는 데 필요한 생활비.

둘째, 너무 클 필요는 없지만, 비를 피할 수 있는 주택.(가족 수 기준으로 부부, 아들, 딸로 구성된 4인 가구일 경우, 부부 방, 아들 방, 딸 방이 필요하다. 규모는 작아도 좋다)

셋째, 초·중·고교까지의 자녀 의무 교육.

넷째, 아플 때 병원에서 큰 부담 없이 진료받을 의료시스템 등.

그런데 지금 한국의 경우, 위에서 언급한 세 번째와 네 번째는 큰 문제가 없다. 초·중·고교까지의 의무 교육은 국가가 모두 책임진다. 대학은 장학금의 확대로 원하는 공부를 하는 데 큰 지장이 없다. 의료보험 또한 세계 최고 수준을 갖추고 있어, 국민 누구든지 병원 치료에 부담감이 없다. 문제는 첫 번째, 기본적인 생활을 영위할 수 있는 생활비와 두 번째, 가족이 거주할 주거 문제이다. 이 두 가지 문제만 잘 해결하면, 한국은 국민이 행복한 기본복지 시스템이 마련될 수 있다.

현재 한국에서 기본소득과 기본주택 문제가 중요 쟁점으로 제기되고 있는 이유도 여기에 있다. 과연 대한민국 국민 누구든지 기본소득과 기본주택을 누릴 수 있는, 선진적인 포용적 복지 정책은 어떻게 실현해야 하는가?

그런데 국민 누구나 소득에 관계없이 모두 적용되는 기본소득과 기본주택 제공은 불가능하다. 그러면 한국에서 기본소득과 기본주택 제도는 도입할 수 없을까? 한국에서 적용 가능한 한국형 기본소득 제도와 한국형 기본주택 제도 도입 방안을 이야기해 보자. 이 두 가지가 포용적 재정 운영의 핵심 이슈이다. 여기에 재정이 적극적인 역할을 해야 한다. 이 분야가 포용적 재정 운영을 강화해야 할 중요한 핵심 사업이다.

③ 한국형 기본소득 제도 검토

기본소득 제도는 일반적으로 '국가가 국민 누구에게나 수입에 관계없이, 매월 일정한 금액을 균등하게 제공해 주는 것'을 말한다. 소득이 많은 국민이든, 적은 국민이든, 전혀 구별하지 않고, 매월 일정한 금액을 균등하게 제공해 주자는 제도이다.

이렇게 전 국민에게 소득에 상관없이 매월 일정한 금액을 지원해

주게 되면, 재원 소요가 엄청나게 늘어날 수밖에 없다. 가령, 대한민국 전 국민에게 매달 50만 원씩 지원한다고 해보자. 그러면 국민 1인당 1년에 600만 원을 지급해야 하고, 국민 숫자가 5,000만 명이라고 해도, 연간 300조 원의 재원 소요가 발생된다. 이 엄청난 재원 소요는 현재 기준 대한민국의 복지고용예산 총액 249조 원(2025년 예산 기준)으로도 감당하기에 엄청 벅찬 재원 규모다.

그리고 기본소득 제도의 효과도 논쟁거리다. 예컨대, 연간 10억 원의 고소득자일 경우에는 굳이 매월 50만 원씩의 기본소득을 받을 필요가 없다. 그에 반해 전혀 수입이 없는 국민이라면, 매월 50만 원으로는 기본적인 생활이 불가능하다. 이런 점 때문에 통상적으로 언급되는 기본소득제도를 지금의 대한민국에 도입하게 되면, 재정 소요는 큰 데 반해, 그 성과는 효율적이지 않다는 비판적 주장이 우세할 수밖에 없다.

그 대안으로 '한국형 기본소득 제도' 도입방안을 제안한다.

이 제도의 도입에 앞서 주요 전제가 있다. 한국형 기본소득 제도의 대상이 되는 가구의 경우에는 기존 복지 시스템을 모두 적용하지 않고, 한국형 기본소득 제도만 적용한다는 것이다. 이렇게 형평성 있게 제도를 운영하게 되면, 다양한 복지제도의 전달체계도 단순화될 수 있고, 복지제도 운영 측면에서의 효율성이 제고될 것이다.

첫 번째, 한국형 기본소득 제도 도입 방향이다.

한국형 기본소득제도는 'Ⓐ대한민국의 모든 국민이면 누구든지 Ⓑ 기본적인 삶을 영위하는 데 필요한 소득(기본소득)을 Ⓒ꼭 확보해서 인간으로서의 기본적인 삶을 살 수 있도록 해주는 것'을 목표로 한다.

구윤철

그래서, 한국 국민이면 누구나 인간으로서 기본적인 생활을 유지하도록 국가가 보장해 주는 포용적인 재정 운영 제도의 기본이라고 할 수 있다.

한국형 기본소득 제도의 도입 방안을 설명하겠다.

한국의 4인 가구라고 가정해 보자. 이 가구가 한 달에 기본적인 삶을 사는 데 필요한 수입이 200만 원이라고 하자. 그러면, 한국의 어떤 가구든지 월 200만 원의 수입을 확보하도록 국가가 보장해 주는 제도이다. 국가는 어떤 4인 가구의 월 수입이 200만 원을 넘으면 지원하지 않는다. 그러나, 어떤 4인 가구의 월 소득이 200만 원보다 적은 경우에는 그 부족한 금액을 국가가 지원한다.

국가는 국가의 지원 대상인 200만 원보다 적은 4인 가구에 대해서는 체계적이고 객관적인 데이터를 기반으로 지원한다. 이를 위해 국가에서는 가구별 구성원의 근로 및 소득 상황 등에 대한 정확한 정보를 갖고 있어야 한다.

만약 어떤 4인 가구의 가구원들이 모두 미성년, 장애 등으로 근로할 수가 없는 상황이고, 이에 따라 소득이 발생하지 않는 것이 확인되면, 국가가 200만 원을 지원한다. 그런데 어떤 4인 가구에 근로할 수 있는 가구원이 있는데, 일시적으로 직업이 없어서 수입이 없고 국가의 지원을 받을 수밖에 없게 된다면, 그 가구원 중 근로를 할 수 있는 사람에 대해서는 국가가 직업훈련, 기술교육 등을 강제하고, 교육 이후 적합한 취업도 알선한다.

물론 이 교육 기간에는 국가가 월 200만 원의 재정을 지원하지만, 그 가구원이 직업 교육 등을 통해 다시 일자리를 갖게 되어, 월 200만

원 이상의 수입을 얻으면, 국가의 재정 지원은 종료된다.

이와 같이, 가구별 근로 능력 유무, 직업훈련 여부 등의 데이터를 바탕으로 과학적으로 운영하는 점이 바로 한국형 기본소득제도의 기본 틀이다. 4인 가구 기준으로 월 200만 원이 기본소득이라고 하면, 3인 가구는 월 150만 원, 2인가구는 100만 원, 1인 가구는 50만 원 등을 기본소득으로 책정할 수 있다.

이러한 한국형 기본소득 제도는 국가가 일정 소득을 무조건 지원하는 기본소득 제도가 아니라, 국가가 Ⓐ직업훈련, 기술교육 등을 시키고, Ⓑ일자리를 적극 창출하며, Ⓒ취업을 시켜 기본소득 이상이 생기면 Ⓓ국가 지원을 중단하는 형태이다. 따라서 국가가 얼마나 적극적으로 노력하는가 여부에 따라, 국가의 재정 부담을 크게 줄일 수 있는 제도이다. 만약 국가가 일자리를 대거 창출하여 모든 가구가 일자리를 가져서 기본소득 이상의 소득을 받도록 한다면, 국가 지원은 영Zero이 되어, 명실공히 국가가 승자Winner가 될 수 있다.

그러나 국가가 일자리도 제대로 창출하지 못하고, 교육 훈련도 제대로 시키지 못하여, 모든 가구원들이 일자리를 구하지 못해 소득이 전혀 생기지 않는다면, 이는 국가가 해당 가구의 기본소득을 전액 지원할 수밖에 없다. 이런 경우, 국가의 재정 소요는 천문학적으로 늘게 되어, 국가가 패자Loser가 될 것이다. 따라서 국가가 어떻게 혁신적으로 재정을 운영하여 취업 성과를 내느냐에 따라, 포용적 복지 재정 소요가 달라지는 게임이 된다.

두 번째는 복지청과 일자리/직업훈련청 신설이다. 가구 현황 관리는 복지청에서, 훈련과 일자리 관리는 일자리/직업훈련청에서 관리하

구윤철

는 방안이다.

국가는 가구별로 근로 가능자와 근로 불가능자 등에 대한 현황 데이터를 보유하고, 이를 지속적으로 관리해야 한다. 이 데이터를 토대로 매년 기본소득 적용 규모와 직업훈련 수요 등을 추산할 수가 있다. 가구별 한국형 기본소득 지원을 위해 복지청, 일자리/직업훈련청의 신설을 제안한다. 이런 뒤 이 두 기관이 한국형 기본소득 지원 등 복지 업무를 전담하도록 해야 한다.

복지청은 한국형 기본소득 대상 가구별 복지 급여에 대한 관리 업무를 전담한다. 즉, 가구별 구성원과 근로 가능 여부, 소득 상황 등에 대한 자료를 축적·관리하며, 이를 바탕으로 기본소득 소요 전망, 지출 관리 등 복지 수급을 관리한다.

일자리/직업훈련청은 급여 대상 가구 구성원 중 근로가 가능한 자에게는 직업훈련과 기술교육 등을 시키고, 과정 이수 후 이들이 일자리를 찾도록 돕는다. 일자리 및 직업훈련청은 이들의 취업 여부 및 취업 후 월 소득 등의 자료를 복지청에 통보한다. 복지청은 소득의 발생에 따라 차감 지급 등 복지 재정을 재산정하고 지급액을 조정한다.

복지청이나, 일자리/직업훈련청의 조직은 행정안전부, 보건복지부, 고용노동부의 기존 조직을 재설계하여 우선적으로 활용하고, 부족한 인력에 대해서는 증원한다.

④한국형 기본주택 제도 검토

한국형 기본주택이란 대한민국 국민들 중 주거할 주택이 없는 국민에게 국가가 공공주택 등을 제공하여, 집 없는 국민 모두가 안락하고 행복한 삶을 영위할 수 있도록 해주는 국가 지원 공공주택을 말한다.

따라서 국가는 집이 없는 저소득 가구에게 저렴한 비용의 주택을 임대할 수 있도록 일정 물량의 공공주택을 지속적으로 건설, 매입 등을 통해 보유해야 한다.

국가는 최근 변화하는 가구 구조 및 인구 구조의 추이 등을 살펴서 다양한 형태의 공공주택을 제공할 수 있어야 한다. 예를 들어 4인 가구이면 25평형, 3인 가구이면 20평형, 2인 가구이면 15평형, 1인 가구이면 10평형 등 일정 규모의 공공주택을 원하는 국민들에게 저렴하게 제공해 주는 것이다.

이때, 입주 자격의 기준은 한국형 기본소득 기준보다 상향된 기준을 적용할 수도 있다. 한국형 기본소득 수혜자에게는 1순위 자격을 부여한다. 1순위 가구로 채워지지 않는 경우에는, 한국형 기본소득 대상 가구 기준인 월수입 200만 원보다 많은 가구에 2순위 입주 자격을 부여할 수 있다.

예를 들어 4인 가구의 월 소득이 200~300만 원 이하이면, 2순위 입주대상 자격을 부여하는 것이다. 다만, 이 경우 국가가 한국형 기본소득 지원 대상자보다 할증해서 임대료를 받는다.

그런데 대한민국 국민들은 자가 소유 주택에 대한 열망이 높기 때문에 국가에서는 가급적 민간 주택 공급을 확대하여 자가 소유 주택자를 늘려 나가는 정책을 추진해야 한다. 따라서 이러한 정책을 감안하여 한국형 기본주택의 공급물량도 잘 예측하여 조정해야 한다.

공공 주택은 현재와 같이 한국토지주택공사LH가 담당하도록 한다. 다만, LH의 공공 주택 관리 기능을 강화시킨다.

구윤철

한국형 기본 주택을 지원받는 가구는 거의 대부분 저소득층 가계이다. 따라서 LH는 복지청으로부터 공공주택 입주 대상자의 가구별 구성원에 대한 소득 정보 등을 받아서 대상자를 검토해야 한다. 만약 일정 소득 이상의 수입이 있는 가구에 대해서는 임대 기회를 종료하는 등의 관리를 체계적으로 해야 한다. 뿐만 아니라 일자리/직업 훈련청의 교육을 이수한 후 고소득 일자리로 취업을 한 경우, 해당 정보를 복지청 데이터와 통합 정리하여 LH의 공공주택 임대 부서와 반드시 연계시켜야 한다.

이런 과정을 거쳐 한국형 기본소득 가구에 대한 전체 데이터가 한국형 기본주택 입주자격 등을 관리하는 데 적극 활용될 수 있도록 연계해야 한다.

3. 대한민국의 경제 상황과 재정 현황

◇◇◇◇◇◇◇◇◇

대한민국의 재정 상황은 대한민국의 경제 상황과 밀접한 관련이 있다. 그래서 먼저, 대한민국의 경제 상황을 살펴보자.

대한민국의 경제 상황

대한민국의 경제 상황을 판단하는 대표적인 지표가 성장 잠재력이다. 그리고 성장 잠재력을 알아볼 수 있는 대표적인 지표는 잠재성장률이다. 대한민국의 잠재성장률은 어떠한가? 다음 표에서 보는 바와 같이, 2024년도에 OECD에서 발표한 잠재성장률 전망에 따르면, 1990년의 9.64%에서, 2000년 5.36%, 2010년 3.74%, 2020년 2.44%, 2025년에는 2.02%, 2026년에는 1.98%로 지속적으로 떨어지는 것으로 나타났다.

연도	1995	2000	1995	2000	2005	2010	2015	2020	2025	2026
잠재성장률	9.64	7.97	5.36	4.60	4.60	3.74	3.14	2.44	2.02	1.98

〈표〉 **한국의 잠재성장률 추이 및 전망**
OECD, 2024(단위: %)

잠재성장률은 Y=F(K, L)에 의하여 결정된다. 여기서 Y는 잠재성장률이다. F는 기술 수준이다. K는 자본 투자이다. L은 노동 투입과 생산성이다.

이제 한국의 잠재성장률 현황이 어떤지 살펴보자. 우선 노동 투입과 생산성^{L}은 한국의 저출생 가속화로 총인구가 지속적으로 줄어들고 있다. 게다가 고령화 등으로 노동 생산성도 낮아지고 있다. 인구 감소로 일하는 생산 인구도 지속 감소한다. 따라서 L이 지속적으로 줄어들 것으로 전망된다. 이에 따라, 노동 요인^{L}은 앞으로 잠재 성장률^{Y}에 지속적으로 마이너스(-) 영향을 줄 것으로 예상된다.

자본 투자^{K}는 중국, 인도, 베트남 등의 추격으로 우리 기업들이 수출이 줄어들고, 부가가치가 떨어지는 등 어려움을 겪고 있다. 따라서, 기업의 경기가 어려움으로 인하여 투자 여력도 떨어지고 있다. 자본 투자^{K}도 잠재성장률에 마이너스(-) 영향을 주고 있다.

구윤철

그러면, 마지막 기댈 곳은 기술 수준[F]이다. 한국에는 지금 세계 1등인 제품이나 서비스가 몇 개인가? 갈수록 늘어나고 있는가? 줄어들고 있는가? 참으로 아쉽게도 현재 한국은 미래의 기술 분야인 AI, 2차 전지, 드론 등 초 기술 혁신 분야에 있어서 중국 등 경쟁 국가들에 비해, 갈수록 세계 1등 기술이나 서비스 숫자가 줄어들고 있다. 따라서 기술 수준을 높이기 위한 혁신적 재정운영이 더욱 필요한 상황이다. 앞의 표는 이러한 한국의 경제 상황을 명확하게 웅변하고 있다.

혁신적 재정 운영을 통해서 기술 수준[F]을 높이고, 초혁신 기술 제품을 통해 수출을 늘려, 돈을 벌어서 자본 투자를 확대하는 등을 통해 잠재성장률을 확대해야 한다. 이와 병행하여 교육, 직업훈련 등을 통하여 노동생산성도 높여야 한다. 그러나 이렇게 하지 못하여 한국의 경제 상황이 나빠지면, 이에 따라 재정 수입도 줄어들게 된다. 재정 상황도 악화될 것이다.

여기에 또 혁신적 재정 운영을 해야 할 이유가 있다.

대한민국의 재정 상황

① 세입 상황

대한민국의 국세수입 실적(결산)을 살펴보면, 2010년에 177.6조 원이었다. 이러한 국세수입은 2019년 293.5조 원으로 지속적으로 증가 추세였다. 그러다가 2020년에는 코로나 영향 등으로 다시 285.5조 원으로 줄었다.

연도	2010	2015	2018	2019	2020	2021	2022	2023	2024
국세	177.6	217.9	293.6	293.5	285.5	344.1	395.9	344.1	336.5

〈표〉 **연도별 국세 수입 실적**

(단위: 조 원, 결산)

2021년에는 344.1조 원으로 대폭 증가했다. 그리고 2022년에는 395.9조 원으로 사상 최대의 피크^{Peak}를 이루었다. 그러나 다시 2023년 344.1조 원, 2024년 336.5조 원으로 2년 연속 줄어들고 있다. 2025년에는 국세수입 실적이 어떨까? 국가적인 혼란, 트럼프 행정부의 관세 부과 등으로 전망이 밝지 않다.

이런 점을 볼 때, 한국은 2022년 395.9조 원을 피크로 세수가 감소 추세에 접어든 것은 아닌지 심히 우려가 크다. 세입 상황을 면밀히 주시해야 한다.

② 총지출 상황

대한민국의 총지출은 국세 수입에 상관없이 해가 지날수록 지속적으로 늘어났다. 2015년에 375.4조 원이었던 총지출 규모가, 2020년에는 512.3조 원으로 늘어났고, 2022년 607.7조 원으로 600조 원을 넘어서서, 2025년에는 673.3조 원이었다.

구윤철

연도	2015	2017	2020	2021	2022	2023	2024	2025
총지출	375.4	400.5	512.3	558.0	607.7	638.7	656.6	673.3

〈표〉 **연도별 총지출 규모**

(단위: 조 원, 예산)

③ 재정 수지와 국가 채무

대한민국의 재정수지에서 사회보장성기금 수지를 제외한 '관리재정수지'를 보면, 아래 표에서 보는 바와 같이, 2011년 이후 지속적으로 악화되는 것을 알 수가 있다. 특히 문제는 2020년 이후 급속히 악화되고 있다는 점이다.

연도	2011	2015	2019	2020	2021	2022	2023	2024
총지출	△13.5	△38.0	△54.4	△112.0	△90.5	△117.0	△87.0	△81.3

〈표〉 **연도별 관리재정수지 현황**

사회보장성기금수지 제외(단위: 조 원, 결산)

이에 따라, 재정수지 악화의 누적인 국가채무는 2010년 392.2조 원에서 2022년에는 1,000조 원을 넘어섰고, 2023년에는 1,126.8조 원, GDP 대비 국가채무 비율은 46.9%에 이르고 있다.

연도	2010	2015	2018	2019	2020	2021	2022	2023
국가 채무	392.2	591.5	680.5	723.2	846.6	970.7	1,067.7	1,126.8
GDP 대비	28.4	34.0	33.9	35.4	41.1	43.7	45.9	46.9

〈표〉 **연도별 국가채무(중앙+지방 순채무) 현황**

(단위: 조 원, %, 결산)

종합적으로 살펴보면, 세입이 좋지 않은 상황에서 총지출이 지속적으로 늘어나면, 재정수지는 지속적으로 악화되고, 국가 채무도 지속적으로 늘어나는 것을 알 수가 있다. 이렇게 현재의 재정 상황은 매우 어려운 상황에 처해 있다.

4. 대한민국 재정 운영 대혁신
: 역발상의 전환을 해야 한다

◇◇◇◇◇◇◇◇◇

상기에서 살펴본 바와 같이, 향후 한국의 경제 상황이나 재정 상황이 지속적으로 좋지 않을 것으로 예상된다. 위기 상황이다. 어떻게 할 것인가? 손 놓고 있을 수만은 없다.

앞서 살펴본 바와 같이, 혁신적인 재정 운영을 통하여 잠재성장률을 높여서 경제의 파이, 즉 국부를 늘려 가야 한다. 재정 운영의 효율성이 중요하다. 이를 바탕으로 포용적 재정 운영을 할 수 있는 수입을 확충

할 수 있다. 이제 대한민국의 재정 운영, 수입과 지출에 있어서 역발상의 전환을 통하여 생산성을 극대화해야 한다. 대한민국의 재정 운영을 대혁신해야 한다

재정 운영 대혁신의 10대 원칙

① 재정 규모에 집착 마라. '예산의 구성 내용'이 중요하다.

그동안 재정 운영을 둘러싼 논쟁은 늘 '확장 재정 운영을 해야 한다', '긴축 재정 운영을 해야 한다' 등의 전체 재정 규모에 대한 논쟁이 우선적이었다. 그런데 이러한 논쟁은 예산의 구성 내용에 대한 합리적인 분석을 근거로 하지 않고 있다. 그러나 이러한 규모만의 논쟁은 공염불에 불과하다.

확장 재정을 해서 늘어난 재원이 불요 불급한 지출로 많이 배분된다면, 확정 재정 운영을 하면 할수록 문제이다. 이는 골프에서 오비OB존으로 멀리 날리는 것과 같다. 공도 찾지 못한다. 이러한 재정 운영이라면, 오히려 드라이브 거리는 짧아도, 세이프Safe한 알찬 재정 운영(긴축 재정 운영)만 못하다. 따라서, 국가 발전과 국민 행복을 위하여 꼭 필요한 지출이 있다면, 확장재정을 해서라도 지원해야 하고, 그렇지 않다면 반드시 확장 재정을 할 필요가 없다. 예산 사업의 내용에 따라 확장 또는 긴축 운영을 선택하는 것이다.

국가 발전과 국민 행복을 위하여 꼭 필요한 지출 사업이 있는데도, 긴축 논리로 재정을 지출하지 않는다면, 이러한 재정 운영은 국가 경제를 망친다. 따라서 국가 재정 운영은 국가 발전과 국민 행복을 위하여 어떤 재정 사업이 필요한지를 정하고, 이를 지원하기 위해 어떤 속

도로, 어떤 정도 범위로 추진할 것인가를 정해서, 확장 또는 긴축 재정 운영을 결정해야 한다.

재정 운영에 있어서 국가적으로 꼭 필요한 사업이 있고, 이를 신속하게 추진하는 것이 국가 발전, 국민 행복에 도움이 된다면, 빚을 내서라도 확장 재정을 운영해야 하는 것이다. 이런 전제가 없이 확장 재정, 긴축 재정을 이야기하는 접근 방식은 더 이상 논쟁거리가 되어서는 안 될 것이다.

이러한 측면에서 큰 정부냐, 작은 정부냐의 논쟁도 무의미하다. 국가 발전, 국민 행복을 위하여 꼭 필요하면, 큰 정부를 하고, 필요가 없으면 줄여 작은 정부를 하는 것이 맞다. 이를 이념적, 관념적으로 판단해서는 안 된다. 국가와 국민을 위한 실리적이고 실속 있는 국가 및 재정 운영에 대하여 치열하게 논의해야 한다. 명분에 사로잡혀, 탁상공론해서는 안 된다.

② 단기 재정 적자와 국가 채무 규모 집착 마라.
'적자의 발생 원인'이 중요하다. 중장기적으로 판단도 하자.

재정 적자와 국가 채무는 밀접하게 관련이 있다. 재정 적자의 누적액이 국가 채무로 나타나기 때문이다. 따라서, 재정 적자를 잘 관리하면, 국가채무는 일정 부분 관리가 가능하다. 따라서, 재정 적자를 중심으로 이야기해 보자.

재정 적자는 그 규모나 GDP 대비 비율이 중요하다. 그런데 재정 적자의 경우, 사실은 규모나 GDP 대비 비율보다는 그러한 규모의 재정 적자가 발생한 이유가 무엇인지, 그러한 적자를 발생시켜 조달한 재원

구윤철

이 어떤 형태의 지출로 이루어졌는지 등이 보다 더 중요하다.

예를 들어 설명해 보겠다. 재정 지출의 경우 크게 보면, 자본적/투자적인 성격의 지출과 소모적/소비적인 성격의 지출 등 두 가지로 양분할 수 있다.

재정 적자가 발생한 이유가 대규모 자본적/투자적인 지출을 위하여 늘어났고, 그러한 투자로 인하여 경제 성장이나 물류비 절약 등 산업 경쟁력이 중장기적으로 높아진다면, 이는 재정 적자를 내서라도 지출하는 것이 좋은 방향이다. 왜냐하면 산업경쟁력의 제고로 중장기적으로 세금 증가 등 경제의 선순환 구조로 이어져, 오히려 재정 적자와 국가 채무 축소를 가져올 수 있다.

그런데 재정 적자를 통해 조달된 재원의 대부분이 소모적/소비적인 지출에 투입되었다면, 이는 중장기적으로 볼 때, 경제에 부담이 될 수 있다. 그래서, 재정 적자가 발생한 사유, 재정 적자를 통해 조달한 재원이 어떤 사업에 지출되었는가 하는 상세한 분석과 검토를 바탕으로 판단해야 한다.

또 하나, 재정 적자를 확대하여 재정 지출이 국가 자산이나 국가 채권 등의 형태로 전환되어 있다면, 이것이 문제가 될 수가 있을까? 아닐 것이다. 재정 적자 부분만큼 국가 채권이나 국가 자산으로 귀결되었다면, 재정 적자 규모만 보고, 큰일이 났다고 판단할 문제가 아닐 것이다.

재정 적자 규모나 국가 채무 규모만 가지고 비판하거나 문제가 있다고 비난하기보다는, 지출이 어떻게 경제로 환류되어, 어떤 경제적인 효과를 가져오느냐를 분석하고, 이에 근거하여 적자, 채무 등에 대해 평가해야 한다.

③ 재정 건정성 걱정만 하지 말고,
'재정 지출의 성과' 증대로 건전성을 확보하자.

재정과 관련하여, 또 하나 늘 이야기되는 이슈가 '재정 건전성 확보' 이다. 심지어는 재정 건전성을 확보하기 위하여, 긴축 재정이 미덕이라거나, 재정 지출은 가능하면 줄여야 한다는 이야기도 많이 한다. 그런데 재정 건전성의 판단은 GDP 대비 국가 채무 비율로 판단한다. 물론 긴축 재정이나 재정 지출 규모 축소로 적자를 줄이면, 국가 채무가 줄어든다. 이 경우에는 GDP 대비 분자(分子)인 국가 채무가 줄게 되므로, 재정 건전성이 좋아지는 것은 사실이다.

그러나 재정 적자를 10조 원 내서, 국가 채무가 10조 원 늘어났다고 하자. 이 경우 단순하게 보면, 국가 채무비율이 올라간다고 생각할 수가 있다. 그런데, 재정 적자 10조 원이 벤처창업 지원에 활용되어, 엄청난 성과가 나서 적자액보다 훨씬 많은 100조 원의 이익이 났다고 하면, 분모(分母)인 GDP가 분자인 국가채무보다 훨씬 더 늘어나서 오히려 국가 채무비율이 줄어든다.

따라서 재정 건전성 관리는 재정 지출의 성과가 매우 중요하다. 재정 지출의 성과를 높이는 데 더 많은 노력을 투입해야 한다. 성과가 나지 않는 재정 지출 사업이라면, 재정 지출을 늘리는 만큼 손해다. 반대로 재정 지출의 성과가 높은 사업이라면, 재정 적자를 내서라도 지출을 늘리는 만큼, 이익이다. 우리는 어떤 선택을 할 것인가? 재정 건전성을 확보하기 위하여, 지출을 줄이는 축소 재정 운영을 하는 것이 능사가 아니다. 재정 지출, 재정 적자, 국가 채무, 재정 건전성의 판단에 있어서, 지출이나 적자의 구성 내용, 즉 실체를 보지 않고, 외형만 가

구윤철

지고 판단하는 것은 올바른 재정 운영 방향이 아닐 것이다. 인식의 전환을 확실하게 하자. 재정 적자를 내서라도 지출을 확대할 만큼 성과가 높을 사업라면, 과감히 재정 적자를 내서라도 지출을 확대해야 한다.

④ 재정 운영, 나누어 먹기식, 분무기식 투자보다 '선택과 집중'으로 성과 내자.

대한민국의 재정 운영은 '성과, 효율'보다는 골고루 나누어 먹기식의 '평등, 분배'에 더 기반한 재정 운영이 많이 이루어지고 있는 것 같다. 정부 각 부처의 재정 운영이 사업의 성과보다는 사업의 숫자를 늘리는 데 초점이 많다. 대부분의 재정 지출이 성과Outcome보다는 투입Input에 초점이 많이 맞추어져 있는 것 같다. 이러한 현상을 볼 때, 재정 운영이 실질보다는 명분이 더 높은 가치로 이루어지고 있는 것 같다. 평등적 재정 운영(?)이다.

재정 운영에 있어서 재정 지출이 성과가 나는 분야에 더 투입되도록 재정의 보상시스템이나 재정 배분 시스템을 대대적으로 확대해 나가야 한다. 성과가 나지 않는 분야는 과감히 구조조정하고, 성과가 높은 분야로 확실하게 지출을 이전하는 구조조정을 하자. 선택과 집중의 재정 운영을 하자.

물론 복지 분야 등 골고루 나누어 주기의 평등, 분배의 원리가 우세한 분야는 그렇게 하면 된다. 아마도 선택과 집중은 경제 분야의 재정 운영에 더 맞는 원리일 것이다. 경제 분야 재정 운영은 확실하게 선택과 집중, 성과 중심으로 무게 중심을 이전하자.

⑤ 지방자치단체 재정 지출의 책임성과 성과를 높이자
: 지방자치단체 예산 총액 교부

지방자치단체가 사용하는 돈이 전체 국가 재정 지출의 50% 이상이 될 것이다. 특히, 지역에 대한 보조금 사업이나 지역 공모 사업의 경우, 중앙 정부가 형평성을 우선하여 전국 공모를 추진한다. 그러나 지역은 공모 사업을 유치하기 위하여, 엄청난 인력과 재원을 투입한다. 심지어 전문가 용역까지 추진한다. 그런데 공모 사업에 선정되는 지자체는 소수이다. 반면에 탈락하는 지자체는 많아서 인력 운영이나 재원 측면에서 있어서 재원의 낭비, 비효율성이 많다.

지방자치단체별로 일정한 규모(예: 2조 원 등)를 총액으로 재원을 배분하고, 지방자치단체 보조사업은 폐지하는 방안을 제안한다. 그래서 지방에서 총액 범위 내에서 지역의 배분 사업을 결정하도록 하자. 그 대신 배분 사업 내역을 모두 공개하도록 하고, 국민과 전문가들이 평가를 하도록 하자. 물론 평가에 따라, 다음 해 총액 규모액 결정에 있어서 평가를 연계하자. 이를 통해서 지방자치단체 재정 지출의 성과를 높이고 책임성도 확보하자.

⑥ 보조금은 공짜 돈이 아니다. 차등 활용 등 성과를 내자.

국가 보조금에 대한 일부 인식이 '보조금은 공짜'라는 소리가 많다. 또 보조금은 '먼저 본 사람이 먼저 먹는다'는 참으로 말도 안 되는 이야기도 들린다. 따라서, 국가 보조금을 효율적으로 운영해야 한다. 운영을 혁신하자.

첫째, 수도권과 지방으로 나누어서, 보조금을 차등 지원해 보자. 예

구윤철

를 들어, 수도권에 거주하고 있으면, 국가 보조금의 지원을 줄이고, 수도권 이외의 지방에 거주하면 보조금을 늘려, 수도권 집중 완화, 지역 균형 발전을 위한 인센티브로도 활용하자.

둘째, 기업 지원 보조금은 지분 즉 출자로 전환하자. 그래서, 정부 보조금은 '눈먼 돈, 먼저 본 사람이 먼저 사용하는 돈'이라는 속설을 불식시키자. 기업에 대한 보조금을 출자로 전환하면, 기업에 손실이 발생하면 보조금과 같은 효과가 난다. 그러나 기업이 성공하면, 지분만큼 국고로 환류되어 다시 국가가 그 재원으로 기업에 재출자할 수도 있다. 다만, 정부 지분 비율은 일정한 한도 내(예: 30%가 최대 등)로 제한하자. 정부가 기업을 지원하면서 많은 수익을 가져오는 것은 바람직하지 않다.

⑦ 증세와 감세 논쟁 실효성 없다. 경제 파이 키워 해결하자.

증세해야 한다, 감세해야 한다, 이러한 증세와 감세 논쟁이 많이 있다. 그런데 지금 대한민국의 경제가 어려운 상황에서 증세를 하기는 사실상 어렵다. 게다가 최근 국세 수입이 줄어드는 가능성이 보여서 감세도 사실상 쉽지 않다. 어떻게 할 것인가? 필요하다면, 세율 인상 또는 인하보다는 과세 기반 확충을 통해서, 세입 기반을 최대한 확대하자.

가장 우선적으로는 경제 성장률을 높여서 대한민국의 경제 파이, 국부를 키우자. 이를 통해서 오히려 세율을 낮추어도 세금이 더 들어오는 경제구조로 대전환시키자. 그러려면, 재정 운영이 매우 생산적, 효율적이어야 한다. 이것이 바로 혁신적인 재정 운영에 가장 중점을 두어야 하는 이유다. 또한, 감세를 하려면, 이를 통해서 경제 성장의 선순환을 가져오고, 다시 세입 기반이 확충되는 세목과 분야를 선택하는 것이 좋을 것이다.

⑧ 탈세를 절세로 세탁하는 것을 막자.

과세 기반을 확충하는 방안의 하나로 탈세를 절세로 세탁하는 국가 분위기를 일신하자. 일반적으로 국민들이 '탈세'를 하는 경우에도 '절세'라는 명분으로 탈루한다. 이러한 세정 분위기에서는 과세기반이 축소되어 정상적으로 징수되어야 할 세금이 줄어들게 된다.

탈세에 대한 과학적인 적발 능력을 대폭 높이자. AI 기술을 적용하여 탈세를 최대한 방지하자. 탈세가 근원적으로 불가능하게 하고, 탈세에 대한 처벌 수준도 대폭 강화하자. 이렇게 하지 않는 증세는 국민적인 동의와 지지를 받기도 어렵다. 향후 국세 수입의 감소가 예상되는 상황에서 탈세 방지를 강화해야 한다.

⑨ 세금을 많이 내는 것이 자랑스러운 국가를 만들자.

개인들이 세금을 많이 낸 것을 자랑스럽게 생각하여, 가능하면 세금을 내도록 하는 유인을 대폭 강화하자. 세금을 많이 낸 개인에 대한 사회적인 명예 부여, 대우를 확실하게 하는 방안을 최대한 강구하자. 개인 소득세 기준으로 세금을 많이 낸 사람을 공표하고, 사회적인 명예나 혜택을 최대한 부여하자. 그래서 세금을 많이 낸 것이 자랑스럽고 뿌듯한 국가를 만들자.

구윤철

⑩ 조세도 지역에 따라, 차등 부과해 보자.

조세도 수도권과 지역으로 나누어서, 지방에 소재한 기업이나 개인은 더 낮은 세율을 적용받도록 하자. 대신 수도권에 소재한 기업이나 기업은 좀 더 높은 세율을 적용받도록 하자. 이처럼 지역에 따라 세금을 차등 부과하면, 자발적인 기업의 지방 이전도 촉진될 수 있다. 소위 정치학에서 말하는 '발에 의한 투표Voting by feet'가 실현될 것이다.

◇◇◇◇◇◇◇◇◇◇◇

자본시장에
답이 많다

자본주의 시장 경제의
핵심인
자본시장의 기능을
폭넓게 활용하여
국민의 노후생활 안정과
혁신을 통한 성장 동력의 재점화를
이루어야 한다.

신진영

- 美 카네기멜론대 박사
- 전 자본시장연구원 원장
- 전 ESG기준원 원장
- 현 연세대 경영학과 교수

❖ ❖ ❖

　자본주의 시장 경제에서 자본시장은 가장 효율적으로 기능하는 시장이라 할 수 있다. 선진국의 사례에서 보듯 경제 성장과 자본시장의 발전 간의 관계는 일방적이 아닌 상호적인 관계이다. 즉, 자본시장의 발전은 경제 성장과 발전을 이끌고, 경제가 선진국에 진입하면서 자본시장 역시 고도화되며 서로 상승 작용을 일으키고 있다. 우리나라는 아직 경제와 자본시장 간에 이러한 호혜적인 상승 작용이 충분히 작동하지 않고 있다. 자본시장의 다양한 기능을 활용하여 우리 경제의 당면 과제의 해결에 기여하는 동시에 성장의 추진력을 재점화하는 방안을 마련하고 추진해야 할 것으로 보인다.

1. 고령화와 자본시장의 역할

◇◇◇◇◇◇◇◇◇

　우리나라의 고령화는 매우 빠른 속도로 진행되고 있다. UN의 세계 인구 구조 변화 추정값에 따르면 2025년부터 65세 이상 고령인구 비중이 전체 인구의 20%를 초과할 것으로 예상된다. 그러나 이미 0.7 이하로 떨어진 합계 출산율과 기대 수명 연장을 고려하여 추정하면 고령인구의 비중은 2046년에는 38%를 넘어 고령인구의 비중이 가장 높은 국가로 분류될 가능성이 크다. 이는 생산 가능 인구(15~64세) 100명에 대한 고령인구(65세 이상)의 비율을 나타내는 노년부양비를 2024년 27.4에서 2038년에는 약 55, 2046년에는 약 70까지 증가시킬 것으로 예측된다.

이와 같이 급속한 고령화는 노후 소득 보장을 이미 어렵게 하고 있다. 현재 우리나라가 시행하고 있는 부분 적립식의 국민연금제도의 개편에 있어 보험료와 소득대체율을 조정하는 모수 개혁만으로는 제도의 유지가 어렵고 국민연금의 구조적 개혁뿐만 아니라 기초연금, 퇴직연금, 개인연금을 포괄하는 전반적인 연금 체제의 개편이 요구되는 이유라 할 수 있다.

고령층을 포함한 전 세대에 걸친 자산 구성의 특징은 부동산의 비중이 절대적으로 높다는 것이다. 다음 그림에서 나타난 바와 같이 자산에서 부동산이 차지하는 비중은 35~44세에 급격히 상승한 이후 은퇴 이후에도 크게 줄지 않아 65세 이상 인구의 자산에서 차지하는 비중은 84%에 이르고 있다. 이와는 달리 미국의 경우 38.7%만이 부동산이며 금융자산의 비중이 40%를 상회한다.

우리나라의 경우 경상소득 대비 근로소득의 비율은 2021년 기준 65~69세는 40%에 이르고 75세 이상에서도 20%에 달하고 있다. 반면 선진국에서 노후 소득의 상당 부분을 차지하는 연금소득이 우리나라에서는 75세 이상의 경우 경상소득의 17.5%에 불과하다. 연금소득

신진영

의 대부분은 공적연금인 기초연금 혹은 국민연금이고, 개인이 스스로 노후를 준비한 결과인 사적연금을 보유한 가구는 전체의 15%에 불과하다. 사적연금은 그 금액 역시 매우 작아 중위 소득기준으로 은퇴 전 소득의 대체율이 3.8%에 그친다.[1]

김재칠, 김민기, 정희철(2024)이 모형을 통해 최소생활비를 실제 소비와 비교한 분석에 따르면 우리나라 고령가구는 평균적으로 적정 수준 대비 10~30%의 소비를 축소하고 있다. 이와 같이 은퇴 이후에도 80% 이상으로 유지되는 부동산의 비중과 더불어 낮은 연금소득이 결합되어 우리나라의 은퇴 가구의 상당수는 소득 하락의 충격에 노출돼 있다. 은퇴 가구는 이 충격을 줄이기 위해 계속 일하는 한편 소득이 줄어들면서 소비를 큰 폭으로 줄이고 있다. 부족한 소득은 규모가 크

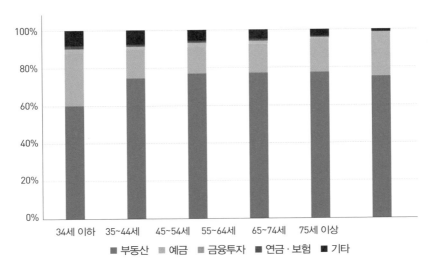

〈그림〉 **연령대별 자산보유 비중**
노성호, 황현영, 고령화 경제로의 전환: 금융투자업의 역할 제고, 자본시장연구원
2024년 개원 기념 컨퍼런스에서 재인용

지 않은 금융자산을 처분해 일부를 충당하며, 소득과 소비 감소로 삶의 질이 떨어지지만 유일한 자산인 주택 보유는 포기하지 않는다. 이는 40%에 이르는 OECD 국가 중 가장 높은 65세 이상 노인 빈곤율로 이어지고 있다.

김재칠, 김민기, 정희철(2024)이 파악한 바와 같이 상당수의 개인들은 충분한 노후 소득을 준비하지 못하고 이미 은퇴하였거나 은퇴를 곧 앞두고 있다. 이들이 기본 생활 수준을 유지할 수 있는 가장 현실적으로 가능한 방안은 보유 자산 중 절대적으로 높은 비중을 차지하는 부동산을 연금화하는 것이다. 우리나라는 이미 주택연금 제도가 2007년 이후 시행되어 자리를 잡고 있다. 2022년 보증 잔액 기준 주택연금 가입 건수는 8만 3,000건인데 이는 2020년 기준 가구주 연령 55세 가구 수 935만 기준으로 약 0.89%의 가입률에 불과하다. 2021년 기준으로 70세 이상 주택연금을 수령하고 있는 가구의 월평균 소비 대비 주택연금 수령액은 80%를 상회하여 노후 소득 안정에 크게 기여하고 있음은 이미 입증되었다. 김재칠, 정화영(2023)에 따르면 퇴직 직전(60세)을 기준으로 주택연금을 수령할 경우 분석 대상 전체 표본 가구의 절반에 가까운 경우가 노후 소득 안정을 달성할 수 있는 것으로 추정된다.

주택연금제도는 그간 가입자의 접근성과 안정성을 제고하기 위해 꾸준히 개선되어 왔으나 추가적인 개선을 통해 제도를 정착시킬 필요가 있다. 현재 주택연금은 변동금리 상품만 제공되어 가입자들이 금리위험을 부담하므로 고정금리 상품을 도입하여 가입자의 금리위험 부담을 줄여 주는 방안을 검토해야 한다. 주택 가격 하락, 가입자의 장수

등으로 발생할 대위변제손실 위험은 주택금융공사가 부담하도록 하고 이에 대비하기 위해 주택담보노후연금보증 계정을 조성해 운용하고 있다. 향후 제도의 안정성을 확보하기 위해서는 이 계정이 재원을 충분히 마련해야 할 것이다.

주택연금이 보다 활성화되어 노후 소득 보장에 실질적인 기여를 하기 위해서는 자본시장 기능을 보다 적극적으로 활용해야 할 것으로 보인다. 현재는 보증비용이 일률적으로 적용되고 있으나, 민간 금융기관의 참여를 유도하기 위해 주택연금 계약에 내재된 위험을 반영한 합리적인 보증비용 책정을 가능하게 해야 한다. 그래야 다양한 주택금융 상품 도입의 길을 열 수 있다. 예를 들어, 미국과 홍콩은 주택 가격과 상관없이 보증 제공 금액을 제한하는데 우리나라도 정부 보증 금액은 현재와 같이 12억으로 유지하되, 고가 주택의 가입은 민간 금융기관을 통하도록 하고 이들 기관이 적정한 보증비용을 부과하게 한다면 가입 대상의 확대가 정부의 추가 부담 없이 가능할 수 있다. 민간 금융기관의 참여를 적극적으로 유도하기 위해서는 주택연금 유동화 증권의 발행 및 유통을 활성화하는 방안을 마련해야 할 것이다. 정부는 미국의 사례와 같이 유동화 증권에 대한 일부 보증이 제공되고 주택연금 유동화 채권의 발행 및 유통 규범을 마련하여 유동화 증권 시장이 원활하게 작동할 수 있도록 지원하는 역할을 수행할 필요가 있다.

아직 은퇴까지 시간이 남은 젊은 세대에게는 은퇴를 사전에 체계적으로 준비할 수 있도록 하는 제도적 방안이 마련되어야 한다. 이들의 자본시장 참여를 적극적으로 유도하고, 장기적으로 위험자산이 지닌

초과 성과를 은퇴 자산 형성 과정에서 누릴 수 있도록 해야 할 것이다. 이를 달성하기 위해서는 은퇴 준비를 개인에게 맡기기보다는 국민연금과 퇴직연금 제도의 개선과 활성화를 통해 성취해야 할 것이다. 다음 두 절에서 이를 논의해 보자.

2. 국민연금 기금운용 체제 개편

◇◇◇◇◇◇◇◇◇

1988년부터 시행된 국민연금은 그 적립 규모가 2024년 10월 말 현재 1,170조 6,000억 원에 이르고 있다. 그러나 급속히 진행되는 저출산·고령화에 따라 현재의 보험료율 9%와 소득대체율 40% 하에서는 제도의 존립 자체가 위협받고 있다.

이를 개선하기 위한 개혁 과제 가운데 첫째는 기금의 수익률 개선이다. 현재 논의되고 있는 국민연금제도의 개혁 과정에서도 기금의 장기 수익률 1% 포인트 제고가 당면한 현안 과제이다. 국민연금 기금을 보다 효율적으로 운용하는 것은 이후 제도의 개혁과 더불어 기금의 장기적인 지속 가능성과 안정성을 확보하는 데 있어 필수적이라 할 수 있다.

현재 국민연금의 제도 운영은 심의위원회가, 기금 운용은 기금운용위원회가 나누어 담당하는 구조로 되어 있다. 복지부 장관이 위원장인 기금운용위원회는 기금 운용의 최고의사결정기구로서 기금운용지침(투자정책서), 연도별 운용계획, 운용 결과 평가 등 기금 운용에 관한 중요 사항을 심의·의결하도록 되어 있다. 두 위원회의 구성은 모두 대표

신진영

성을 중심으로 이루어져 있다. 그러나 국민연금과 같은 대형 기금운용의 최고결정기구 경우 기금운용의 전문성을 고려하지 않고 대표성만으로 구성하는 것은 합리적이고 효율적인 기금운용을 위해 적절하지 않다는 지적이 끊이지 않고 있다.

국민연금 기금운용위원회는 2024년 5월 '기준 포트폴리오reference portfolio 도입 방안'을 심의·의결하였다. 기준 포트폴리오란 장기투자의 기준으로 단순 저비용 패시브 포트폴리오 또는 자산군의 조합으로 적극적인 운용전략을 추구할 수 있도록 장기 기준을 제시함과 동시에 기금이 감내할 위험 수준을 명시적으로 제시하는 기금운용 방식이다. 기금의 장기 운용 목표를 바탕으로 설정된 기준 포트폴리오를 이용하여 하위 운용 단계의 리스크 기준Risk Budgeting을 제시하거나 위험자산의 비중을 결정하도록 하는 것이다. 이미 캐나다의 CPPI, 싱가포르의 GIC 등 다수의 대형 공적 연기금이 도입하여 소기의 성과를 거두고 있다. 기금운용위원회는 '위험자산 65%'를 기금의 장기 운용 방향으로 제시하였고 이 위험자산 비중 내에서 다양한 유형의 대체자산을 신속하게 투자함으로써 수익률 제고에 기여할 것으로 보인다. 그러나 1,000조를 넘는 규모와 해외투자의 비중이 50%를 상회하여 고도의 운용 역량을 요구하는 자산 구조 하에서 기금운용 체계를 그대로 유지한 상태에서는 기준 포트폴리오의 도입 취지를 제대로 실현할 수 없을 것이다.

국민연금 기금운용 체제의 근본적 손질이 필요하며, 구체적인 방안은 다음과 같다. 현재 국민연금 심의위원회를 보건복지부 장관을 위원장으로 하는 가입자 대표 중심으로 구성된 위원회로 격상하고 이 위원회가 정기적으로 국민연금의 제도, 장기 재정추계를 수행하는 동시에 기준 포트폴리오를 설정하고 개정하는 역할을 맡는다. 기준 포트폴리오의 설정은 기금 운용의 방향과 감내할 위험을 결정하는 것이므로 이 과정에서 기획재정부 등 관련 부처와의 논의를 거쳐 국회에 보고되는 장기 기금운용 계획과 연계되어야 할 것이다.

기준 포트폴리오가 결정된 이후 민간인 위원장과 전문가 위원으로 구성된 기금운용의 최고의사결정기구인 기금운용위원회는 전략적 의사결정 기능과 함께 기금운용 실무 조직에 대한 감독 기능을 수행한다. 이 기금운용위원회를 수급자 대표 등 관련 단체나 기관의 추천을 받은 기금운용 전문가 중에서 선임한다면 대표성을 일부 보완할 수 있을 것으로 보인다.

기금운용의 실무를 수행하는 조직은 현행 기금운용본부를 격상하고 확대하여 별도의 전담 운용 기관을 설립하는 것이 바람직하다. 이를 통해 독립적인 투자 실행이 보다 효율적으로 이뤄질 수 있다. 여기서 독립성이 의미하는 것은 투자 실행 조직이 부여받은 목표를 달성하기 위해 이와 관련 없는 외부의 영향에서 벗어나 기금운용을 실행한다는 것을 의미한다. 즉, 정부의 다른 정책 과제나 정치적인 목표를 달성하기 위하여 기금운용이 왜곡되어서는 안 된다는 것이다. 이미 유럽, 캐나다, 일본 등 선진국의 대형 공적 연기금은 대부분 이와 같은 형태의 지배구조와 조직 형태를 가지고 기금을 운용하고 있다. 우수 인력과 기금운용의 독립성을 확보하기 위해서는 지금보다 예산과 조직 측면에서 유연성이 필요하다. 이를 위해서는 모든 공공기관에 적용되는 '공공기관운용에 관한 법률'의 예외 또는 완화 적용이 필요하다.

신진영

기금운용본부를 별도의 기관으로 설립한 후의 조직 체계 개편은 비중이 높아진 해외투자 및 대체투자의 역량을 강화하는 방향으로 추진되어야 한다. 현재 국민연금은 싱가포르, 뉴욕, 런던에 이어 샌프란시스코 해외사무소를 개설하였으나 그 규모가 작고 권한과 예산의 한계로 제 기능을 발휘하지 못한다는 평가를 받는다. 적극적인 해외투자를 실행하는 캐나다의 CPPI, 네덜란드의 APG, 싱가포르의 GIC 등의 사례에서 보듯이, 해외사무소에서 실질적인 투자 의사결정이 현지에서 이루어지도록 조직과 규모를 확보해야 할 것이다. 해외 연기금의 사례와 같이 인수합병이나 자회사 설립이 가능하도록 제도적 유연성이 보완되어야 할 것이다.

기금운용본부를 별도 기관으로 격상시킨 이후 서울사무소 설치가 이루어져야 한다. 해외사무소 개설과 같이 국내 투자를 현지에서 실행한다는 취지로 접근하여 국내 투자 실무가 서울사무소에서 이루어질 수 있도록 해야 할 것이다.

3. 기금형 도입을 통한 퇴직연금 제도 활성화

안정적인 노후 생활을 누릴 수 있는 소득을 확보하기 위해서는 다층 연금체계의 구축이 시급하다. 정부의 재정으로 충당되는 기초생활보장, 기초노령연금 등 사회안전망을 기반으로 하여 공적연금인 국민연금이 추가되고 개인들의 생애에 걸친 적립에 의해 축적된 퇴직연금, 개인연금이 배치되어야만 한다. 이와 같은 다층 연금체계의 구조개혁

구분		DB	DC	IRP	전체
전체	5년	2.18	2.56	2.54	2.35
	10년	2.01	2.26	1.99	2.07
원리금 보장형	5년	2.18	2.14	1.84	2.12
	10년	2.04	2.13	1.74	2.01
실적 배당형	5년	3.25	4.51	4.32	4.18
	10년	2.88	2.84	2.62	2.75

〈표〉 **제도 유형별/운용 방법별 퇴직연금 장기 수익률**
고용노동부 보도자료 2024년 5월 16일에서 재인용

은 개별 제도에 대한 보완이 아니라 각각의 연금제도의 특성을 살리고 상호 보완을 통해 그 역할을 강화하는 방향으로 추진되어야 할 것이다.

퇴직연금은 양적인 측면에서는 주목할 만한 성과를 거두었다. 2023년 말 기준으로 적립금액은 381조 원에 이르고 도입 사업장 수는 43만 7,000개소로 전체 사업장의 26.4%에 도달했고 가입 근로자 수로는 전체의 53.0%인 714만 4,000명을 기록하고 있다. 남재우(2024)가 퇴직연금 적립금에 대한 장기 추계를 수행한 바에 따르면 현재의 제도와 수익률이 그대로 유지된다는 가정에서도 국민연금 기금의 최대 적립 시점인 2040년에 퇴직연금 적립금은 국민연금 기금의 67%인 1,172조 원에 이를 것으로 추정된다.

이러한 양적 성장에도 불구하고 퇴직연금은 아직 제 기능을 다하지 못하고 있다는 평가를 받고 있다. 그 가장 핵심적인 요인은 지속적으로 낮은 수익률에 있다. 위의 표는 퇴직연금 제도 유형별/운용 방법별

장기 수익률 현황을 정리하고 있는데 실적배당형을 제외하고 모든 제도와 운용 방법에 있어 현재 시중 금리에 미달하는 3% 이하의 수익률을 얻고 있다. 이와 같이 낮은 수익률의 주원인은 다음 표에서 나타나듯 대부분의 상품이 원리금 보장형으로 운용되고 있기 때문이다. 실적배당형의 경우에도 연도별 수익률 변동성이 높아 가입자들의 신뢰를 확보하지 못하고 있는 것이 현실이다.

구분	은행	비중	금투	비중	생보	비중	손보	비중	근로복지공단	비중	합계	비중
원리금 보장형	178.5	90.1	63.6	73.3	72.5	92.4	14.6	98.6	4.2	96.5	333.3	87.2
실적 배당형	19.6	9.9	23.2	26.7	5.9	7.6	0.2	1.4	0.2	3.5	49.1	12.8
합계	198.0	100.0	86.7	100.0	78.4	100.0	14.8	100.0	4.3	100.0	382.4	100.0

〈표〉 금융권역별 적립금 운용 현황
고용노동부 보도자료 2024년 5월 16일에서 재인용

퇴직연금제도 활성화를 위한 근본적이고 가장 효과적인 처방은 적립금 운용의 성과 performance 제고라 할 수 있으며 이는 곧 자산배분의 문제다. 퇴직연금의 수익률 제고를 위해 가장 효과적인 제도적 장치는 디폴트옵션 default option 인 것으로 알려져 있다. 2023년 사전지정운용이라는 이름으로 DC형 및 IRP에 도입하였으나, '원리금보장상품이 포함된 선택형 디폴트옵션'이라는 구조적 제약으로 인해 기대했던 효과를 보지 못하는 상황이다.[2] 디폴트옵션 제도의 왜곡된 구조나 퇴직연금 전반의 낮은 운용 성과는 근본적으로는 계약형이라는 퇴직연금 지배구조의 문제에서 발생한다.

　계약형 방식은 기업이 금융회사인 퇴직연금 사업자와 직접 계약을 맺어 제도운영과 적립금 운용을 모두 위탁하는 방식이다. 이 방식은 단순성과 비용 절감 측면에서 유리하지만, 근로자가 운용에 실질적으로 참여하지 못해, 퇴직연금의 본래 목적인 노후 소득 보장을 달성하기 어렵다는 한계를 지닌다. 기업 내의 퇴직연금 담당자들은 연금과 적립금 운용에 대한 전문성을 지니지 못하여 퇴직연금사업자에 대한 의존도가 높고 손실에 대해 지극히 위험기피적일 수밖에 없어 장기 분산투자를 통해 수익률 제고를 시도하기보다는 손실의 최소화를 원하는 쪽으로 기울고 있다. 그 결과 현재와 같이 안전자산의 비중이 지나치게 높은 자산배분과 낮은 수익률이 나타나는 것이다.

　계약형 지배구조의 한계를 극복하고 퇴직연금이 제대로 자리 잡기 위해서는 선진국에서 이미 성공적으로 시행되고 있는 기금형 지배구조의 도입과 확산이 필요하다. 기금형 퇴직연금은 기업이 신탁 관계를 기반으로 별도의 수탁법인을 설립하여 퇴직연금을 관리·운용하는 방식이다. 이 방식은 가입자들의 이해관계를 반영한 의사결정 체계를 구축하기에 적합하며, 사용자와 가입자가 참여하는 위원회 조직과 외부 전문가의 참여를 통해 전문성을 강화함으로써 계약형 방식의 한계를 보완할 수 있다는 것이 큰 장점이다. 또한 중소기업이 연합형 기금을 설립할 수 있게 되면 여러 기업의 가입을 통해 규모의 경제를 실현하고 보다 효율적인 연금 운용이 가능해진다.

　기금형 퇴직연금제도의 도입은 퇴직연금 제도 개혁의 중요한 전환

점이 될 것이다. 현재 우리나라에서는 근로복지공단이 운영하는 '푸른 씨앗'이라는 중소기업퇴직연금기금이 유일한 기금형 퇴직연금제도이다. 푸른씨앗은 집합운용 확정기여형Collective Defined Contribution 연금으로, 개별적으로 퇴직연금을 운용하기 어려운 기관들을 위한 집합운용을 통해 운용 효율성과 성과를 높이는 제도적 방안으로 설계되었다. 최근 퇴직연금의 수익률 제고를 위해 CDC 제도Collective Defined Contribution의 도입 필요성이 제기되면서 기금형 지배구조에 대한 논의가 다시 활성화되고 있다.

기금형 퇴직연금제도의 도입을 위해 참고할 만한 주요 사례로는 호주의 슈퍼애뉴에이션Superannuation 제도가 있다.[3] 호주는 이 제도를 통해 노후 소득 보장, 정부의 재정 안정, 자본시장의 발전이라는 세 가지를 동시에 이룬 성공 사례라 할 수 있다. 그 성공 요인의 핵심은 단순히 기금형이라는 점이 아니라, 7%를 상회하는 높은 수익률을 가능하게 한 '기금 선택제'라는 지배구조에 있다. 퇴직연금 기금운용에 민간의 참여를 허용하고 가입자가 자유롭게 기금을 선택할 수 있도록 함으로써 기금 간의 경쟁을 유도하여 전반적인 운용 성과의 제고를 달성한 것이다. 현재 호주는 기금 간의 합병을 통해 대형화를 통한 규모의 경제를 이루면서 운용 성과가 개선되는 효과를 누리고 있다.

과거 근로자퇴직연금법 개정 과정에서도 기금형 퇴직연금 수탁법인에 대한 민간 금융기관 진입을 규제한 것이 규제개혁위원회로부터 부적절하다는 지적을 받은 바 있다. 영리형을 포함한 다양한 유형의 기금 설립이 허용되어야 하는 이유는, 호주 슈퍼애뉴에이션의 성공 사례에서 보듯 적극적으로 기금운용의 효율성을 제고하려는 기금 간 경쟁이 제도의 성과 개선으로 이어지기 때문이다. 퇴직연금의 규모 확대가 적어도 국민연금 수준의 수익률 제고로 이어진다면 미래 은퇴 세대의 노후 소득 안정에 크게 기여할 것이다. 이를 위해서는 기금형 퇴직연금의 도입을 조속히 시행해야 할 것이다.

4. 기업지배구조 개선을 통한 밸류업 실현

◇◇◇◇◇◇◇◇◇

우리나라의 상장기업 주식의 가치가 다른 국가들에 비해 상대적으로 낮게 형성되는 현상은 흔히 '코리아 디스카운트'라고 불리우며 이미 2000년대 초부터 관찰되기 시작하였다. 다음 그림은 주가-장부가 비율Market-to-book ratio과 주가-수익 비율Price-earning ratio을 2005년부터 2021년까지 국가군별로 비교한 것인데 우리나라 상장기업의 주식 가치는 다른 국가들과 비교하여 현저히 낮으며 별다른 개선이 이루어지지 않고 있음을 확인할 수 있다.

주식 투자 수익률 측면에서도 우리나라 주식시장의 매력도가 매우 낮다. 이효섭(2024)이 보인 바와 같이 배당 재투자를 고려한 총수익지수Total Shareholder Return: TSR를 최근 2012년부터 2023년까지 산출해 보면 10년간 일본 주가지수는 297% 상승하며 주요국 주가지수 중에서 가장 높은 상승률을 기록했다. 동기간 미국(271%), 대만(246%), 독일(120%), 중국(71%), 한국(61%) 순인데, 이는 일본의 실질 주식투자 수익률이 한국에 비해 약 5배가 높았던 것을 의미한다.[4]

코리아 '디스카운트'가 정확한 의미를 지니기 위해서는 다른 조건이

신진영

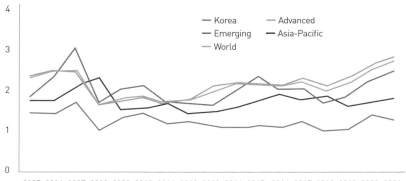

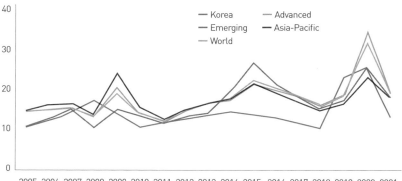

〈그림〉 **주가─장부가 비율(위) 및 주가─수익률(아래) 국가군별 비교**
김준석, 강소현(2023) "코리아 디스카운트 원인 분석",
자본시장연구원 이슈보고서 23-05에서 재인용

동일함에도 불구하고 우리나라라는 특수성 때문에 상장기업의 주가가
다른 나라에 비해 저평가되고 있는 일종의 가격의 불합리성mispricing
이 있어야 한다. 김준석, 강소현(2023)이 분석한 바에 따르면 국내 상
장기업의 미흡한 주주환원, 저조한 수익성과 성장성, 취약한 기업지배
구조가 낮은 주식 가치평가의 가장 주요한 원인으로 평가할 수 있다.

주식의 낮은 가치평가의 근저에는 우리나라 기업들의 취약한 지배구조가 자리 잡고 있다. 다음의 표는 2023년 4월 제출된 사업보고서를 기준으로 산출된 우리나라 상장회사의 지분율 분포이다.

최대주주 + 특수관계인 지분율	유가증권시장		코스닥시장	
	회사 수	비율	회사 수	비율
5% 이하	3	0.36	23	1.44
5%초과 10% 이하	21	2.55	53	3.32
10%초과 25% 이하	102	12.41	345	21.61
25%초과 33.34% 이하	111	13.51	307	19.22
33.34%초과 50% 이하	279	33.94	516	32.31
50% 초과	306	37.23	353	22.1
합계	822	100	1,597	100

최대주주 + 특수관계인 + 자기주식 지분율	유가증권시장		코스닥시장	
	회사 수	비율	회사 수	비율
5% 이하	4	0.49	22	1.38
5%초과 10% 이하	16	1.95	46	2.88
10%초과 25% 이하	70	8.51	305	19.1
25%초과 33.34% 이하	88	10.71	246	15.4
33.34%초과 50% 이하	256	31.14	557	34.88
50% 초과	388	47.20	421	26.36
합계	822	100	1,597	100

〈표〉 **최대주주 우호지분 분포**
자본시장연구원 내부 연구 자료에서 재인용

신진영

최대주주와 특수관계인 그리고 자기주식까지 더했을 때 25% 이상의 지분율을 보유한 회사가 유가증권 상장회사 89.05%, 코스닥 상장회사 76.64%에 이르고 있어 지배주주가 절대적인 지분을 확보하고 있다.[5]

아시아기업지배구조협회ACGA의 조사 보고서(2023)에 따르면, 2020년과 2023년 사이 일본의 기업지배구조 평가는 아시아 12개국 중 5위에서 2위로 크게 상승했으나, 한국은 여전히 8, 9위의 하위권에 머물고 있다. 이는 국내 주식시장에서 30% 이상의 비중을 차지하는 외국인 투자자의 평가에서도 우리나라 상장기업의 지배구조가 좋은 평가를 받지 못하고 있음을 의미한다.

지배주주가 절대 지분을 보유한 상황에서는 지배구조와 낮은 재무성과 및 주주환원율이 상호 밀접한 관계를 지닌다. 배당에 대한 실효세율이 40%를 초과하는 현재의 세제를 고려할 때 지배주주는 주주환원보다는 이익을 사내유보로 보유함으로써의 기업의 이익에 대한 본인의 재량권을 극대화할 수 있다. 그러나 우리나라 상당수의 상장기업은 자기자본 비용보다 ROE와 ROIC가 낮은데 이러한 상황에서 사내유보의 증가는 기업가치를 더욱 낮추게 된다는 것은 이미 금융 이론과 실무에서 잘 알려져 있다.[6]

'자사주 마법', 물적 분할 이후 재상장, 지배주주의 사익편취, 일감몰아주기와 같은 다양한 사례에서 드러나듯 우리나라 다수 기업에서는 의사결정이 지배주주 이익의 극대화를 위해 이루어지며 이 과정에서 일반 주주의 이익이 희생되고 있다. 개인투자자의 수가 2023년 말 기준 1,403만 명에 이르고 있으나 이들은 일반 주주로서 기업의 주요 의사결정에서 배제되고 투자에 보상을 제대로 받지 못하고 있다. 이는 그대로 우리나라 주식의 낮은 가치평가 반영되고 있는 것이다.

우리나라 기업 지배구조 개선의 핵심에는 일반 주주의 이익을 보호하는 방안을 마련하는 것이며 상법 개정 논의는 그 취지에서 시작되었다. 현재의 상법 개정 논의는 상법 제382조의 3(충실의무) "이사는 법령과 정관의 규정에 따라 회사를 위하여 그 직무를 충실하게 수행하여야 한다"는 조항에 대한 개정에 초점이 맞추어져 있다. 더불어민주당의 21대 이용우 의원과 22대 정준호 의원이 제안한 안은 "주주의 비례적 이익과 회사를 위하여"로, 22대 박주민 의원은 "회사와 총주주의 이익을 위하여"로 개정할 것을 각각 제안하고 있다.

천경훈(2024)은 개정안에 대한 찬반론과 대안을 자세히 제시하고 있다[7]. 개정론의 주요 논거로는 현행 상법이 이사의 충실의무를 회사에 대하여만 부담하는 것으로 돼 있어 이사가 주주의 이익에 반하는 행위를 하더라도 책임지지 않는다는 논변과 쪼개기 상장 등 주주의 이익이 침해되어도 현행 상법이 무력하므로 이를 해소하기 위해 필요하다는 실효적 주주보호 논변이 있다. 일반 주주 보호를 위해 의무공개 매수, 주식매수청구권 확대 등 다양한 조치가 취해졌지만 상법 개정만이 근본적인 해결이라는 주장 역시 제기되고 있다. 그러나 개정에 대한 반론 역시 강하게 제기되고 있다. 이사는 회사의 이익을 우선할 의무가 있는데 주주충실 의무는 이와는 맞지 않다는 주장과, 상법상 이사는 회사에 대해 선관주의 의무를 지는데 주주에 대해 충실의무를 진다는 것은 상법 기본구조와 상충된다는 논거 역시 강하게 제기되고 있다.

현재까지 다양한 판례들이 일반 주주의 이익을 보호하지 못한다는 비판을 받는 상황에서 상법 개정이 얼마나 실효적으로 주주의 이익을 보호하고 기업가치 제고에 기여할지 여부는 확실하지 않다. 결국 상법이 개정된다 하더라도 추가적인 해석과 소송 과정에서 법원의 판례들이 축적되어야 개정 목적을 달성할 수 있을 것으로 보인다.

상법 개정의 취지는 충분히 동감하나 이것만으로 우리나라 지배구조 문제가 해결되기는 어렵다는 것이 현실이다. 창업자 가족 중심의 지배주주가 절대 지분을 가진 기업이 다수를 차지하고 있으므로 이를 몇 개의 법령과 규제로 일거에 극복하고 지배구조를 개선하여 주식의 가치평가가 상승하기는 어렵다. 일반 주주 보호를 위해 기존에 이루어진 의무공개 매수, 전자주총 시행, 배당 기준일 변경 등 다양한 조처들이 실효성 있게 시행될 수 있도록 정부 차원에서 진지한 노력을 기울여야 할 것이다.

일반주주들이 자신들의 의사를 표시할 수 있는 유일한 기회는 정기 주주총회뿐이나, 그나마 현행 제도는 주주로서의 권리를 행사하기에 매우 미흡한 것으로 평가된다. 주주총회 참석률을 높이기 위해서는 소집통지가 전자적으로 이루어질 수 있도록 하는 것이 우선적으로 필요하다. 이는 증권사를 통하거나 예탁결제원이 운영하는 전자고지서를 활용하여 실현 가능하며 이를 통해 주주들의 주총 참석률을 높일 수 있을 것이다.[8] 주총에서 전자투표를 실행하는 기업의 수는 증가하여 2024년의 경우 유가증권시장 상장사의 72.3%, 코스닥은 55.9%가 이를 채택하고 있다. 이와 더불어 실질적인 전자주총까지 시행된다면 보다 많은 주주들의 주총 참석이 가능할 것이다.

지배주주에 대한 견제와 감독이 효율적으로 이루어지기 위해서는 선진국과 같이 기관투자자들의 역할이 더욱 강화되어야 한다. 그러나 현재 소집공고일로부터 주총까지의 기간이 너무 짧아 기관투자자들도 의안을 충실히 검토하여 주주제안을 하거나 의결권을 행사하기가 어렵다. 2024년의 경우 유가증권 상장사 중 72.8%, 코스닥은 90.9%의 회사들이 소집공고일로부터 15~21일 사이에 주총을 개최했다. 이는 OECD 국가들 중에서도 가장 짧다. 여기에 주주총회 개최일이 3월 말의 이틀 혹은 사흘 동안에 집중되면서 주주들이 제대로 의안을 검토하고 의결권을 행사하는 것이 매우 어렵다. 주주총회 분산을 위해 정부가 노력을 기울여 왔지만 강제적인 분산이 어려우므로 적어도 소집통지 시기를 앞당기는 조처는 조속히 이루어져야 할 것이다.

우리 주식시장에서 30% 안팎의 비중을 차지하는 외국인 투자자가 제대로 의결권을 행사하기 어려운 구조는 하루빨리 시정되어야 한다. 아시아기업지배구조협회가 공식적으로 문제 제기한 바와 같이 주총 2주 전 소집통지가 이루어진 후 이들은 먼저 의결권 행사를 한 후 해외와 국내 상임대리인을 거쳐 주총 5영업일 전에 예탁결제원에 통보해야 하므로 실제 의결권을 행사할 수 있는 기간은 3~5일에 불과하다. 주총 참석을 위한 통역인 동반 역시 허용되지 않고 있어 현행 주총은 외국인 투자자를 실질적으로 배제하고 있다.

주주행동주의는 간혹 적대적 인수합병M&A으로 오해받기도 하지만, 실제는 현저히 다른 전략이다. 최근 일부 성과를 거두기는 했으나 주주행동주의가 갈 길은 아직 멀다. 일본의 경우 아베 정부 출범 이후 지배구조 개선을 추진하는 과정에서 외국계 펀드들의 자국 기업에 대한 주주행동주의를 적극적으로 받아들이기 시작했고 이미 유의미한 성과를 얻고 있다. 우리나라 기업 지배구조의 특성상 보다 활발한 주주행동주의는 지배주주에 대한 효율적인 견제와 감독으로 작동할 것으로 기대된다.

제도적인 측면에서 볼 때 자본시장법의 5% 룰에서 '공동 보유'를 통한 경영권에 영향을 주기 위한 목적으로 해석할 수 있는 행위가 어떤 것인지에 대한 명확한 지침이 필요하다. 소액주주들이 연대하여 의결권을 행사하는 경우 5% 룰 위반이 발생할 수 있는데 우리나라는 미국, 일본과 달리 위반시 의결권 제한 등 제재 조치가 강력하다. 주주들의 정당한 주주관여 활동도 지배권 변동을 목적으로 하는 공격적인 행위로 오인될 여지가 커서 주주권 행사에 상당한 장애물이 되고 있으므로 이를 명확하게 정의할 필요가 있다.

기업지배구조의 개선은 규범적인 문제가 아니라 우리나라 주식의 가치평가를 제고하기 위한 밸류업을 위한 필수 조건이다. 고질적인 주식 가치의 저평가는 국민연금과 퇴직연금의 수익률을 저하시켜 국민의 노후소득 보장을 어렵게 하고 기업들의 주식시장에서의 자금조달 비용을 상승시켜 투자에 장애요인이 되고 있다. 지배구조가 몇 가지 법과 규제를 통해 단시간 내에 개선되기는 어려우나 기존의 제도를 보다 적극적으로 시행함과 더불어 일반 주주의 권익을 보호할 수 있는 다양한 방안이 수반되어야 할 것이다.

5. 자본시장을 통한 기업구조조정

◇◇◇◇◇◇◇◇◇◇

우리나라의 하락하는 잠재성장률을 되살리기 위해서는 무엇보다도 생산성 제고가 필수적이다. 이를 위해서는 산업구조의 재개편을 통해 성장 가능성이 높은 기술집약적인 산업을 육성해야 한다. 김준석, 강소현(2023)이 보인 바와 같이 우리나라 주식의 낮은 가치평가는 저조한 수익성에서 기인하는데 전반적인 기업구조조정은 수익성 향상을 이끌고 주식의 가치평가를 제고하여 기업들의 자본비용을 낮추고 실물투자 증가를 유도하는 선순환을 가져올 수 있다.

기업구조조정은 법령 기준으로 채무회생법과 기업구조조정촉진법(기촉법)에 근거한 공적 구조조정과 자율협약 및 주채무계열 중심의 사적 구조조정으로 나뉜다. 한편, 산업구조 변화와 관련된 기업의 법률인 기업활력 제고를 위한 특별법(기활법) 구조조정과 그 외 생산성·혁신성 제고를 위한 중소·중견기업 구조조정은 사전적 구조조정이며, 사후적 구조조정은 워크아웃과 기업회생을 통한 구조조정 등이다. 현재까지 주로 공적·사후적인 구조조정이 주를 이루었으나 사전적 구조조정과 조화를 이루면서 보다 효율적인 구조조정이 수행되기 위해서는 자본시장 역할의 강화가 필수 조건이라 할 수 있다.

자본시장을 통한 기업구조조정은 구조조정의 전 과정에 걸쳐 적용될 수 있다. 사전적 구조조정은 정상기업의 사업재편에 외부 투자자로서 참여하거나 구조조정 필요성이 있는 기업의 가치가 심각하게 훼손되기 전 전략적 투자자에 의한 선제적 구조조정이 이루어지는 방식이다. 사후적 구조조정은 기업이 워크아웃이나 기업회생 절차에 돌입함으로써 자본시장 투자자를 통한 기업 선별과 정상화가 이루어지는 구조조정으로서 자본시장 투자자에 의한 부실채권 및 경영권 지분 인수를 통하여 구조조정을 추진하는 방식이다. 수익 창출이라는 매우 효율적인 유인 체계를 가지고 있는 자본시장 투자자는 구조조정 성공 가능성이 높은 대상 기업의 선별과 투자를 통하여 자원의 재배분라는 긍정적 기능을 수행할 수 있다. 아직은 우리나라 기업 구조조정에 있어 자본시장의 역할이 제한적인데 이는 사모펀드Private equity, PE 등 민간 투자자의 참여가 저조하기 때문이다. 이들의 보다 적극적인 투자를 유도하여 자본시장이 제 역할을 하는 체제가 마련되어야 우리 경제의 산업구조 재편과 신성장 산업 육성이 가능할 것으로 보인다.

현재 사전적 구조조정은 산업은행 등 정책금융기관이 사업재편을 지원하는 방향으로 수행되고 있다. 대상 기업 입장에서는 그 규모와 조건이 만족스럽지 못한 경우가 많다. 민간 투자자 입장에서 보면 사업재편 구조조정이 필요한 해당 기업의 적정 투자 규모가 상대적으로 작고 자신들이 선호하는 분야에 투자를 희망하는 경우가 많아 참여가 아직 저조하다. 개선 방안으로 정책금융이 주관하고 핵심 출자자로 참여하는 사업재편 전용 사모펀드Private equity fund를 결성하고 정책자금을 후순위로 하고 민간자금을 선순위로 하여 민간 투자자의 참여를 유도해야 할 것이다. 이를 통해 사업재편을 위한 충분한 자금을 확보하고 동시에 분산 투자와 선순위로 위험을 경감할 수 있을 것으로 전망된다.

사업재편 지원제도는 경영권 유지와 신규 사업 진출 등을 지원하기 위한 목적으로 마련되었으나, 다수의 중소·중견기업이 대상에서 제외되고 있다. 이들 기업 중 일부는 일정한 현금흐름을 유지하고 있지만, 투자 여력 부족으로 성장 동력을 상실하거나 가업 승계 문제를 겪고 있는 경우다. 이를 개선하기 위해서는 정책자금을 활용해 중소·중견기업 전용 바이아웃 PEF를 결성하여 민간 투자자의 참여를 유도해야 할 것이다. 이 펀드는 경영권 이전을 전제로 한 바이아웃 방식으로 구조조정을 지원하며, 성장 정체와 투자 부족으로 생산성이 저하된 정상기업이나 사업 구조 개편이 필요한 기업을 주요 대상으로 삼는다. 해당 펀드의 운용은 민간 위탁 참여율을 높이기 위해 운용보수를 현실화하고, 레버리지 투자 및 정책금융기관의 보증 지원을 고려해야 할 것이다. 이와 같은 접근은 투자 수익률과 경제성이 낮고 민간 투자자의 시장 형성을 지연시키는 요인을 보완하며, 중소·중견기업 특성에 맞춘 투자 방식으로 보다 효과적인 구조조정을 가능하게 할 것으로 보인다.

좀 더 시급한 사안은 사후적 구조조정에 있어 민간 투자자의 확대이다. 사후적 구조조정에 민간 투자자는 채권자로 참여하게 되는데 이들의 투자 위험을 경감시켜 투자를 유도하기 위해서는 금융당국과 회생법원의 협의를 통한 법률 및 실무 개선이 필요하다. 사후적 구조조정에서도 정책금융기관이 PDF^{Private debt fund}를 결성하고 구조조정 위험을 반영한 시장금리에 따라 펀드 기준수익률^{Hurdle rate}을 낮추고 성과보수를 상향 조정하여 민간 투자자의 참여를 유도하여야 할 것이다.

자본시장을 통한 구조조정의 가장 중요한 주체는 사모펀드이다. 2024년은 국내에 PEF 제도가 도입된 지 20년을 맞이하는 해이다. 사모펀드는 100인 이하의 기관투자자 및 이에 준하는 금융기관, 연기금 등의 투자자로 구성된다. 자본금과 자본금의 400% 내의 차입으로 조성된 장기자금을 투자대상 기업의 재무성과와 지배구조를 개선하여 수익을 창출하는 사업 모형을 지향한다. 투자목적 제한과 의결권 제한

이 폐지되어 본격적인 경영 참여를 통한 수익 창출이 가능하게 됨으로써 M&A를 통한 기업구조조정에서의 역할이 증대되고 있다. 상장 기업의 인수뿐만 아니라 스타트업 기업들의 성장과 규모 확대를 위한 상장 전 지분 투자, 사모사채 투자 등으로까지 PEF의 역할과 사업 범위는 확대되고 있다.

사모펀드는 우리나라에서도 그 규모가 빠르게 증가하고 있다. 2023년 말 PEF 총 약정액은 전년과 비교해 8.5% 늘어난 136조 4,411억 원이며 M&A와 구조조정에서 눈에 띄는 성과를 거두고 있다. 사모펀드가 투자한 기업의 수익성을 높이고 가치를 제고하기 위해서는 기업 경영을 개선할 수 있는 역량을 제고해야 할 것이다. 기관투자자나 고액투자자 입장에서 국내 사모펀드 투자의 제약 중의 하나는 투자 관련 정보의 부재이다. 사모펀드는 투자 성과 등과 같이 투자 관련 주요 정보의 보다 투명한 공개를 통해 투자자들의 신뢰를 얻어야 할 것이다.

자본시장을 통한 기업 구조조정에 있어 중요성이 커지는 분야는 중소기업의 M&A를 통한 승계이다. 2024년 한 설문조사에 따르면 우리나라 중소기업의 절반가량은 기업승계 후계자가 없는 것으로 나타났는데 이로 인한 비자발적인 휴업이나 폐업은 중소기업이 그간 축적한 업력이 사라지는 것으로서 경제적으로 큰 손실이라 할 수 있다. 현재 가업승계 중심의 상속·증여세 특례는 이러한 문제를 해결하는 데 한계를 드러내고 있다. 중소기업 승계를 위해 M&A를 활성화하는 것은 중소기업의 효율적인 구조조정을 가능하게 하고 이들의 성장 침체를 극복하여 우리 경제 전반의 성장성을 제고하는 데 도움이 될 것으로 보인다.

중소기업 M&A를 어렵게 하는 요인으로는 적절한 매수자를 찾기 어렵고, 중개료가 높으며, 승계 대상의 대부분을 차지하는 비상장 기업들이 제대로 된 가치평가를 받기 어렵다는 점 등이 있다. 이를 개선하기 위해서는 성공 사례라 할 수 있는 일본 M&A센터와 같은 민간 중소기업 M&A 중개산업이 활성화되어야 할 것이다. 민간 중소기업 M&A 중개기관의 등록제를 통해 이들 기관이 기본적인 요건을 갖추도록 해야 할 것이다. 더불어 이들이 지켜야 할 준수 지침, 행위 규범, 자율규제 기구 설립 유도 등을 통해 M&A 수요자와 공급자가 중개기관을 신뢰하며 거래할 수 있는 인프라를 구축하여야 할 것이다.

서치펀드Search Fund는 M&A를 통한 중소기업 승계에 있어 도입을 검토해 볼 만한 해외 사례라 할 수 있다. 서치펀드는 젊은 기업가나 소규모 투자자 그룹이 중소기업을 인수해 직접 운영하며 가치를 높이는 투자 모델로, 1980년대 미국에서 시작되었다. 주로 경영 경험이 있는 사람들이 운영을 맡으며, 벤처 캐피털과 개인 투자자들이 자금을 지원한다. 미국의 경우 성장 잠재력이 큰 중소기업을 대상으로 약 1~2년간 적합한 기업을 찾고, 추가 자금으로 기업을 인수하여 운영하며 가치를 높이고 이후 IPO나 매각을 통해 수익을 실현하는 방식이다. 일본은 2010년대 중반 도입되어 약 20~30건의 사례가 있으며 M&A 중개 플랫폼이 주축이 되어 중소기업 승계 문제를 해결하며 지역 산업 발전에 기여하고 있다. 서치펀드는 기업가 정신과 투자 기회를 결합하여 중소기업의 가치를 극대화하는 효과적인 모델로 평가되며 창업보다 성공률이 높고 기존 중소기업의 연속성을 이끈다는 점에서 특히 장점을 지닌다.

신진영

CHAPTER 4

◇◇◇◇◇◇◇◇◇◇◇◇◇

추격에서 선도로
: 대기업정책 2.0

우리 대기업이 선도자의 지위로
자리매김을 하기 위해서는
무엇보다도 디지털 전환을 통한
제조혁신이 가장 중요한 과제가 될 것
이다. 이러한 과제의 성공적인 추진을
위해서 정부는 정책도 중요하지만
기업-정부 간 관계를 지배하는
조직 문화부터 먼저 바꾸는 데
앞장서야 할 것이다.
그래야만 창의적이고 실효성 있는
정책의 수립과 추진이 가능할 것이다.

박홍재

- 英 런던대 경제학 박사
- 전 현대차 부사장
(경영혁신본부장, 기업전략본부장, 글로벌 경영연구소장 역임)
- 현 서울대 공학연구원 산학협력중점교수

❖❖❖

1. 성장모델과 기업생태계

◇◇◇◇◇◇◇◇◇

포용적 혁신 성장 모델과 정합성을 갖는 바람직한 산업 및 기업 생태계는 어떤 것인가? 그리고 그 생태계는 우리가 직면한 새로운 환경으로부터의 도전-디지털혁명과 에너지 대전환, 중국업체와의 경쟁 본격화, 트럼프시대 등-을 효과적으로 대응할 수 있는가? 그리고 여기에 필요한 정책을 포함한 제도적 수단은 무엇인가? 새로운 생태계를 지배하는 경제적인 논리는 무엇인가? 어떤 조직 형태의 기업이 생태계의 진화를 주도할 것인가? 그리고 어떤 경로를 통해 현재의 생태계에서 미래의 바람직한 생태계로 전환할 것인가? 전환과정에서의 불확실성을 극복하고 전환비용을 최소화할 수 있는 정책 방향은 무엇인가?

보다 구체적으로 질문을 해보면, 지금의 제조업 중심의 산업생태계와 재벌 주도의 기업생태계로 앞으로도 먹고사는 문제를 해결 가능할 것인가? 우리나라에서는 왜 미국과 중국과 같은 혁신이 일어나지 않는가? MZ 세대가 열광하는 일론 머스크와 같은 기업가와 테슬라 같은 기업이 왜 나오지 않는가? 테슬라가 한국 기업이었다면 살아남을 수 있었을까?

이러한 질문들에 답하기 위해서 성장모델과 산업/기업 생태계가 어떻게 연결되어 있는지를 먼저 살펴볼 필요가 있을 것이다. 이 글에서는 성장모델을 크게, 거시경제, 산업, 제도, 기업이라는 네 차원의 유기적인 상호작용의 산물로서 정의한다. 이러한 접근 방식은 성장모델이 외부 환경의 변화에 적응하는 과정에서 어떻게 형성되고 진화하는지, 그리고 그러한 진화를 추동하는 동인은 무엇인지, 즉 성장의 다이나믹스를 이해하는 데 도움이 되기 때문이다. 또 성장모델을 구성하는 네 가지 차원들이 상호작용을 통해 각각 어떻게 형성되고 공진화하는지를 이해하는 데도 유용하기 때문이다.

성장모델은 거시경제 차원에서는 성장과 관련된 거시 변수 간의 연관관계의 결과로 일정 기간 지속되는 성장패턴, 산업 차원에서는 산업화의 과정에서 산업의 구성과 산업 간 연관관계를 중심으로 형성되고 진화한 산업생태계, 제도 차원은 다른 세 차원들의 개별적인 기능과 그들 간의 상호작용을 촉진하거나 억제하는 작용을 하는 조직 및 정책을 포함하고, 마지막으로서 기업 차원에서는 기업조직과 기업 간 관계를 중심으로 형성된 기업생태계로 구성되어 있다고 볼 수 있다. 이 네 차원들은 외부 환경에 적응하는 과정에서 상호작용을 하면서 특정 시기의 고유한 방식의 성장모델을 형성한다.

거시 성장 패턴은 그것을 구성하는 거시 변수들의 크기와 변화 속도, 그리고 그것들 간의 연관관계가 중요한데 이것들은 다른 세 차원을 구성하는 요소들과 영향을 주고받을 수밖에 없다.

산업생태계는 거시경제의 변수들의 크기와 연계 구조에 영향을 준다. 특히 산업의 구성과 산업 간 연관관계 등이 중요한데, 이러한 것들은 투자율, 이자율, 환율 등과 서로 영향을 주고받는다. 산업화는 고용구조의 변화에도 결정적인 영향을 미쳐, 특히 중산층의 형성과 연계되어 소비와 저축에 영향을 주기도 한다. 중산층의 확대에 따른 소득 증가로 인해 저축이 증가하면서 높은 투자율을 뒷받침할 수 있는 기반이 마련된다. 다른 한편으로, 산업을 지배하는 경제 논리economic logic는 기업생태계를 주도하는 기업조직의 형성과 진화에 결정적인 역할을 한다. 산업의 구성은 당연히 기업의 규모, 기업 간 관계, 기업의 전략과 조직구조는 물론 소유구조까지 포함해 기업생태계에 광범위한 영향을 준다.

제도는 정부가 주도적인 역할을 담당하는 영역으로 정부 및 경제 관련 조직과 기능 및 그 결과로 만들어진 정책 등으로 구성된다. 성장모델에서 제도는 무엇보다도 산업/금융 정책과 기업정책을 통해 산업/기업 생태계에 직접적인 영향을 미친다.

기업생태계는 나머지 세 차원을 외부 환경으로 인식하고 그것의 변화에 적응하는 과정에서 형성되고 진화한다. 반대로 기업생태계는 그것을 구성하는 주체들이 제도가 만들어지는 과정에 참여하면서 제도의 방향과 내용을 결정한다. 기업조직의 형태와 기업 간 관계를 통해 나타나는 기업생태계의 특성은 거시 성장 패턴과 산업생태계의 진화에도 영향을 미친다. 대기업 주도의 한국의 기업생태계와 중소기업 주도의 대만의 기업 생태계가 성장모델에 어떤 영향을 주었는지를 비교해 보면 이해가 쉬울 것이다.

2. 재벌의 형성과 기업생태계의 진화

◇◇◇◇◇◇◇◇◇

이제 현재 우리 기업생태계를 주도하고 있는 대기업 조직인 재벌의 형성 과정을 중심으로 기업생태계가 성장모델과 어떻게 연계되어 형성/진화되어 왔는지를 간략히 정리해 보겠다.

재벌은 1960년대 중반 이후 시작되어 1998년 외환위기 직전까지 30여 년간 지속된 한국경제 고성장기의 산물이다. 고성장기 성장모델의 특징을 각 차원별로 살펴보면, 거시경제 차원에서는 투자-수출 주도 성장, 산업 차원에서는 자본/기술집약적 중화학공업화, 제도는 산업정책과 금융정책, 기업 차원에서는 중화학공업화를 주도한 기업조직인 재벌을 들 수 있었다.

이러한 맥락에서 재벌은 "1960년대 중반 시작된 중화학공업화를 통한 한국경제의 추격catching-up 성장 단계에서 형성되고 진화한 한국경제 고유의 기업조직"이라고 정의할 수 있다. 성장모델 틀을 사용해 정리하면, 투자-수출 주도 성장 기조 아래 재벌은 중화학공업화라는 산업생태계와, 산업정책과 금융정책이라는 제도에 적응하는 과정에서 자연스럽게 형성되었다고 볼 수 있다. 따라서 정부가 의도적으로 설계한 것이라고 할 수 없다.

재벌의 형성과 관련해서는 특히, 중화학공업화가 제도적인 환경에 결정적인 역할을 했다고 볼 수 있다. 이것을 이해하는 데는, 중화학공업이라는 산업을 지배하는 경제 논리와 중화학공업화의 한국적 특수성을 먼저 살펴봐야 한다.

중화학공업을 지배하는 경제 논리는 규모와 범위의 경제economies

of scale and scope를 들 수 있다. 설비 등 고정투자 규모가 큰 중화학공업의 경우, 투자자본을 조기에 회수하기 위해서는 일정 수준의 규모에 빠르게 도달하는 것이 반드시 필요하다. 그런데 규모의 경제 실현은 단순한 생산 규모의 확대만으로 불가능하며 시장의 변동성이라는 제약 아래 그것을 획득할 수 있는 조직 역량organizational capability –생산성(생산 속도), 가동률/수율, 품질 등–을 필요로 한다. 그 결과, 규모의 경제 효과로 제품 가격은 지속적으로 하락하면서도 대규모 투자 자본을 단기간에 회수하는 것이 가능해진다. 범위의 경제 역시 이미 투자가 이루어진 설비나 기술을 다른 사업에도 함께 사용함으로써 규모의 경제 효과를 더욱 증대하는 데 도움이 된다. 2000년대 들어 한국 대기업들의 세계시장에서의 높은 성과는 제품 경쟁력의 향상과 더불어 규모와 범위의 경제는 조직역량의 축적 결과로 발생한 것으로 볼 수 있다.

규모와 범위의 경제를 획득하는 중화학공업 외에도 대규모 자본이 투입된 거의 모든 산업에 적용되는 경제적인 논리이며, 지금과 같은 디지털 시대에도 여전히 유효하다. 대표적인 사례로 유통/서비스 업체인 아마존을 들 수 있다. 아마존은 최저 가격 정책으로 거래 규모를 늘려서 고정비용을 낮추고, 다시 가격을 내려서 규모의 경제 효과를 더욱 확대했다. 동시에 동일 플랫폼에서 거래되는 상품의 다변화–범위의 경제–를 통해 거래 규모를 늘려 규모의 경제를 획득하는 방식으로 사업을 확장해 왔다. 이러한 경제 논리를 실현하는 데 필요한 핵심 조직역량은 탁월한 공급망 관리역량이었다. 제조업에서는 테슬라를 손꼽을 수 있는데, 모듈화를 통해 공용화 효과를 극대화하고 모델 수를 최소화해 규모의 경제를 확보하고 있다. 동시에 생산기술과 소재 등에서 공통의 자산을 활용해 자동차와 위성, 모듈라 주택사업에서 범위의 경제의 이점을 적극적으로 활용하고 있다. 예들 들어 전기차의 소재인 알루미늄합금과 탄소 섬유는 위성은 물론 모듈라 주택사업에도 사용됨으로써 규모의 경제를 확보해 원가를 낮추는 수단으로 활용되고 있다.

재벌의 형성과 관련해 다음으로 한국 중화학공업화의 특수성을 살펴보면, 자본과 기술 부족이라는 열악한 '초기 조건' 아래, 정부 주도로 단기간에 다양한 산업에 걸쳐 동시에 다발적으로 추진되는 빅 푸시Big Push 방식이었다고 요약할 수 있다. 이러한 특수성들 가운데서도 특히 열악한 초기 조건을 극복하는 과정에서 재벌의 고유의 경제 논리가 발생했는데 그것은 그룹 구조를 활용한 '그룹화의 경제economies of groupisation'였다.

따라서 재벌은 중화학공업을 지배하는 규모와 범위의 경제 그리고 그룹 구조에서 발생하는 그룹화의 경제라는 세 가지 경제 논리를 추구하는 과정에서 외부 환경과 상호작용을 통해 형성되었다고 볼 수 있다. 특히, 그룹화의 경제는 재벌 특유의 규모와 범위의 경제를 달성하는 수단으로 작용했을 뿐 아니라, 그리고 재벌의 조직 및 소유구조의 특수성을 형성하는 결정적인 요인이 되었다고 볼 수 있다.

그룹화의 경제는 그룹 구조에서 발생하는 경기변동 대응력, 가공자본 창출을 통한 외부 금융의 확대, 내부경영자원의 공유 등을 들 수 있다. 이러한 그룹화의 경제는 그룹 형태 그 자체가 자동적으로 보장하는 것은 아니다. 그룹 차원에서 전략적인 통제와 경영자원의 효율적인 활용을 가능하게 만드는 조직구조-그룹 차원의 전략 조직-와 그것을 운영하는 조직역량이 구축되었기 때문에 가능한 것이었다. 전 세계적으로 그룹 형태의 기업조직은 매우 일반화되어 있지만 이러한 그룹화의 경제를 가장 효과적으로 활용한 사례는 한국 재벌이 유일하다고 해도 과언은 아닐 것이다.

이제 자본/기술 부족이라는 중화학공업화의 초기 조건이 재벌의 형성과 진화에 어떻게 작용했는지를 살펴보겠다. 기술은 자본이 있으면 어느 정도 해결 가능하다는 점에서 자본부족이라는 초기 조건이 재벌이라는 특수한 기업 형태의 형성에 결정적인 요인이 되었다고 볼 수 있다. 규모의 경제가 지배하는 중화학공업화가 성공하기 위해서는 대규모 자본의 동원과 수출을 통한 시장 확보가 필요조건이었다. 규모의 경제를 확보하는 데 필요한 시장은 내수만으로는 충족이 어려웠기 때문이다. 수출 시장이 필요한데, 수출 경쟁력을 확보하기 위해서는 신기술이 내재된 설비와 소재를 해외에서 수입하지 않으면 안 되었다. 이렇게 하려면 외환이 필요했다. 하지만 한국경제는 만성적인 국제 수지 적자로 인한 외환 부족에 시달렸고 1980년대 중반까지 정부는 강력한 외환 규제 정책을 시행하지 않을 수 없었다. 외환은 수출과 차관 및 정부 보증의 해외 차입 등에 의해서만 조달이 가능했고 이렇게 획득한 외환은 산업정책과 연계해 기업들에게 할당이 되었다. 환율 정책도 원화 강세 기조를 유지해 원화로 환산된 설비 구입 비용의 부담을 완화시켜 주는 데 기여했다. 중동 건설 붐을 통해 오일 달러가 유입되면서 자본 부족의 문제를 해결하는 데 숨통을 터 주기도 했는데, 재벌들이 왜 건설업체를 보유하게 되었는지, 그 이유를 잘 보여 주는 사례이다.

외환 규제 정책은 중화학공업이 수출경쟁력을 어느 정도 확보하면서 경상수지가 흑자로 전환되는 1980년대 중반이 되어서야 점진적으로 완화되었다. 특히, 금융시장 자유화 정책의 일환으로 1990년대 중반 허용된 종합금융사 보유는 재벌들이 고정투자에 필요한 해외 자금 조달을 용이하게 해주는 결정적인 계기가 되었다. 또한 재벌 간 경쟁을 매개로 과잉 투자를 초래해 외환위기를 촉발한 원인으로 작용하기도 했다.

국내 자금 역시 중화학공업화를 집중적으로 지원하는 데 사용될 수 있도록 금융정책이 시행되었다. 이 과정에서 정부는 기업의 재무 건전성을 확보하기 위해서는 일정 수준의 자기 자본 비율을 차입의 조건으로 내걸고 동시에 자기 자본 규모를 차입금의 크기와 연계하는 정책을 사용했다. 이에 대응해 재벌이 선택한 방법은 계열사 간 지급 보증과 계열사 출자를 지렛대로 삼아 외부 차입의 규모를 최대한 확대하는 것이었다. 그룹 구조를 활용해 가공자본을 내부에서 창출한 것이다. 요즘 주택시장에서의 갭투자와 유사한 논리가 작용했다고 볼 수 있다.

이러한 방법을 통해 조달된 외부 자금은 그룹 차원의 결정에 따라 계열사에 배분이 되었다. 일종의 내부 금융시장 기능을 갖추게 된 것이다. 내부 금융시장 기능은 1980년대 중반 이후 추진된 금융 자유화의 일환으로, 보험, 증권, 투자신탁, 종합금융 등 제2금융권에 대한 재벌의 진입이 단계적으로 허용되면서 더욱 강화되었다.

재벌의 고유한 소유 및 지배구조-가족 소유와 계열사 간 출자를 통한 높은 내부 지분율 기반으로 한 경영권의 지배-는 이러한 과정에서 생겨난 부산물로 볼 수 있다. 재벌은 1970년대 중반부터 시행된 정부의 기업공개정책에 따라 주식시장에서도 상당한 규모의 자본을 동원

했다. 따라서 재벌의 규모가 확대되면 확대될수록 가족 지분은 희석되었던 반면, 계열사 간 지분 보유가 확대되면서 복잡한 소유구조가 만들어졌다. 그 결과, 작은 지분에도 불구하고 많은 수의 계열사를 가족이 지배할 수 있는 지배구조가 만들어진 것이다. 여기에는 정부가 기업공개 시 가족 지분 보유를 50% 이하로 제한하고 대신 경영권을 사실상 보장해 준 것도 일조했다. 따라서 지금의 지배구조가 재벌이 경영권을 유지하기 위해 의도적으로 만든 것이라는 주장은 사실과는 다르다고 할 수 있다. 외환위기 이전까지는 우리나라에는 경영권 거래 시장이 존재하지 않았다는 사실도 이러한 주장이 근거가 없음을 보여 준다.

중화학공업화 과정에서 재벌의 경제적인 논리를 가장 효과적으로 활용해 성장한 기업은 외환위기 이전의 현대 그룹이었다고 할 수 있을 것이다. 하지만 재벌의 이러한 경제적인 합리성은 재벌 간 경쟁을 통해 과잉 투자를 초래해 재벌구조와 성장모델의 위기를 초래할 위험성도 함께 가지고 있었다. 1980년대 초 경제위기와 1998년 외환위기가 바로 그것이다.

1980년대 중반부터 재벌의 형성을 촉진했던 산업정책은 약화되어가는 반면, 재벌의 부정적인 측면을 사후적으로 규제하는 재벌정책이 도입되어 지속적으로 강화되었다. 이러한 변화는 신자유주의로 집약되는 새로운 세계경제 질서가 작용한 탓도 있었지만, 재벌의 성장에 따른 정부와 재벌과의 권력 관계의 변화를 반영한 것이기도 했다. 1990년대 초 허용된 삼성의 자동차산업 진출은 산업정책이 과거와 같이 추진될 수 없다는 것을 단적으로 보여 주는 사례로 볼 수 있다.

재벌은 일반적으로, 형성과정의 산물로서 외적으로 드러난 특징들-

가족 지배, 다각화된 사업구조, 독과점적 지위 등-의 집합으로 정의되어 왔다. 그리고 재벌정책은 이러한 정의에 기반해 재벌의 부정적인 영향을 최소화하는 것이었다. 그리고 외환위기 이후 지배구조 이슈로 전환하기 이전까지, 소유 집중에 기반한 경제력 집중, 비관련 다각화로 인한 비효율성, 가족경영의 폐해 등을 억제하는 정책들이 백화점식으로 도입되었다. 정책으로 시행되지는 않았지만 계열분리를 통한 재벌해체론까지도 등장했다. 하지만 이러한 정책들이 얼마나 효과가 있었는지에 대해서는 제대로 논의가 되지 못한 채 외환위기가 발생하면서 정책 방향에 큰 변화를 맞이하게 된다.

1998년 외환위기를 계기로 한국경제의 성장모델과 재벌은 구조적인 변화를 겪기 시작한다. 재벌은 '무모한 투자reckless investment'로 위기를 초래한 주범으로 지목되고, 비정상적인 기업조직으로 개혁의 대상이 되었다. 그리고 구조조정의 일환으로 추진된 빅딜, 부실 계열사 정리 등의 조치로 인해 과거와 같은 외형성장 위주의 전략을 추진하기 어렵게 되었다. 여기에 더해 지급보증, 출자제한, 계열 금융사 정리 등으로 인해 내부 금융시장 기능이 크게 약화되면서 투자에 필요한 자본 동원도 제약받을 수밖에 없게 되었다. 금융기관들 역시 리스크 관리 차원에서 기업금융보다는 부동산 등 소비자금융으로 방향을 전환했다.

이제 재벌은 투자에 필요한 자금을 대부분 수익을 통해 확보된 내부 자본을 사용해 우선 조달해야 했다. 자연스럽게 경영기조도 외형 확장에서 단기 수익성 중시로 바뀌었다. 그리고 해외진출이 본격화되면서 성장을 위한 투자도 국내보다는 해외에 집중되었다. 투자 부진과 성장

박홍재

률 둔화가 지속되면서 정부는 이제 재벌의 과잉투자가 아니라 과소투자를 걱정해야 할 상황이 되었다. 따라서 재벌의 구조적인 취약성으로 인한 한국경제의 위기 발생 가능성도 매우 낮아졌다고 할 수 있다.

규모를 둘러싸고 벌어졌던 재벌 단위의 경쟁도 크게 약화되었다. 연초가 되면 신문의 경제면을 크게 장식하던 재벌 순위 변동도 더 이상 뉴스거리가 되지 않게 되었다. 대신 신정부가 들어설 때마다 재벌 총수들을 모아 투자 요청을 하는 것이 연례행사가 되었다. 현 정부 들어서는 재벌 기업들의 대규모 해외 투자가 정부의 업적으로 홍보되는 기묘한 현상까지 발생하고 있다.

고성장기의 재벌과 외환위기 이후의 재벌은 동일한 명칭으로 불리더라도 동일한 기업조직이라고 말하기가 어려운 상황이 발생한 것이다. 내부 금융시장 기능의 제거로 인해 경기변동 대응력을 제외하고는 그룹화의 경제를 통해 얻을 수 있는 이점도 크게 약화되었다. 그룹이라는 조직 형태는 여전히 유지되고 있지만, 그 역할은 주로 재무적인 차원의 계열사 관리에 그치고 있는 것으로 판단된다. 그룹 기조실의 경우 법적 지위의 모호성에 대한 문제 제기와 이에 따른 업무상 배임 등 법적인 리스크로 인해 그 기능은 과거에 비해 크게 약화되었고 폐지하는 재벌도 늘어나고 있다.

재벌정책은 외환위기가 재벌 문제로 인해 발생했다는 사회적인 인식이 강했던 2000년대 초반에는 재벌 구조가 갖는 취약성-무분별한 투자, 높은 부채비율 등-을 방지하는 것을 목적으로 하는 지배구조의 영역에 집중되었다. 재벌을 규율하는 데 주식시장을 적극적으로 활용하겠다는 의도로 큰 틀에서는 주주자본주의shareholder capitalism 제도를 도입하는 시도의 일환으로 볼 수 있다.

하지만 2000년대 중반 이후 재벌 대기업들의 경쟁력이 세계시장에서 입증되면서 재벌정책도 큰 변화를 맞이한다. 재벌은 글로벌화 시대와 디지털 혁명의 초기 단계에서는 나름대로 경쟁력을 발휘했던 것으로 판단된다. 그동안 축적된 조직역량을 기반으로, 규모와 범위의 경제의 효과를 극대화할 수 있는 제조경쟁력이 확보되고 제품의 성능과 품질도 개선되면서 제품경쟁력도 강화되었다. 이른바 가성비 있는 제품을 만들어 내면서, 재벌은 선진 시장은 물론 BRICs 등 신흥 시장에서도 점유율을 빠르게 확대해 나갔다. 한국은 제조업 강국이 되었고 일부 재벌 대기업들은 글로벌 경쟁에서 시장 선도자 지위를 넘볼 수 있는 위치로 진입했다. 그 결과, 재벌의 부정적인 측면에 대한 국민적인 관심도 크게 줄어 들었다.

이러한 상황은 재벌 문제가 경제의 성장과 연계되어 제기되기보다는 소액주주보호, 순환출자 해소 등 지배구조 개선과 일감 몰아주기 등 사익편취, 모기업-하청기업 간 수익성 격차, 골목상권 침해 등 불공정한 거래관계에 집중될 수밖에 없는 정책 환경을 조성하는 데 일조했다. 문제는 이런 이슈들이 재벌이라는 특수한 기업 형태로 인해 발생한 것으로 말하기 어렵다는 점이다. 재벌 이슈에 근사하게 보여지는 사익편취의 경우, 그룹 구조에서 발생하고 있는 것으로 볼 수는 있지만 그룹 형태를 취한 기업들을 모두 재벌이라고 할 수는 없다. 총수의 사적 편취 행위는 그룹 전체에 도움이 되는 이익을 창출하는 그룹화의 경제와는 상관이 없다. 그룹 형태를 활용한 부당한 거래와 증여 행위일 뿐이라고도 할 수 있을 것이다.

3. 대기업의 생존 전략: 추격에서 선도로

◇◇◇◇◇◇◇◇◇

그렇다면 재벌정책의 방향은 어디로 가야 하는가? 일반적인 기업정책과 별도의 재벌정책이 아직도 필요한가? 이런 질문들에 직접 대답하기 이전에 성장모델의 변화라는 관점에서 다음과 같은 질문도 함께 해보아야 할 것이다.

디지털혁명과 에너지 대전환과 중국업체와의 경쟁, 보호무역주의에 대응하면서 소규모 개방경제인 한국경제가 포용과 혁신 기반의 지속가능한 성장을 할 수 있는 기업 생태계는 어떻게 구축할 것인가? 그 과정에서 대기업은 어떤 역할을 해야 하는가?

현재 한국 기업들은 대기업, 중소기업을 막론하고 퍼펙트 스톰이라고 부를 수 있을 만큼 거대한 환경 변화에 직면해 있다. 세계 제조업에서 가장 큰 비중을 차지하는 자동차 산업을 예로 들어 살펴보면, 디지털 혁명으로 자동차가 스마트카로 바뀌고, 에너지 대전환으로 화석연료에서 전기로 동력원이 바뀌는, 150년 산업의 역사를 뿌리째 흔드는 산업의 대전환기를 맞이하고 있다. 이러한 격변의 소용돌이에서 테슬라의 등장과 중국업체들의 급속한 추격은 우리 업체들에게 커다란 도전이 되고 있다. 여기에 트럼프2.0 시대는 지난 20여 년 동안 진행된 글로벌화에 힘입어 성장한 한국 업체들에게 공포로까지 다가오고 있다. 이러한 환경은 '어떻게 살아남을 수 있을 것인가'라는 생존의 문제를 제기하고 있다.

한편, 우리 대기업들은 추격 단계를 마무리하고 시장 선도자의 단계로 상승하는 길목에 와 있는 것으로 판단된다. 선도자의 지위는 새로운 가치를 창출하고 시대를 대표하는 제품을 혁신적인 방법으로 공급할 수 있는 경쟁력을 확보하는 것이다. 지금 우리가 맞이하고 있는 혁명적인 변화의 시기라는 점에서 선도자로의 진입 실패는 추격 단계로의 후퇴에 그치지 않고 생존의 위기에 빠진다는 것을 뜻한다. 따라서 생존을 위한 수세적인 전략보다 과감한 혁신을 통해 선도자 지위로의 상승을 목표로 하는 전략이 바람직할 것이다. 이렇게 하는 것이 장기적인 생존능력을 높이는 데도 당연히 도움이 된다. 그렇다면 어떻게 추격형에서 선도형 성장모델로의 전환이 가능할 것인가? 지금까지의 전략과 조직구조를 유지하면서도 가능한 것인가? 추격 단계에서는 이러한 고민을 할 필요가 없었다. 선도자들이 간 길을 빠른 속도로 쫓아가면 되었기 때문이다. 그리고 재벌은 추격 단계를 짧은 기간에 성공적으로 추진하는 데 유용했던 기업조직이었다.

추격자에서 선도자적 위치로 상향 이동을 하기 위해서는 우선 디지털 혁명과 에너지 대전환에 성공적으로 대응하는 데 필요한 경쟁력을 확보하는 것이 가장 중요하다. 변화의 속도를 감안할 때 디지털 혁명에 대응하는 일이 더욱 시급한 과제이다. 기존의 전략과 조직구조를 바탕으로 기존 사업을 확대하거나 새로운 사업을 전개하는 것은 지금의 환경을 고려할 때는 생존에도 도움이 되지 않는다. 그것보다는 디지털 전환digital transformation을 통해 기존 사업의 경쟁력을 혁신하고 그 과정에서 범위의 경제가 새롭게 발휘되는 영역으로 사업을 확장하는 전략이 바람직하다고 본다. 아마존의 전략이 참고가 될 것이다. 아마존은 공급망 관리의 디지털 혁신을 통해 밸류체인의 경쟁력을 확보하고, 이를 기반으로 클라우드 서비스와 로봇사업으로 사업영역을 새롭게 확장해 나가고 있다.

제품 측면에서의 디지털 전환은 소프트웨어와 하드웨어의 최적 결합을 통한 스마트 디바이스로의 전환을 의미한다. 스마트폰으로부터 시작된 이러한 전환은 AI와 결합되면서 새로운 단계로 진입하고 있다. 특히 '물리physical AI'로의 AI의 발전은 이러한 추세를 가속화할 전망이다. AI가 정보와 지식을 처리하는 영역에서 효율성을 높이는 수단에서 이제 하드웨어의 성능과 기능을 혁신하는 핵심 기술로 잡아 갈 것이다. 디바이스 차원에서 최적화된 AI를 개발하기 위해서는 현실 세계에서의 데이터와 경험을 AI가 빠르고 정확하게 학습하는 것이 중요하다. 이러한 변화는 스마트폰이 도입될 때와 마찬가지로 한국 제조업체들에게는 커다란 기회요인이 될 것이다.

제조업의 비중이 큰 한국 대기업의 경우 '디지털 전환을 통한 제조혁신'이 선도자로의 진입을 위한 최우선 과제로 삼아야 할 것이다. 한국 대기업들은 중화학공업화를 통해 규모와 범위의 경제를 달성하는데 필요한 조직역량-생산성, 품질, 가동률, 수율-은 이미 세계적인 수준에 도달해 있다고 본다. 이러한 역량은 스마트 디바이스로 전환하는 과정에서도, 경쟁력을 확보하는 데 큰 도움이 될 것이다. 삼성이 스마트폰에서 성공한 것도 이러한 조직역량의 축적이 기여를 했다고 본다. 디지털 시대에도 하드웨어를 지배하는 경제논리는 기본적으로 규모와 범위의 경제이기 때문이다. 한편 소프트웨어를 지배하는 경제논리는 네트워크 경제economies of network이다. 스마트 디바이스에서는 이 세 가지 경제논리가 통합되어야 경쟁력을 가질 수 있다. 따라서 규모와 범위의 경제에 네트워크 경제를 결합해 효율성을 극대화할 수 있는 새로운 조직 역량의 축적이 필요하다. 스마트 디바이스로의 전환에서 보이는 중국업체들의 약진은 이러한 조직역량을 어느 정도 확보했기 때문에 가능했다고 판단된다.

스마트 디바이스의 경쟁력과 관련해서 우리의 경쟁 포지션을 간단히 정리해 보면 규모와 범위의 경제를 획득하는 데 필요한 조직역량에서는 일본, 독일을 거의 따라잡았고 네트워크 경제에서는 중국보다는 못하지만 일본, 독일과는 경쟁할 만한 수준이 아닐까 한다.

따라서 한국 대기업의 제조혁신의 핵심 과제는 우선 네트워크 경제를 획득하는 데 필요한 조직역량을 확보하는 것이다. 이러한 과정에서 그룹 형태가 장애물이 되지 않도록 해야 한다. 더 나아가 소멸되어 가는 그룹화 경제를 네트워크의 경제로 대체해야 할 것이다. 이미 축적된 규모와 범위의 경제를 획득하는 조직역량과 네트워크 경제를 활용할 수 있는 조직 역량을 새롭게 결합한다면 스마트 디바이스 시대의 승자가 될 수 있는 경쟁력을 확보하는 것이 가능할 것이다. 여기서 유념해야 할 점은 규모와 범위의 경제를 획득하는 데 필요한 조직역량도 디지털 전환을 통해 혁신을 해야 한다는 것이다.

이를 위해서는 무엇보다도 밸류체인의 재구축이 필요하다. 특히 개발과 공급망 관리 역량의 강화가 필요하다. 추격형 성장 단계에서는 생산과 판매에 역량을 집중했다면 선도형 단계에서는 개발과 공급망 관리로 역량을 재배치해야 한다. 이를 통해 각각의 영역에서의 개별적인 경쟁력을 제고하고 동시에 개발과 공급망 관리를 통합하고 최적화할 수 있는 조직역량을 확보해야 한다.

개발 영역의 경우 개발 방식의 혁신을 통해 네트워크 경제의 이점을 극대화해야 한다. 소프트웨어 기술이 혁신을 주도하는 디지털 시대에는 기술의 발명invention 못지않게 기술의 발견discovery이 중요하다. 제품을 개발하는 데 필요한 기술들은 기업 외부에 풍부하게 존재한다. 외부에서의 개발된 기술을 발견하고 창조적으로 재결합해 새로운 제품을 개발하거나, 기존 제품의 성능을 혁신하는 데 활용해 시장을 선점하는 전략이 더욱 효과적일 수 있다.

이러한 방향으로의 개발 방식의 혁신은 폐쇄적인 문화를 가진 대기업의 R&D 조직보다 기업 외부의 네트워크를 활용하는 게 훨씬 효과적일 것이다. 소프트웨어가 지배하는 산업의 디지털 혁명의 시대에서는 기술은 중화학공업화와 달리 설비라는 하드웨어에 내재되어 있지 않다. 그리고 조직 내부에서의 시행착오를 통한 학습보다 외부 네트워크의 활용을 통한 동시다발적인 시행착오와 학습이 조직 역량을 제고하는 데도 효과적이고 빠른 방법이기 때문이다.

따라서 대기업들은 재벌시대에 형성된 그룹이라는 울타리를 넘어서 외부 네트워크를 활용할 수 있는 플랫폼을 만들어 조직내부와 네트워크를 연결하는 독자적인 개발 생태계를 조성하는 전략이 필요하다고 본다. 대기업은 이러한 과정에서 내부 조직역량-특히, 전략/기획 및 설계역량-을 기반으로 생태계의 응집력을 높이는 통합자integrator의 역할에 집중하는 것이 바람직할 것이다. 그 결과 빠른 속도로 변화하는 기술과 시장에 민첩하게 대응할 수 있는 경쟁력을 마련할 수 있을 것이다. 비유를 하자면, 트리플 엑셀이라는 신기술에 몰두한 아사다 마오보다 기존 스케이팅의 기술에 무용과 음악을 접목시켜 스포츠에 예술적인 가치를 새롭게 창출한 김연아와 같은 전략이 필요하다.

이러한 전략을 통해 제품의 가치를 새롭게 정의하고 시대를 대표하는 제품을 만들고 있는 사례는 많다. 애플의 스마트폰, 테슬라의 전기차, 중국 자동차업체들의 스마트카는 대표적인 사례가 될 것이다.

개발 방식의 혁신에 필요한 조직역량으로는 설계역량이 가장 중요하다. 개발 비용을 낮추는 데도 설계역량은 결정적인 역할을 한다. 추격 단계에서는 설계역량은 그렇게 중요하지 않았다. 선진업체가 이미 사용하고 있는 기술을 시험하고 검증해 낮은 비용으로 빠른 속도로 제품에 적용하는 것으로 충분했기 때문이다.

스마트 디바이스에 필요한 설계역량은, 자동차의 예를 들어 보면, 자율주행과 자동차용OS가 구동하는 반도체와 SW에 최적화된 자동차 구조의 설계 등에 필요한 역량으로, 코딩을 할 수 있는 능력을 가진 엔지니어들이 있어야 가능하다. 물론 반도체나 OS는 외부와 협력을 통해 개발하는 것도 효과적일 수 있다. 하지만 조직 내부에 그러한 협력을 주도할 수 있는 높은 수준의 설계 역량을 보유하고 있어야 한다.

포용적 혁신 성장모델을 고려할 때도 개발단계의 역량을 강화하는 것은 의미가 크다. 보호무역주의의 대두로 공급망의 현지화는 피할 수 없다는 점을 감안할 때 국내 생산능력을 확대하는 데는 한계가 있다. 개발 생태계가 구축되면 소프트웨어와 AI 관련 투자는 지속적으로 늘어날 것이다. 그리고 대기업 내부에서의 설계역량의 고도화에 필요한 고급인력도 늘어날 것이다. 그 결과 양질의 일자리를 통한 고용도 증대할 것이다.

제품경쟁력은 개발 단계에서 기본적으로 결정되지만 공급망 관리를 통해 실현된다. 공급망 관리 혁신의 방향은 데이터 기반과 자동화가 될 것이다. 데이터 기반 공급망 관리는 실시간으로 데이터를 통합해 공급망을 최적화하고, AI와 빅테이터를 활용해 시장 예측의 정확도와 공급망의 가시성을 높여 교란이 발생할 경우 민첩한 대응을 가능하게 해준다. 또한 자동화를 통해 효율성을 높여야 한다. 여기서 주의할 점은 자동화가 무인화를 의미하는 것은 아니라는 점이다. 단순히 기존 공정에서 사람이 하던 일을 로봇이 대체하는 것에 그쳐서는 안 된다. 사람과 기계의 최적 조합을 포함한 생산방식의 혁신이라는 관점에서 추진되어야 한다. 그리고 제품의 구조가 공급망의 혁신에 장애물이 되지 않도록 제품 개발과 공급망 관리가 연계되어 최적화되어야 한다. 이를 위해서는 개발과 공급망 관리를 통합할 수 있는 조직역량도 필요하다. 여기서도 공급망의 효율성과 안정성까지 고려한 제품을 개발할 수 있는 설계역량이 중요한 역할을 한다.

성장모델과 관련해서 보면 공급망의 혁신에서 국내 거점이 개발영역과 마찬가지로 주도적인 역할을 담당하는 것이 중요할 것이다. 국내 거점은 현지화된 글로벌 네트워크의 허브 역할을 수행해야 한다. 허브의 역할은 혁신을 주도하고, 글로벌/로컬 공급망의 최적화하는 컨트롤 타워의 기능을 수행하는 것이다. 아울러 생산의 유연성을 높여 공급망의 교란으로 인한 생산 차질을 신속하게 만회할 수 있는 버퍼 역할도 해야 한다. 국내 거점의 허브 역할은 경쟁력 있는 현지 공급망을 구축하는 데도 중요하다. 반면, 현지 공급망은 해당 지역의 현지 협력업체를 최대한 활용해 구축 비용을 최소화해야 한다.

한편, 미중 패권 경쟁으로 공급망의 분절화가 불가피한 상황에서는 공급망의 양대 축을 구성하는 미국과 중국을 모두 활용하겠다는 전략이 필요하다. 어느 한쪽에 대한 높은 의존도는 리스크가 클 수밖에 없다. 공급망의 안정성을 제고하기 위해서는 동남아, 아프리카, 인도 등을 적극적으로 활용할 필요도 있다.

한편, 수출시장이 중심인 제조업 대기업의 경우 환율에 대한 의존도도 줄여야 한다. 원화약세가 장기간 지속되면서 원가경쟁력이 약화되는 등 환율의존형 체질이 고착화될 위험성이 높아지고 있다. 트럼프 시대에는 관세가 환율을 대체해 원화 약세에서 나오는 환율효과를 상쇄할 것이다. 또한 현지화로 인해 원화 약세가 지속되더라도 환율효과를 과거와 같이 누리기가 어렵게 될 것이다. 관세 충격을 흡수해 낼 수 있도록 원가 경쟁력을 제고해야 한다. 일본 기업들은 엔화강세에 견딜 수 있는 체질을 강화하기 위한 노력을 장기간 지속적으로 해왔다. 우리는 일본과 같은, 이른바 '환율 테스트'를 아직 받지 않았다. 원-달러 환율이 1000원대가 되더라도 경쟁력을 가질 수 있는 체질을 만들어야 한다. 이렇게 되어야 1인당 GDP가 5만 달러로 가는 길이 열릴 수 있다.

중국업체와의 경쟁에서는 수세적인 대응보다는 중국을 적극적으로 활용하는 전략이 바람직할 것이다. 그동안 축적해 온 규모와 범위의 경제를 획득하는 조직 능력을 바탕으로, 중국의 혁신 기술과 경쟁력 있는 공급망을 활용해서 중국업체와 경쟁할 수 있는 제품을 만들어야 한다. 이렇게 하면 세계시장에서도 경쟁력을 확보할 수 있을 것이다. 스마트 디바이스의 경우 중국에서 통할 수 있는 제품은 세계시장에서도 통할 수 있기 때문이다. 중국은 디지털 전환을 통해 하드웨어와 소프트웨어 둘 다에서 경쟁력을 확보하고 있다. 이런 나라가 우리와 지리적으로 가깝다는 점을 전략적으로 활용할 수 있어야 한다. 중국에서 일어나는 혁신을 빠르게 학습해서 경쟁력을 강화하는 데 있어서는 유럽은 물론 일본보다도 우리가 유리할 것이다.

최근의 한국 기업들의 성과를 볼 때, 미국 시장에서는 스마트 디바이스로의 전환기에도 승산이 있다고 본다. 최근 들어 한국 대기업들은 미국시장에서 일본이나 유럽 업체들에 비해 브랜드 파워력에 있어서도 열세에서 벗어나고 있다. 따라서 경쟁력 있는 현지 공급망 구축이 성공의 관건이 될 것이다.

4. 정부의 역할: 건강한 기업생태계 조성

◇◇◇◇◇◇◇◇◇

우선 성장모델이라는 틀을 통해 대기업의 역할을 통합적인 관점에서 보는 접근 방식이 필요하다. 그래야만 성장모델을 구성하는 각 차원들과 유기적인 상호작용을 통해 성장모델에 미칠 정책 효과를 종합적으로 고려한 정책 설계가 가능할 것이다.

이러한 통합적인 접근을 바탕으로 새로운 성장모델에서 바람직한 기업생태계는 어떤 것인가? 여전히 그 생태계의 가장 주요한 주체인 대기업은 어떤 역할을 할 것인가? 대기업의 역할이 성장모델과 정합성을 가지고 순기능을 극대화할 수 있는 제도와 정책은 무엇이고 정부는 효과적인 정책을 추진하기 위해서는 또 무엇을 해야 하는가? 새로운 생태계 구축에 현재의 재벌구조는 도움이 되는가? 아니면 바뀌어야 되는가? 부분적인 개선이 필요한가 아니면 혁신적인 변화가 필요한가? 이러한 질문들에 대한 논의가 종합적으로 이루어져야 할 것이다.

성장모델이라는 틀을 통해 통합적인 관점에서 정책을 설계하고 추진하려면 정부와 기업, 정부 내 관련 조직들의 유기적인 협력이 가능하도록 정부 조직의 재설계와 의사결정구조 및 운영방식의 개선이 필요할 것이다. 이를 위해서 정보와 지식을 상호 공유하고 이해관계를 조정할 수 있는 교류와 협력의 장이 활성화되도록 기업과 정부 간에 소통 채널이 만들어지는 데 정부가 적극적인 역할을 해야 한다.

기업 생태계를 구축하는 데 최우선으로 삼아야 할 일은 우리 경제는 소규모 개방경제라는 점을 감안할 때 외부 환경에 적응력이 뛰어난 '건강한' 생태계를 만드는 일이다. 이를 위해서는 다양한 형태의 기업조직이 참여하여 다양한 방식으로 협력과 경쟁을 통해 공존하는 다양성이 확보되어야 한다. 정부의 가장 중요한 역할도 여기에 있다고 본다. 협력을 통해 공존의 기반을 마련하고 그 기반 위에서 경쟁을 통해 생태계의 활력을 강화할 수 있도록 게임의 룰을 만드는 데 노력해야 한다.

일자리 창출에서도 건강한 생태계는 중요하다. 인구 감소 추세와 세계경제에서의 한국의 위상을 고려할 때, 일자리의 확대에는 제약이 크다고 볼 수 있다. 제조업에서는 밸류체인의 재구축을 통해 양질의 일자리로의 전환을, 혁신 기술 산업에서는 새로운 일자리의 창출을 주도하는 것이 필요하다. 정부는 이러한 전환이 순조롭게 일어나도록 촉진자facilitator의 역할을 하면 된다. 우리나라의 높은 교육 수준은 재교육을 통해 인적자원의 상향 이동을 용이하게 추진할 수 있는 좋은 조건

박홍재

이 될 것이다.

생태계의 소프트웨어에 해당하는 문화의 중요성을 인식해야 한다. 문화는 불필요한 정책의 도입을 줄이는 데도 도움이 된다. 좋은 문화를 만드는 데는 리더 집단의 역할이 중요하다.

세계시장에서 우리 기업들이 좋은 성과를 내면서 반기업 정서도 많이 사라졌지만 이런 일이 다시 나타나지 않도록 하는 노력도 필요하다. 국민들이 대기업에게 바라는 것은 국내시장에서 골목대장 노릇을 하는 것이 아니라 올림픽에 나가 금메달을 따오는 것이다. 지난해 올림픽이 끝난 뒤 네티즌들이 왜 배드민턴협회에 실망하고 양궁협회에는 열광했는지를 생각해 봐야 한다.

국내시장에서 자영업자들과 중소기업들이 지배적인 사업에는 설사 기회가 보이더라도 진입에 신중했으면 좋겠다. 그런 사업들이 상속과 연계되어 그룹 차원의 도움을 받는다는 의심을 살 수 있다면 더욱 하지 않아야 한다. 무엇보다도 기업의 경쟁력에 도움이 되지 않고 조직 문화에도 부정적인 영향을 준다. 가족 출신이든 전문 경영인이든 관계없이 조직의 리더가 자기 자신의 이익을 조직의 이익보다 앞세운다면 직원들 역시 그렇게 행동할 것이다.

이러한 행태들을 방지하는 정책을 시행하는 것은 세금을 낭비하는 일이다. 정책 이전에 일종의 프로토콜이 만들어져 기업생태계의 문화로 정착할 수 있어야 한다. 존경받는 기업이 되는 것이 기업이 생존하는 데도 바람직하다는 사회적인 분위기가 조성되는 데 정부가 필요한 역할을 해야 한다.

이번 계엄 사태를 계기로 정부를 포함한 정치권력과 기업과의 관계에도 큰 변화가 올 것으로 예상된다. 이러한 변화가 기업 생태계에 긍정적인 영향을 주기 위해서는 기업-정부-정치권 리더들의 문화가 무엇보다 중요하다고 본다. 영리조직이든 비영리조직이든 막론하고 우리 사회의 리더 집단에 만연되어 있는 형-아우 문화는 사라져야 한다. 공사의 경계를 불명확하게 함으로써 의사 결정 과정의 리스크를 증대시키고 폐쇄성에 기인한 확증편향으로 인해 조직을 위기에 빠트리는 원인이 될 가능성이 크기 때문이다. 더 나아가 MZ세대로 대표되는 똑똑한 개인들이 역량을 제대로 발휘하는 데도 커다란 장애물이 될 수 있기 때문이다.

정부 관료, 정치인, 기업인들 저녁에 만나 술자리를 갖는 것도 줄여야 한다. 술자리 문화도 바뀌어야 한다. 술자리 대신 함께 학습하는 문화가 만들어져야 한다. 경영층을 들러리로 삼는 일도 없어야 할 것이다. 정부가 규모순으로 기업들을 불러 모으고 투자를 호소하는 일도 지양되어야 한다. 돌이켜 보건대 대부분 전시효과로 끝난 경우가 많았을 것이다. 정치권이 금융기관이나 한전, 포스코, KT 등 민영화 기업의 인사에 개입하는 일은 없어야 한다. 해서는 안 될 일들부터 먼저 정리해 당장 할 수 있는 일들은 바로 하는 것이 필요하다. 이렇게 해야 문화를 바꿀 수 있는 동력이 확보될 수 있기 때문이다.

대기업의 경우 이사회에 권력기관 출신들이 차지하는 비중이 너무 크다는 것은 잘 알려진 사실이다. 이사회가 제대로 된 기능을 하는 데는 바람직하지 않다. 이사회는 기업의 생존에 관련된 중요한 의사결정을 하는 기구로 이에 필요한 경험과 자격을 갖춘 사람들로 구성되어야 한다는 평범함 원칙이 문화로 자리 잡을 수 있도록 정부가 나서야 한다.

별도의 재벌정책은 필요한가? 생태계 관점에서, 재벌 대기업이 일반 대기업들보다 특별하게 생태계를 교란하고 파괴하고 있는가? 일반 기업정책을 넘어서 재벌이라는 특정 기업 형태를 규제하는 특별한 정책이 필요한가? 만약 그렇지 않다면 재벌만을 대상으로 하는 별도 정책은 필요하지 않을 것이다.

재벌 이슈처럼 논의되고 있지만 사실은 주식회사 형태의 모든 기업의 문제가 되고 있는 지배구조와 관련해서는 우선 성장모델 관점에서 주주자본주의를 추구할 것인가 아니면 이해관계자 자본주의stakeholder capitalism를 추구할 것인가의 문제도 함께 볼 필요도 있다고 본다. 최근 ESG 대두를 볼 때 현실은 하이브리드형으로 갈 수밖에 없지 않을까 생각된다. 구체적인 정책은 해당 사안에 관련된 이해 관계자들의 합의를 기반으로 시행되는 것이 바람직할 것이다.

한편, 단기/투기적 투자보다는 장기/안정적 투자자patient capital를 보호하는 것이 성장모델의 관점에서는 바람직하다고 볼 수 있다. 장기투자자들의 경우 단기적 이익보다 장기적이고 지속적인 수익의 창출 가능성에 더 관심이 크기 때문에 시장의 안정성에도 도움이 된다. 당연히 기업의 지속성장과 관련이 큰 ESG에도 관심이 많다. 현재 우리나라의 투자 환경에서는 테슬라는 망해도 한참 전에 망했을 것이다. 최근 논쟁이 되었던 금융투자세의 경우도 이런 측면들이 반영되어야 할 것이라고 본다.

총수라는 표현도 시대에 맞지 않는다. 실패가 없는 무오류의 리더가 얼마나 위험한지 알아야 한다. 총수도 실패할 수 있다는 것을 인정해야 한다. 그리고 그러한 실패를 예방하는 데는 의사결정기구로서 이사회가 명실상부한 역할을 할 수 있어야 한다. 이것 역시 정책만으로는 부족하다. 문화가 만들어져야 한다.

우리나라는 세계적으로 가장 똑똑한 개인들을 보유하고 있다. 여기서 똑똑하다는 의미는 디지털 기술의 사용에 익숙하고 디지털 문화를 즐길 줄 알며 네트워킹 능력과 집단 학습역량이 뛰어나다는 것이다. 똑똑한 개인들의 개방적인 네트워크의 개념을 기업조직 안에도 들여와야 한다. MZ세대들의 창의성, 민첩성, 소통과 협업 능력, 자발성, 다양성의 인정 등을 적극적으로 기업 안으로 흡수해 혁신의 동력을 지속적으로 유지할 수 있는 조직 문화와 인적 자원 관리를 할 수 있어야 한다. 조직이 개인 간 네트워크를 죽여서는 안 된다. 그리고 조직은 더이상 개인의 충성의 대상이 되어서는 안 된다. 이제 우리는 조직에 충성하는 사람을 의심해야 한다.

명문대와 지역 인맥으로 뭉친 엘리트 집단과 응원봉을 들고 거리로 나선 MZ세대들로 대표되는 똑똑한 개인들의 연대를 비교해 보라. 선도형 성장에 필요한 인재가 누구이고 그들의 역량을 어떻게 조직해야 하는지를 명확하게 보여 주고 있지 않은가? 이들의 역량을 어떻게 활용해 경쟁력을 만들 것인가는 경영자들의 몫이다. 이들로부터 일론 머스크가 되고 스티브 잡스가 나올 수 있는 환경을 만들어 내야 한다. 기업생태계도 사람들이 만든다. 우리가 보유한 똑똑한 개인들이 자신들의 역량을 마음껏 꽃피울 수 있어야 건강한 기업생태계도 만들어지게 될 것이다.

CHAPTER 5

◇◇◇◇◇◇◇◇◇◇◇

중소기업의
혁신과 성장

미국의 트럼프정부 출범 이후
이러한 불확실성과 위험은
더욱 커질 것으로 전망하고 있다.
경제성장 촉진과 양극화 완화,
취약계층 보호를 위한
포용적 혁신 성장이 필요한 시기가
아닐 수 없다.

이의영

● 성균관대 박사
● 전 군산대 경제학과 교수
● 전 대통령직속 중소기업특별위원회 위원
● 현 (사)사회적경제활성화지원센터 이사장

❖ ❖ ❖

1. 경제환경 변화와 중소기업 혁신

한국경제는 근래에 찾아볼 수 없는 불확실성과 어려움을 겪고 있다. 국내 정치적 격변은 물론이고, 미·중 간 패권경쟁이 정치, 외교를 넘어 경제, 기술, 국방의 전방위적 영역에서 첨예해져 가고 있으며, 러시아·우크라이나 전쟁과 이스라엘·하마스 전쟁의 파장과, 30년 세계화의 반작용인 자국이기주의와 탈동조화 현상, 팬데믹 이후의 글로벌 공급망의 재편, 미국의 인도태평양 전략과 중국의 일대일로 구상의 대립과 갈등 속에 남북한 간 긴장 고조 등 정치·경제적 국제환경 변화와 더불어 디지털·신기술 대전환과 기후위기 영향, ESG가치 확산, 저출생 고령화에 따른 인구구조 변화에 이르기까지 첩첩산중인 상황에서, 고금리·고환율·고물가·저성장의 장기적 경기침체에, 건설업종의 불황에 따른 부동산PF대출과 주택담보대출의 위험, 가계부채와 자영업자부채의 부실 증가, 금리와 환율변동에 따른 자본유출의 위험과 금융기관의 유동성 위기에 따른 금융시장의 리스크까지 대응이 쉽지 않은 경제상황이다. 가계부채뿐만 아니라 기업부채·국가부채 모두 가파르게 증가하고 있기도 하다. 미국의 트럼프정부 출범 이후 이러한 불확실성과 위험은 더욱 커질 것으로 전망하고 있다.[9] 경제성장 촉진과 양극화 완화, 취약계층 보호를 위한 포용적 혁신 성장이 필요한 시기가 아닐 수 없다.

개발연대 한국경제는 수출주도형, 정부주도형, 대기업주도형, 불균형 성장전략을 채택하여 경제성장을 추진하였으며, 한국경제 성장과정에서 대기업과 함께 중소기업도 성장하였다. 그러나 한편으로는, 압축성장과정에서 성장전략의 반작용으로 한국경제의 구조적 특성이 고착화되면서 대기업과 중소기업 간에 상당한 이중구조가 형성되었다. 대기업의 수출과 고소득층 및 안정적 중산층의 소비에 주로 의존하는 대기업의 성장은 대기업의 투자증대와 고용안정으로, 그리고 대기업 종사자의 소득과 또 일정 부분 이를 기반으로 하는 소비와 생산으로 연결되는 안정적 선순환구조를 형성하고 있는 반면, 중소기업의 수출 부진과 저소득층 및 취약 중산층의 소비 부진, 영세자영업자의 공급 과잉에 따른 과당 경쟁은 일정 부분 중소기업의 투자 부진과 고용 불안으로 이어지고 이에 따른 소득의 감소는 취약 중산층과 저소득층의 쇠락으로 이어지는 악순환적 양극화가 가속되었다.

그 과정에서도 공정과 기술의 혁신, 경영 개선 등 개별 중소기업의 혁신은 끊임없이 추진되었고 지속적인 정책적 지원도 있어 일정한 성과가 있었다. 그러나 중소기업의 규모의 중소(영세)성, 중소기업 부문의 구조적 취약성, 대·중소기업 간 하도급 전속거래의 종속적 관계에 의해 대기업과 중소기업 간의 격차는 더욱 확대되었고 이중구조가 고착화되었으며 혁신과 성장의 노력에 따른 성과는 충분치 않았다.

개별 중소기업의 경영난을 개선하는 혁신의 중요성은 아무리 강조해도 지나치지 않다. 그렇지만 본고는 개별 중소기업의 혁신 과제보다는 그동안 간과되어 왔던 영역이자 생산성 혁신의 여력이 크다 할 수 있는 중소기업 부문의 혁신 과제를 중소제조업을 중심으로 논하고자 한다. 제조업에 종사하는 중소기업의 수평적·수직적 거래관계와 기업 생태계 관점에서 중소기업의 경쟁력을 강화하고 생산성을 증진할 혁신 방안을 제시할 것이다.[10]

이는 한국경제의 성장 촉진과 양극화 완화에 기여할 것이며 표용적 혁신 성장의 한 축이 될 수 있을 것이다. 혁신을 통한 생산성 향상으로 경쟁력을 강화하는 기업과 국가가 위기적 상황에서 생존하고 더욱 성장할 가능성이 높아지는 것이다.

2. 중소기업과 중소기업정책
◇◇◇◇◇◇◇◇◇

주지하듯이 한국경제에서 중소기업이 차지하는 양적 비중은 매우 크다. 그러나 중소기업이라 통칭되는 기업이 각각 처해 있는 시장과 산업의 상황은 다양하다. 대별해 보아도 중소제조업, 서비스업, 영세 자영업자 중심의 소상공인 등이 그러하며, 규모별, 성장단계별, 기술 수준별 중소기업의 특성이 다 다르다.

2024년 8월 발표된 통계에 의하면, 우리나라 기업 총 수는 8,053,163개로 그중 대기업은 10,437개, 중소기업은 8,042,726개로 중소기업 비중이 99.9%이고, 종사자 수는 총 23,410,899명 중 대기업 종사자는 4,454,605명, 중소기업 종사자는 18,956,294명으로 중소기업 종사자 비중이 81.0%이다.

제조업에 종사하는 중소기업의 수는 70,194개로 전체 중소기업 중 1% 미만(0.87%)의 비중을 가지고 있다. 전체 제조업에서 중소제조업의 매출액 비중은 34.3%, 부가가치 비중은 36.5%이다.

중소기업 중 혁신형 기업은, 벤처기업 35,123개, Inno-biz 21,392개, 경영혁신형기업 21,657개로 총 78,174개이며, 중복을 제외하면 61,880개이다. 벤처기업의 수가 2년 연속 감소하고 있다. 2년 전 대비 11.1% 감소하였다.

대기업 대비 중소기업 종사자의 임금 수준은 열악하다. 대기업 정규직 대비 중소기업 정규직의 임금 수준은 57.6%이며, 중소기업 비정규직은 27.2% 수준이다. 대기업 비정규직 대비 중소기업 비정규직의 임금 수준은 57.7%이다.

1961년 중소기업은행법과 중소기업협동조합법의 제정, 1966년 중소기업기본법의 제정으로 시작된 중소기업정책은 1980년과 1988년 헌법 개정을 통해 "국가는 중소기업을 보호·육성하여야 한다"는 조항이 반영되면서 더욱 확대되었고, 주무 관청으로서 1996년 중소기업청 발족, 1998년 중소기업특별위원회 설치, 2017년 중소기업청이 중소벤처기업부로 승격되면서 정부의 정책적 역할이 지속적으로 강화되어 왔다.

중소기업정책은 중소기업의 보호와 육성을 정책의 목적이자 기조로 하고 있고, 집행 방식으로는 개별지원, 직접지원, 자금지원이 주를 이

이의영

루어 왔다. 2025년에도 개별 중소기업과 소상공인의 경영애로를 지원하기 위해 소상공인 정책자금 3.77조 원, 중소기업 정책자금 4.53조 원, 지역신보 신규보증 12.2조 원, 기보 신규보증 6.0조 원 등 총 26.5조 원의 자금을 금융 지원하는 것으로 되어 있다. 개별 중소기업의 자금, 인력, 기술, 판로 등의 경영난을 해소하고 개선하는 데에 중소기업의 경영 노력과 혁신과 정책 지원이 집중되어 있다.

이런 방식이 과거에는 유효했고 또 필요했지만 이것만으로는 우리나라 중소기업의 획기적 발전을 기대하기 어렵다. 개별 중소기업의 보호와 육성의 효과에 한계가 있음을 인정해야 하며, 중소기업정책의 성과 분석이 필요하다.

앞으로는 중소기업의 수평적·수직적 거래관계와 기업 생태계를 혁신해서 중소기업의 경쟁력을 강화하고 생산성을 향상시킬 혁신 방안을 모색해야 한다. 정책성과의 제고를 위해서 이제는 개별 기업에 대한 보호, 지원, 육성을 넘어 중소기업정책의 목적으로 중소기업의 경쟁력 강화와 생산성 향상을 채택하여 주력할 필요가 있다.

3. 생산성 개념의 진화와 생태계 생산성

◇◇◇◇◇◇◇◇◇◇

전통적으로 생산성 향상은 기술혁신을 통해 추구되어 왔다. 기술진보는 장기적으로 경제성장의 원동력이며 생활수준을 향상시키는 것이 사실이다.[11] 그럼에도 불구하고 기술진보가 반드시 총요소생산성의 증가로 이어지지는 않으며, 또한 총요소생산성 향상이 반드시 기술 진보로 인해 야기되는 것이 아니다.[12] 조정비용, 규모의 경제, 효율성 변화 등의 요인이 그러한 차이를 유발하며, 이외에도 기업 생태계의 시스템 혁신 격차에 의한 생산성의 차이가 존재하는 것이다.

그동안 세계적으로 유수한 기업들을 비롯한 국내·외의 기업들은 치열한 대내·외 경쟁 환경 하에서 기술혁신과 경영혁신을 통한 기업 내부의 생산성 혁신과 생산성 향상 노력을 기울여 왔다. 기술혁신을 통해 생산 공장에서의 요소 생산성 향상을 추구해 왔으며, 경영혁신을 통해 기업 경영 전반의 종합 생산성 또는 전사적 생산성을 추구해 왔다.

이제는 경쟁과 더불어 기업 간 협력과 기업의 생태계 조성을 통한 생산성 향상을 추구해야 한다. 이러한 관점에서 생산성 혁신의 새로운 영역과 생산성의 새로운 개념이 필요하다. 이에 시스템 혁신을 통한 생산성 향상을 위해 새롭게 혁신하고 구축해야 할 영역으로 기업 생

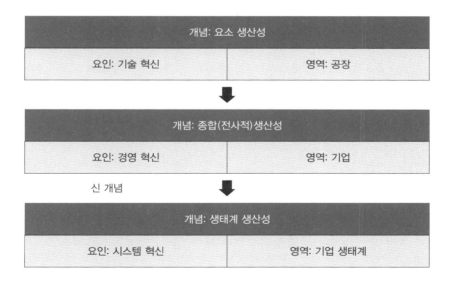

〈표〉 **생산성 개념의 진화와 제안**

이의영

태계를 제안하며, 새로운 생산성의 개념으로 생태계 생산성을 제안하는 것이다.[13]

이는 생산성의 개념이 앞의 표와 같이 요소 생산성→종합(전사적) 생산성→생태계 생산성으로 진화됨을 의미하며, 생산성의 영역은 공장→기업→기업 생태계로 확대되고, 혁신의 내용은 기술 혁신→경영 혁신→시스템 혁신으로 발전됨을 의미한다.

4. 중소기업 부문의 생산성 향상을 위한 3대 혁신과제

◇◇◇◇◇◇◇◇◇

중소기업 간 공동사업, 협동조합 혁신을 통한 생산성 향상

중소기업 생산성을 향상시키기 위해 획기적으로 혁신해야 할 중소기업 부문의 하나는 협동조합의 혁신, 곧 중소기업 간 공동사업의 확대이다.

그동안의 정책이 제대로 다루지 않았던 부분 중에 가장 중요한 것이 중소기업협동조합의 개혁이다. 중소기업협동조합은 역사가 65년이 되었는데, 2023년 10월 말 현재 조합 수는 967개에 불과하며 조합원 업체 수는 66,918개로 조직화율이 매우 미미한 형편이다. 전 산업 조직화율은 0.83%, 제조업의 조직화율도 10% 미만에 불과하다. 일본의 경우에는 조합 수가 약 5만 개이고 조직화율이 70%를 넘는 것과 크게 대비된다. 중소기업협동조합이 발달해 있는 독일이나 이탈리아, 대만 등과 비교해도 매우 미흡하다.

그나마 우리나라 967개 조합 중 협동조합의 본래의 목적이라 할 수 있는 공동사업을 하는 조합은 20여%에 불과하다. 조직의 형태가 사업조합인 경우가 370개에 불과하다. 일본의 경우는 중소기업협동조합의 대부분이 공동사업을 실시하고 있으며, 그중에서도 형태 자체가 사업조합인 협동조합이 약 4만 개로 80%에 이르는 점은 시사하는 바가 크다.

연도별 조합별	조합수					2023년 10월말	조합원수 ('23.2/4기준)
	2018년	2019년	2020년	2021년	2022년		
연합회	23	23	23	23	23	23	-
전국조합	224	226	218	218	218	216	22,121
지방조합 연합회 회원	214	210	209	216	216	215	18,151
지방조합 연합회 비회원	106	103	103	89	86	87	8,801
소계	320	313	312	305	302	302	26,952
사업조합	372	389	386	376	377	370	17,845
중소기업 관련단체	38	40	46	50	56	56	632,092
계	977	991	985	972	976	967	699,010

〈표〉 **중소기업 협동조합 설립현황(2023년 10월말 기준)**
중소기업중앙회(2024), 중소기업현황

기업의 효율성은 기본적으로 규모의 경제성, 경쟁, 혁신을 원천으로 한다. 그중에서 중소기업의 효율성을 제약하는 구조적 요인은 일차적으로 규모의 경제성 확보의 어려움에 기인한다. 그간의 정책은 개별지원·직접지원·자금지원 방식으로, 정부의 자금지원을 받아 개별 기업이 각자 능력껏 규모의 경제를 개별적으로 달성하라는 것이었다. 그러나 개별 중소기업은 그 본질적 특성이 중소 규모에 있으며, 이는, 최소효율규모MES에 도달하지 못하는 한, 규모의 경제성을 향유하기 어려운 구조적 한계를 본질적으로 가지고 있는 것이다.

개별 기업의 규모 확대를 통한 규모의 경제성 확보와는 별도로, 중소기업이 이러한 본질적 제약조건을 극복할 수 있는 방법이 협동조합을 통한 공동사업·협동사업이다. 협동조합이란 "공동으로 소유되고 민주적으로 운영되는 사업체를 통하여 경제적·사회적·문화적 필요와 욕구를 충족시키고자 하는 사람들이 자발적으로 결성한 자율적인 조직"(국제협동조합연맹 창립100주년기념 총회자료집)이다. 자본주의 시장경제 체제에서 상대적으로 경쟁력이 약한 경제주체들이 협력과 제휴를 통한 경쟁력 강화를 위해 자율적으로 결성하여 운영하는 협동조합은 우리나라 중소기업의 육성과 경쟁력 강화를 위한 매우 중요한 수단이다. 중소 규모를 가진 중소기업들에 의해 결성된 중소기업협동조합은 중소기업의 경쟁상의 열위성을 극복하고 시장에서의 경쟁력을 확보함으로써 중소기업 공동의 이익을 창출할 수 있다.

또한 경제적 자원의 배분이 대기업에 편중되어 있어 경제력 집중이 심각한 한국의 산업조직 하에서 국민경제의 균형 있는 발전을 도모하고 경제적 민주화를 가능하게 하기 위해서도 중소기업협동조합의 활성화가 필요하다.

이를 위해 중소기업협동조합은 중소기업들이 업종별·지역별로 공유할 수 있는 인프라의 구축과 이를 통한 공동사업 활성화에 역량을 집중해야 한다. 중소기업들이 공유할 수 있는 R&D 시설 및 기기 이용, 공동의 품질관리시스템, 공동의 교육 및 훈련 시스템, 공유 가능한 물류와 유통망, 공유 가능한 수출지원시스템 및 공동 해외마케팅의 획기적 개선을 담보해 내야 한다.[14] 중소기업협동조합의 사업조합화를 견인해야 하며 중소기업들의 공동사업을 유도해야 한다. 이러한 방향으로 중소기업들의 자구노력이 집중되어야 하며, 중소기업정책의 접근방식도 획기적인 전환이 이루어져야 한다.

과거 우리나라의 중소기업협동조합은 공동사업이 매우 미진했다. 공동사업 중에 가장 규모가 큰 공동판매의 경우조차도 공동판매액 중 94%가 정부조달시장에서 이루어지는 수의계약에 집중되어 있었고, 이를 제외하면 협동조합의 공동판매액이 모두 합해도 3,000억 원 정도에 불과했다. 이러한 현상은 1960년대 중소기업협동조합의 출범 과정에 내재되어 있는 왜곡에 기인하는 바가 크다.

그나마 중소기업협동조합이 실시하고 있는 공동사업도 중소기업의 열악한 경쟁력과 효율성을 보완해 주는 영역들이라기보다는 단순한 편의 사업들에 치중되었다. 우리나라 중소기업협동조합이 실시하고 있는 상위 5가지의 공동사업은 다음과 같다. 64.5%의 조합이 구매사업을 실시하고 있고, 35.9%의 조합이 세미나개최사업, 28.9%의 조합이 소식지 발행 등 정보제공사업, 19.1%의 조합이 해외전시회 참가사업, 18.0%의 조합이 사무실 등 임대사업을 실시하였다.

중소기업의 생산성 혁신을 위해서는 중소기업의 경쟁력 강화에 요구되는 공동사업 본연의 기능이라 할 수 있는, 공동 R&D와 디자인, 공동브랜드, 생산 관련 공동사업, 공동구매와 공동판매 사업, 마케팅

이의영

관련 다양한 공동사업, 수출 관련 공동사업, 유통 및 물류 관련 공동사업, 인적자원개발 관련 공동사업, 금융 관련 공동사업 등 중소기업들이 공동사업을 통해 열악한 규모의 경제성을 보완시켜 주는 노력들이 추진되어야 할 것이다.

중소기업이 성장하기 위해서는 생산부터 소비에 이르기까지의 전 과정이 골고루 규모의 경제성과 시장성이 확보되어야 한다. 이 중 어느 부분이라도 그렇지 못하면 병목bottleneck현상이 발생하여 성장잠재력의 확충이 곤란해진다. 그렇기 때문에 중소기업의 애로가 큰 것이다. 이를 개별지원을 통해 중소기업 각자에게 모두 내어 맡기는 것은 비효과적이다.

보호위주·개별지원·직접지원·자금지원으로 특징지어지는 그간의 정책기조는 수정되어야 한다. 중소기업의 공동사업과 협동조합 등을 통한 자구 노력을 정부가 견인하고 촉구해야 하며, 시장의 시스템 구축과 기업의 효율성 제고를 통한 경쟁력 강화와 생산성 혁신을 중소기업정책의 목적으로 삼아야 한다. 개별지원, 직접지원 중심보다는, 아니 이와 더불어, 효율적이고 공유 가능한 시장 인프라를 구축하고 규모의 경제성과 혁신을 도모할 수 있도록 하는 데에 중소기업정책의 초점이 맞추어져야 한다. 이를 통한 중소기업 생태계의 발전은 특히 중소기업의 생산성 향상과 경쟁력 강화에 크게 기여하게 될 것이다.

이러한 방향으로 중소기업들의 자구적인 노력이 요망되고, 정부의 정책도 공동사업을 활성화하도록 추진되어야 할 것이며 정책 역량도 집중시켜야 할 것이다. 중소기업정책 접근방식의 획기적인 전환이 요구되는 것이다.

대·중소기업 간 하도급 거래관계 혁신을 통한 생산성 향상

대·중소기업 간 상생협력·동반성장의 문제는 참여정부 시기에 정책 어젠더로 부각되었다. 하지만 새로운 문제는 아니었다. 하도급의 이슈로서 오랫동안 중소기업의 고질적인 문제로 남아 있었다. 다만 이에 대한 접근이 경제 운용의 중요 과제로 다루어졌다는 점에서 의의가 크다고 할 것이다. 그럼에도 불구하고 민간 자율에 의존하여 운용되었고 정책 과제를 추진하는 조직인 동반성장위원회는 민간기구이어 정책집행기관으로서 한계가 있었다. 참여정부의 정책적 관심으로 초기에는 상당한 실적이 있었으나 일정한 시점이 지나서는 대체로 현상 유지 수준에 머무르고 있다. 상생협력을 통한 생산성 혁신을 이룰 수 있도록 하는 구조 개선을 위한 적극적인 정책 수단의 개발이나 집행 노력은 미진한 수준인 것으로 평가된다.

대·중소기업 간 수직적 거래의 상생협력·동반성장이, 슈퍼갑과 을의 관계에서 발현되는 동반성장의 유인 부족, 규칙보다는 힘의 지배, 투명한 거래 관행 미비, 포지티브섬positive-sum이 아닌 제로섬zero-sum이라는 인식, 상생협력문화 미성숙 등으로 아직은 미흡한 것이 현실이다. 대기업은 임직원평가방식, 사업부별 평가방식의 한계, 단기적 수익중시 경영 등으로, 중소기업은 영세업체 간 과당 경쟁, 신뢰성 부족, 수익성 저하, 혁신역량 취약 등으로 더욱 그러하다.

최근 논의되고 있는 의제들이 사회적 합의를 거쳐 전향적으로 수용됨으로써 기업 생태계의 중요한 영역의 포용적 성장이 필요하다.

대·중소기업 간 수직적 거래가 대기업과 중소기업 모두의 경쟁력을 강화하고 쌍방의 이익이 증대되는 방식의 상생협력·동반성장의 생태계를 조성할 필요가 있으며 이러한 관점에서 관행과 정책과 문화의 변화가 함께 모색되어야 할 것이다. 상생협력·동반성장의 효과적인 추진을 위해서는 대·중소기업 간 수평적 협력관계의 창출, 가치사슬 혁신을 통한 협력관계의 변화 등 발전 지향적인 모색이 도모될 필요가 있다.

기업의 경쟁력 측면에서나, 국민경제적 측면에서, 또한 사회통합적 관점에서도, 대·중소기업 간 상생협력·동반성장은 필요하다. 기업 경쟁력 측면에서 과거에는 개별 기업 간 경쟁이 주를 이루어 왔다. 그러나 이제는 1:1 경쟁에서 N:N 경쟁으로 전환되고 있다.

중소협력업체의 경쟁력은 대기업의 경쟁력의 원천이 되고 있다. 잘 알려져 있듯이 자동차는 2만 종류의 부품을 생산하는 중소기업의 협력으로 생산되고 있으며, 항공기는 10만 개의 부품으로 1대의 항공기를 완성할 수 있다. 조선업도 그렇고, 전자산업도 마찬가지다. 디지털 TV도 700개의 부품으로 구성되어 있다. 건설업은 더욱 그러하다. 부품·소재가 제조업 생산원가의 63%를 차지하고 있기도 하다.

물론 대기업은 비용절감을 통한 가격경쟁력을 위해 글로벌 아웃소싱을 하고 있다. 그러나 그럼에도 불구하고 핵심부품은 여전히 국내 중소기업과 협력할 수밖에 없다. 도요타자동차의 경우 많은 핵심부품 기업들은 공장과 한두 시간 거리에 위치하고 있다.

다시 강조컨대, 현 단계 기업들이 직면하고 있는 경쟁의 패러다임은 변화되고 있다. 세계경제의 글로벌 경쟁은 개별 기업 간의 경쟁 수준을 넘어 생산 모듈 간의 경쟁, 공급사슬 간의 경쟁, 가치사슬 간의 경쟁으로 전개되고 있는 것이다.

사회통합적 관점에서도 대·중소기업 간 상생협력·동반성장은 우리 사회경제에 만연한 양극화 완화에도 중요한 역할을 하게 된다. 기업 간 양극화뿐만 아니라 대기업과 중소기업 노동자 간 소득격차의 완화에도 도움이 될 수 있다. 대·중소기업 간 상생협력·동반성장 노력과 정책적 접근 그리고 상생협력 문화의 조성을 통한 기업 생태계 발전은 사회적 통합에도 긍정적인 역할을 하게 될 것이다.

　이는 이제 성장의 동력이 요소투입과 개별기업의 혁신을 넘어 시스템 혁신에 있는 것을 반영하는 것이며, 중소기업의 위상이 그동안 생산 분업에서 하도급 기업에 불과하던 위치가 이제는 전략적 파트너로 변화함을 의미한다. 이를 통해 대·중소기업 간 거래관계가 수직적이고 전속적인 관계에서 좀 더 수평적이고 개방적인 관계로 변화해야 할 것이다. 대기업과 중소기업이 함께 만들어 낸 부가가치를 좀 더 공정하게 분배할 수 있도록 발전해 나아가야 할 것이다.

　이것은 무엇보다도 당사자인 대기업과 중소기업의 이익을 위해 중요하다. 대기업과 중소기업이 상호 보완적이고 공정하게 성과와 이익을 공유하는 배분관계를 형성함으로써 경쟁력을 가지는 상호 협력관계를 통해 서로 이익이 되는 동반성장 관계를 형성해야 할 것이다.

　대·중소기업 간 상생협력·동반성장을 위한 정부의 정책은 구체적으로 세 가지 차원에서 접근되어야 한다. 이들은 대·중소기업 간 상생협력·동반성장을 위해 각각 필요한 요소들로서 삼각면체의 면들처럼 각기 다른 차원에서 동시에 추진되어야 할 정책과제이다. 첫째는 미국의 실리콘밸리나 일본의 도요타 등과 같은 성공사례에서 볼 수 있는 클러스터 모델이다. 둘째는 대·중소기업 간 공정거래질서의 확립이며, 셋째는 경제 전반과 유관 산업에 대·중소기업 간 거래의 인프라로 설정되어 있는 불합리한 제도와 구조의 혁신이다.

첫째로, 대·중소기업 간 수직적 거래가 그동안 대기업과 중소기업 간에 과도하게 불공정한 거래가 형성되어 왔던 점을 감안한다면 일정 정도는 대기업의 일방적인 거래관행의 개선이 시급했다고 할 수 있다. 그러나 장기적으로는 일방적이거나 시혜적 차원으로만 접근되어서는 대·중소기업 간 상생협력·동반성장의 지속가능성이 보장되기 어렵다.

대·중소기업 간 상생협력·동반성장은 단순히 하도급 관계에 있는 기업 간 불평등한 거래관계의 조정이나 개별 기업 간 협력의 차원을 넘어 세계시장에서의 경쟁력 확보를 위한 모델로 접근되어야 한다. 개별 기업의 경쟁력은 물론 생산 공급사슬의 경쟁력, 나아가 산업 경쟁력과 국가 경쟁력의 새로운 원천으로서 그 중요성이 부각되고 있는 것이다. 대기업과 중소기업 상호 간의 공동의 목적과 비전을 공유하고 공동의 기술혁신과 경영혁신을 도모하여 상생하는 공급사슬로서 공동체적 발전 모델을 추구해야 한다.

이제 클러스터 이론과 클러스터 성공 사례의 벤치마킹을 토대로 대·중소기업 간 상생 모델을 체계적으로 구축할 필요가 있다. 대기업과 중소기업 간의 협력뿐만 아니라 중소기업과 중소기업 간의 협력을 포함하여 과학기술시스템과 생산시스템 그리고 기업지원시스템의 연계와 협력·협업을 통해 경쟁력을 강화하는 클러스터정책이 대·중소기업 간 상생협력·동반성장을 촉진할 수 있다. 클러스터의 여러 가지 유형 중 대기업주도형 클러스터 모델이 하나의 좋은 모델이 될 수 있는 것이다. 그리고 이것은 세계적으로 많은 성공사례들을 가지고 있다.

둘째로, 대·중소기업 간 부당한 불균형 해소를 위해서는 공정거래법과 하도급법 등 관련 공정거래제도를 개선하여 활성화하는 것이 중요하다.

이를 위해서는 우선 현장지향적인 제도 개선이 필요하다. 세부적인 원가자료의 과도한 요구 대책이나, 기술 탈취 방지대책, 어음이나 어음대체제도에 의한 결제 시 초과기간에 대한 할인료 지급방안, 강력한 교섭력과 우월적 지위를 이용한 비용 및 부담의 과도한 전가 등 왜곡된 가격결정구조의 시정, 재벌 계열사나 분사회사에 대한 내부거래 또는 과도한 배타적 전속거래의 완화, 불공정한 하도급 거래 시정, 기타 대형 유통업체나 프랜차이저의 권한 남용 방지와 가입자의 단체교섭권 등이 현장에서 요구되고 있고, 역대 정부도 관심을 기울였으나 실효성 있는 대책을 마련하지는 못했다.

이러한 실체규정의 제도 개선이 이루어진다 하여도 제도의 실효성이 담보될 수 있는 절차규정이 미흡하다면 그 제도는 효과적으로 작동하기 어렵다. 현재 대·중소기업 간 불공정거래 관행을 규제할 수 있는 주된 수단은 공정거래위원회가 가지고 있으며, 그 수단은 시정권고, 시정명령 등의 시정조치와 과징금 등으로 구성되어 있다. 그중 비교적 강한 경제적 제재수단인 과징금의 경우에도, 금전적 손실은 피해자가 입었고 차후 거래상에 발생할 수 있는 막대한 불이익을 감수하고 구제를 요청하였으나 과징금은 국고에 귀속되는 것으로 피해자는 금전적 손실을 보상받지 못하게 되어 있다.

손해배상의 경우에도 그동안 공정거래위원회의 심결 이전에는 손해배상 청구를 할 수 없도록 되어 있었다. 필자 등의 지속적인 문제제기가 성과를 거두어 개선되었으나 아직 인식이 확산되어 있지 않은 실정이다. 그나마 단순손해액 배상이어 제도 활용의 유인이 충분치 않기도 하다.

자유롭고 공정한 시장경제와 공정거래질서의 확립을 위해서는 시장참여자의 자율적인 이익추구와 더불어 경쟁제한적이고 불공정한 거래행위에 의한 금전적 손실과 피해에 대해 확실한 보상과 재발방지를 담보할 수 있는 효과적인 자기보호와 처벌이 가능한 사법제도가 필수적이다. 공정거래법 및 하도급법 위반행위에 대해 그러한 행위로부터 예상되는 기대수익보다 처벌을 통해 예상되는 기대손실이 더 커야 대기업과 중소기업 간의 경쟁제한적이고 부당한 불공정행위를 방지할 수 있는 것이다.

이를 위해서 다음과 같은 공정거래법 절차규정의 개편이 필요하다.

첫째, 사법절차에 의한 구제 및 재발방지를 위하여 사소(私訴) 활성화가 요구된다. 우리나라 공정거래법의 취약한 사적소송 규정은 공정거래법 집행에 시장원리에 의한 민간의 집행절차 참여가 거의 없게 하는 절차규정이다.

미국의 경우 사소 즉 민간에 의한 소송private suit이 셔먼법 이후 115년간 미국의 전체 공정거래법 관련 소송의 88%에 달하며 2차 대전 이후에는 90% 이상이고, 2001년 이후에는 약 95%에 이르고 있다. 행정부인 공정거래위원회의 심결절차에 의한 과징금이나 시정권고 등에 불과한 우리나라의 행정벌은 미국의 방대한 민·형사상 사법적 처벌에 비하면 매우 미약하다.

둘째, 대·중소기업 간 수직적 거래에 있어서의 불법행위에 대한 징벌적 손해배상제도의 도입이 필요하다. 미국에서는 손해배상소송에 있어 손해액의 3배를 배상케 하는 3배손해액배상treble damage청구소송이 중요한 역할을 하여 왔다. 또한 공정거래법 위반행위에 대한 형사처벌규정도 강력하여 1,000만 달러 이하의 벌금형과 3년 이하의 금고형이 적용되고 있다. 가중처벌을 통해 5억 달러의 벌금을 부과한 사례도 있다.

셋째, 공정거래법에 집단소송제가 도입되어야 한다. 우리나라 공정거래법에 단체소송제가 있지만 실효적이지 않고, 집단소송제의 경우는 증권관련법에만 먼저 적용되어 논란을 겪은 바 있고 실효적이지 않은 것이 현실이다. 일본을 제외한 선진 국가들에 이미 1930년대부터 도입되어 있는 제도이다. 집단소송제는 소송절차법 규정으로 도입하여 증권 관련법뿐만 아니라 공정거래법, 제조물책임법, 환경관련법, 소비자보호법 등 경제 전반에 광범위하게 적용되어 중소기업과 소비자들의 이익이 부당하게 침해되지 않도록 제도화하고 있다.

넷째, 공정거래법의 영역별 전속고발권이 폐지되어야 한다. 공정거래법 제129조는 공정거래위원회의 고발이 있어야 공소를 제기할 수 있다고 전속고발권을 명시하고 있다. 다만 필자 등의 지속적인 전속고발권 폐지 주장이 일부 받아들여져, 같은 조항에 감사원장, 중소벤처기업부장관, 조달청장은 사회적 파급효과, 국가재정에 끼친 영향, 중소기업에 미친 피해 정도 등 다른 사정을 이유로 공정거래위원회에 고발을 요청할 수 있다고 개정한 바 있다. 전속고발권은 전두환 군사

이의영

쿠데타의 계엄령 하에서 국보위 입법회의에서 도입된 조항으로 지금도 여전히 공정거래위원회의 전속고발권이 유지되고 있다. 다만 고발 요청 권한이 검찰총장에게만 있던 것이 감사원장, 중소벤처기업부장관, 조달청장에게로 일부 확대되었을 뿐이다.

불법행위로 인해 경제적 피해를 입은 당사자가 스스로 피해구제와 처벌을 사법체계에 호소할 수 있어야 함에도 불구하고 여전히 이러한 사법절차가 제한되어 있다. 피해자인 경제주체 당사자가 즉시 또는 공정거래위원회의 심결 절차 이후에라도 피해 구제를 위한 고발이 가능하도록 해야 한다.

자유롭고 공정한 시장과 공정거래질서의 확립을 위해서는 시장에 의한 감시체계의 확립이 중요하며 이를 위해서는 공정거래법 제129조에 의한 공정거래위원회 전속고발권 규정을 폐지하여야 하는 것이다. 이미 민주주의와 시장경제가 급속히 확산된 이 시점에 군사독재정권과 관치경제의 유물인 공정거래법 전속고발권이 변형되어 유지되고 있는 것은 시대착오적이라 아니할 수 없다.

셋째로, 대·중소기업 간 거래관계가 이루어지는 시장과 산업의 불합리한 제도와 구조의 개혁이 필요한데, 이 부분에 대한 논의는 전혀 이루어지지 않고 있다. 예를 들면, 대·중소기업 간 거래관계가 중요한 업종인 자동차 산업의 경우 순정품제를 폐지하고 대신 공인 부품안전 인증제로 대체해야 할 것이다. 건설 산업도 대기업에 특혜가 주어지는 정부조달시장의 발주 구조와 계약 구조를 시급히 개혁해야 한다. 공공부문의 정부조달 건설사업의 경우 미국의 제도를 벤치마킹하여 건설 사업 입찰 시 2차, 3차 벤더의 납품가격과 납품물량을 입찰서에 포함시키도록 하는 것도 하나의 방안이 될 수 있다.

정부조달시장의 규모가 매우 큰 바, 이 부분에서 대·중소기업 간 거래의 계약 조건을 선진적으로 선도해 나가야 할 것이다. 국민의 세금으로 조성된 정부 예산이 투여되는 정부조달시장에서 가격 등 거래조건을 결정하는 국가계약제도는 수십 년 전에 만들어진 채로 여전히 불합리한 제도들이 아직도 시행되고 있는 현실이다. 그 외에도 어음제도나 기타 전근대적이거나 대·중소기업 간 거래에 있어 대기업에게 부당한 특혜가 주어지는 구조적 요인들을 발굴하여 혁신하는 것이 대·중소기업 간 상생협력·동반성장을 위한 또 하나의 과제라 할 수 있다.

기업 생태계 조성을 통한 생산성 향상

새로운 생산성의 원천으로 중소기업의 생산성을 향상하고 경쟁력을 강화하기 위해서는 개별 기업의 기술혁신이나 경영혁신을 넘어 기업을 둘러싸고 있는 시스템 곧 생태계 혁신을 도모해야 한다. 중소기업을 중심으로 외부의 혁신역량을 연계하고 협력하는 클러스터링과 네트워킹을 통한 혁신이 하나의 방안이 될 수 있다. 이를 통해 중소기업의 혁신이 외부의 혁신역량의 도움을 받아 생산성 혁신을 이루고 집단학습 효과와 시너지 효과를 얻어 중소기업의 경쟁력을 강화할 수 있을 것이다.[15]

우리나라에서도 클러스터 정책을 실시한 바 있다. 그러나 원리적으로 제대로 실행되지 못했으며 중소기업정책과의 접목이 이루어지지 않았다. R&D예산을 중심으로 클러스터 정책이 집행되었다. 그나마 지금은 R&D 미니클러스터라는 형태로 변형, 축소된 채 정책적 관심에서 소외되어 있고 역할이 본래보다 크게 축소된 채 명맥을 유지하고 있다. 이것은 기업 생태계 조성과는 거리가 멀다.

클러스터 이론은 1990년대 폴 크루그먼과 마이클 포터에 의해 이론적 기초가 형성되었고, 그 후 OECD 등에 의해 OECD 국가들을 중심으로 세계적으로 확산되었다.[16] 클러스터 이론을 토대로 기업을 비롯한 혁신 주체 간 네트워크 강화와 교류, 전략 산업의 육성 및 새로운 가치사슬인 클러스터 형성과 지원체계에 이론적 관심이 집중되었다.

클러스터 정책은 기업정책과 산업정책, 기술정책, 지역정책의 혼합 정책이라 할 수 있다. 산·학·연·관 연계 협력, R&D투자 및 혁신역량 강화, 오픈 이노베이션, 기술사업화R&BD, 기업지원, 산업육성, 지역개발, 글로벌화와 국제교류 및 협력, 신시장 개척 등을 두루 포함하고 있다. 지리적 근접성을 바탕으로 기업, 대학, 연구소, 지자체 등 다양한 혁신주체들이 협력과 네트워킹을 통해 공동학습을 하고 이를 통해 새로운 지식과 기술을 창출·확산·활용하는 것이다.

지식은 각 경제주체 및 국민경제 전체의 성과와 경쟁력을 결정하는 핵심 요소로 작용하며, 지식의 창출과 확산 그리고 활용을 통해 경제주체들의 혁신 능력을 배양하고 이러한 능력이 성장의 기반을 이루는 경제로 작동한다. 경제주체들 간의 네트워킹을 기반으로 한 산·학·관·연 협력에서 새로운 가치사슬의 형성으로 신기술 개발, 신제품 출시, 신시장 창출의 경제발전 패러다임으로 발전하는 것이다. 특히 기업 간 경쟁과 공급사슬 간 경쟁이 심화되고 시장이 확대되는 경제 환경 하에서 산·학·관·연 등 다양한 혁신주체들의 상호 협력과 네트워킹을 통해 공동학습collective learning을 하고 이를 통해 새로운 지식과

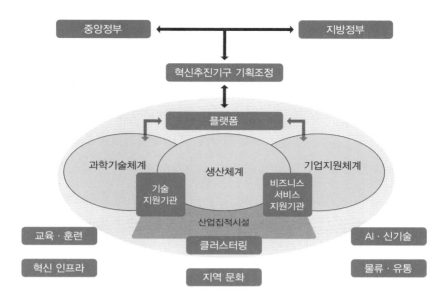

〈그림〉 **기업 생태계 시스템혁신 체계 구축 모형**

기술을 창출·확산·활용하는 체제를 갖춰야 할 것이다.

중소기업의 생산성 혁신을 이룰 기업 생태계를 구축하기 위해서 위의 그림과 같이 기업의 생산체계와 연관된 대학, 연구소 등의 과학기술체계와 금융, 마케팅, 법률, 컨설팅 등의 전문서비스 기업지원체계를 연계하고, 정부의 기술지원기관과 기업지원기관들을 네트워킹하여 기업의 혁신역량을 대폭 보완하여야 하며 이를 통해 획기적인 생산성 향상과 경쟁력 강화를 획득할 수 있어야 하는 것이다. 네트워킹을 통해 협력체계를 적극적으로 활용하고, 나아가 산·학·연·관·민·언·정 간에 상호 협력, 협업할 수 있는 체계를 형성하여 이를 확산시켜 나가야 한다.[17]

클러스터만이 아니라 최근 기업 생태계 또는 산업 생태계에 관한 논

이의영

의가 이루어지고 있다. 우리나라 기업 생태계에 관한 연구도 있다. 정책 수립에 참고해야 한다. 그중의 하나로 본고가 클러스터 정책을 제시하는 것은, 비록 제대로 추진되지는 못했지만 우리나라에서 클러스터 정책을 추진한 경험이 있어 정책이 좀 더 쉽게 신속히 추진될 수 있을 것이라는 기대감 때문이다. 개념이 상당히 확산되어 있고 중소기업정책과 결합policy mix하여 중소기업 경쟁력 강화와 생산성 향상을 위한 시스템 혁신을 도모하는 데에 좀 더 수월할 것이기 때문이다. 이들을 토대로 중소기업의 산업 특성, 시장 특성에 맞추어 기업 생태계를 조성해 나가야 할 것이다.

　기업 생태계 조성과 시스템 혁신을 통해, 중소기업에 필요한 외부 혁신역량과의 연계와 협력을 통한 네트워킹 효과와 더불어 협업을 통한 집적 효과를 달성하고, 중소기업의 경쟁력 강화와 생산성 향상을 이룰 수 있으며, 포용적 혁신 성장의 한 축이 되어, 종국에는 국민경제의 성장을 촉진할 수 있고, 나아가 양극화도 완화할 수 있을 것이다.

◇◇◇◇◇◇◇◇◇◇◇◇

포용적 AI 전략
: W·A·R·M

한국형 AI 벤처와 생태계는
기술과 사회를 아우르는
새로운 패러다임을 제시해야 한다.
이는 경제적 가치와 사회적 가치를
동시에 추구하는 인간적이고
따뜻한 혁신 생태계를
목표로 해야 한다.

서정희

- 美 미주리대 박사
- 전 매경TV 출판 대표
- 전 서울대 경제학과 객원교수
- 현 연우컨설팅 대표

❖❖❖

1. 왜 AI인가?

◇◇◇◇◇◇◇◇◇

2025년 세계 최대 IT 박람회 CES의 핵심 키워드는 "AI 시대로의 전면 돌입Dive In"이다. AI를 중심으로 모든 산업이 근본적인 구조변화를 맞이하는 시기에 기술과 인류가 어떻게 함께 미래로 나아가야 하는지를 탐구하자는 메시지이다. 2022년 11월 오픈AIOpenAI의 챗 GPTChatGPT 출시로 촉발된 생성형 AI 혁명은 불과 2년 만에 인간 이 상의 추론 능력을 통해 인간의 지적 파트너로 진화하고 있으며, 모든 혁신의 중심에 서 있다. AI 기술은 단순한 자동화 도구를 넘어, 인류 의 문제 해결 방식과 의사결정 과정을 근본적으로 변화시키는 범용 기술General Purpose Technology로 자리 잡고 있다. 글로벌 시장조사기 관인 스태티스타에 따르면[18] 세계 AI 시장 규모는 2021년 956억 달 러에서 2030년 1조 8,475억 달러로 연평균 37%의 성장이 전망된다. 특히, 매킨지글로벌연구소는 생성형 AI 기술이 2030년까지 연간 2조 6,000억 달러에서 4조 4,000억 달러의 경제적 가치를 창출할 것으로 예측했으며[19], 소프트웨어 개발, 마케팅, 고객 서비스와 같은 분야에서 최대 70%의 생산성 향상이 기대된다고 분석했다. 한편 스탠퍼드 AI 보고서Stanford AI Index Report는 AI 기술 개발에서 국가 간 격차가 심화되고 있음을 경고하며, 데이터 프라이버시와 윤리적 문제 해결의 중요성을 강조하고 있다[20].

이렇듯 AI 시대는 수많은 기회와 함께 심각한 도전 과제를 제시하고 있다. 각국 정부와 기업들은 AI에 대한 전략적 대응이 국가 운명을 좌우할 것이라는 절박한 심정 속에 AI 주도권 확보를 위한 경쟁을 가속화하고 있다.

스탠퍼드 대학의 에릭 브린욜프슨 교수는 AI를 증기기관, 전기, 인터넷에 이은 제4의 범용 기술로 규정했다. AI는 학습과 의사결정이라는 인간 고유의 영역에 진입했다는 점에서 근본적 차별성을 갖기 때문에 AI는 단순한 기술 진보가 아닌 혁신적인 패러다임 전환 기술이다. 전통적인 디지털 기술은 주로 정해진 규칙과 알고리즘에 따라 데이터를 처리하거나 저장하는 역할을 했다면 AI는 스스로 학습하고, 복잡한 패턴을 인식하며, 인간의 판단을 모방하거나 이를 능가하는 능력을 갖추고 있다.

이러한 본질적 차별성은 경제, 산업, 그리고 사회 전반에 걸쳐 독특한 영향을 미친다. 경제적으로 AI는 생산성을 극대화하고 새로운 시장을 창출하며, 기존의 사업 모델을 근본적으로 변화시킨다. 산업 측면에서는 자율주행차, 맞춤형 의료, 스마트 팩토리 등 기존 기술로는 해결할 수 없던 혁신적인 응용분야를 개척한다. 사회적으로도 교육, 의료, 공공 서비스 등의 접근성과 효율성을 향상시키는 한편 윤리적 문

서정희

제나 일자리 감소와 같은 도전과제도 제기한다. 이러한 점에서 AI는 단순히 기술적 혁신의 차원을 넘어, 사회적 가치와 규범에 대한 근본적인 질문을 던지고 있다.

이와 같이 AI는 게임 체인저로서 기술 패러다임의 전환을 이끌며, 산업과 사회 구조 전반에서 근본적인 변혁의 시기를 열어 가고 있다. 이러한 변혁은 단순한 기술적 혁신에 그치지 않고 경제와 사회의 시스템 전반에 걸쳐 중요한 변화로 이어지고 있으며, 인류의 존재가치와 역할 재정립 필요성까지 야기하고 있다. 따라서, 인간과 AI가 협력하는 미래 시대에는 기존 규칙과 규범이 더 이상 작동하지 않아, 새 시대에 맞은 규칙과 제도 정립이 절실히 필요하다.

따라서 범국가적 차원에서 AI가 경제, 산업, 사회체제에 미치는 영향을 종합적으로 파악하고, 이를 기반으로 AI 미래 발전 방향과 경제, 산업, 사회 측면의 종합적인 대응책 마련이 그 어느 때보다 중요한 시기이다. 특히 AI 활용에 따른 긍정적, 부정적 파급효과를 적극 탐구하여 선제적으로 제도를 정립하고, AI를 사회에 안전하게 도입하는 방안 마련이 시급하다.

2. AI 혁신의 방향과 벤처의 역할

◇◇◇◇◇◇◇◇◇◇

글로벌 AI 기술패권 경쟁

AI 기술혁신이 미래 국가 운명 및 경쟁력을 결정짓는 핵심 요소라는 인식하에 국가 간 기술패권 경쟁이 치열하다. 미국, 중국 등 주요국은 국가 생존과 직결된 AI 경쟁력 확보를 위해 AI 혁신 가속화와 글로벌 AI 리더십 구축에 총력을 기울이고 있다. 지금은 AI가 국가 경제안보를 좌우하는 시대적 대전환기라고 할 수 있다.

미국은 민간 주도의 강력한 혁신 생태계와 정부의 제도적 지원을 결합한 '기업가형 국가전략'으로 AI 기술 패권을 공고히 하고 있다.

구글Google, 마이크로소프트Microsoft, 오픈AIOpenAI 등 빅테크 기업들이 AI 기술 혁신의 중심에서 활동하고 있는 가운데, 미국 정부는 다양한 정책 및 제도를 통해 R&D 투자와 기술 자립성을 강화하고, AI 가치사슬 전 부문에 대한 적극적인 보호를 하고 있다. 2016년 발표한 AI R&D전략, 2020년 국가 AI 이니셔티브법, 2022년 칩스법 등을 제정하여 일관성 있는 국가 차원의 전략을 추진하고 있다. NAIIA는 AI 연구 개발 분야에서 미국의 지속적인 리더십 보장, 공공 및 민간 부문에서 신뢰할 수 있는 AI 시스템 개발, 미국 사회 전반에 걸친 AI 시스템 생태계 구축 및 모든 미국 연방기관에서 진행하는 AI 정책에 대한 데이터베이스 관리 및 접근성 강화를 주요 목적으로 하고 있다.

중국은 바이두Baidu, 알리바바Alibaba, 텐센트Tencent 등 세계 100대 인공지능 기업에 포함되는 기술 선도기업을 보유하고 있으며, 2024년 166만 4,600개 이상의 AI 기업을 보유하고 있는 AI 기술패권 국가의 양대 산맥 중의 하나이다.

중국이 미국과 확연하게 차이를 보이는 것은 국가 계획 기업 실행, 즉 국가 주도적인 AI 발전 패러다임이 구축되어 있다는 것이다. 중국 정부는 강력한 통제력과 전략적 접근을 통해 기술 패권경쟁을 리드하고 있다. 2017년에 발표된 차세대 AI 발전 계획은 2030년까지 세계 선두 AI 국가로 도약하겠다는 명확한 목표를 설정하고 미국을 추월하기 위한 3단계 전략목표 및 5대 중점과제의 마스터플랜을 제시하였다. 특히, 2022년 미국의 반도체 수출통제 이후 중국의 AI 기술발전 속도가 급격히 지연될 수 있는 우려 속에서, AI의 R&D 응용 심화 및 AI 주도 혁신전략 시행을 통해 국제적으로 경쟁력 있는 디지털 산업클러스터 조성 목표를 천명하였고, AI 기술혁신의 내적 추동력 확보 및 산업 내재화 촉진을 위해 BAT(바이두, 알리바바, 텐센츠)+화웨이로 대표되는 중국 플랫폼 기업을 중심으로 AI 산업클러스터를 조성하고 있다.

이와 같은 미중 AI 기술패권 경쟁은 반도체, 데이터, 표준 경쟁으로 구체화되고 있고, 글로벌 가치사슬의 재편을 촉발하고 있다. AI 기술 경쟁은 글로벌 혁신 생태계를 양분화하고 있고, 반도체 및 클라우드 인프라와 같은 핵심 기술 영역에서 공급망 분리가 가속화되고 있다. 현재 미국 중심의 칩4 동맹과 중국의 디지털 실크로드는 명확히 대립하며, 기술 블록화와 양극화를 더욱 심화시키고 있는 현실이다. 특히, AI 기술이 군사적 용도로도 주목받으며, 미국과 중국 간의 갈등을 더욱 고조시키고 있고, 인재 확보 측면에서도 미중 간의 AI 전문가 육성 및 확보에 심혈을 기울이고 있다.

이에 더해, 최근 트럼프 정부의 AI 인프라 건설 투자계획 발표(5,000억 달러 규모)와 중국의 딥시크DeepSeek 모델 및 서비스 발표는 본격적인 미중 기술패권 전쟁을 예고하고 있다.

이러한 미국, 중국 중심의 AI 기술패권 경쟁과 글로벌 가치사슬의 양극화는 우리나라에게 중요한 시사점을 제공한다.

첫째, 핵심 기술 자주성 강화를 위해 반도체, 데이터 인프라 등 AI 기술의 핵심 요소에 대한 자국 중심의 자립 역량을 강화해야 한다. 둘째는 글로벌 협력의 다변화를 위해 기술 블록화가 심화되는 상황에서도 미국 및 중국과의 관계를 균형 있게 유지하면서 유럽과 일본 등 다양한 국가와의 협력을 확대해야 한다. 셋째, 산업 간 융합 촉진을 위해 전통 제조업과 AI 기술의 융합을 통해 자국의 차별적 경쟁력을 높여야 한다. 끝으로, 하지만 가장 중요하게 인간 중심의 안전 및 신뢰 기반의 규제 체계를 구축해야 한다. EU의 접근 방식처럼 투명성과 책임성을 강조하는 AI 규제 체계를 마련함으로써 글로벌 AI 생태계에서 신뢰받는 파트너로 자리 잡아야 한다.

우리나라 AI 현황과 과제

우리나라는 세계적 수준의 ICT 인프라와 디지털 수용성을 보유한 정보통신 강국으로 평가받아 왔다. 이는 1990년대부터 추진해 온 정보화 정책과 민간 기업들의 혁신적인 서비스 개발이 결합된 결과라고 할 수 있으며, 이를 통해 1997년 국제통화기금IMF 외환위기와 2008년 글로벌 금융위기 등 과거 두 번의 큰 경제 위기를 성공적으로 극복한 저력이 있다.

그러나 AI 시대로 접어들면서 이러한 디지털 인프라 우위가 AI 시대의 경쟁력으로 자동 전환되지 않고, 새로운 도전에 직면하고 있다. 과거의 경제 위기를 극복할 수 있었던 기반구조(초고속인터넷 인프라, 3G/4G 스마트폰 보급율 등)가 AI 시대에는 안 보인다는 것이다. 특히 우려되는 것은 AI의 기반 기술 부문이다. 외견상으로는 자체 생성형 AI 모델도

서정희

다수 개발하는 등 AI 소프트웨어 생태계를 구축하고 있고, 세계 최고 수준의 AI 반도체 메모리와 제조업 경쟁력을 보유하고 있는 듯하다. 그러나 다음의 '글로벌 AI 지수' 표에서 볼 수 있듯이 미국, 중국 중심의 빅테크 주도 AI 혁신 경쟁에서는 현저히 뒤처져 있는 것이 사실이다. 한국의 초거대 AI 모델은 기술의 선두에 있는 기업들과 투자 비용을 비교할 때, 매우 낮은 수준이며, AI 반도체 현황은, 미국의 기술 수준을 100으로 볼 때 한국은 80 수준으로, 중국(90.0), 유럽(85.0)보다도 낮은 상황이다. 한국의 AI 반도체 특허 출원 건수는 세계 3위임에도 질적 수준이 미흡함을 보여 주고 있고, 현재 거대 AI 모델에 적합한 반도체를 개발하고 있지만, 아직 본격적인 상용화에는 이르지 못하고 있는 실정이다. 소프트웨어정책연구소SPRI의 AI 기술 수준의 변화추이 분석 결과(2023년 조사 기준)를 보면, 2022년 기준으로 미국 대비 89% 수준으로 중국(93%), 유럽(92%)에 뒤처져 있으며, 기초단계(88%), 응용단계(90%), 사업화단계(89%) 수준으로 미국 대비 1~1.5년의 기술격차를 보이고 있어서 새로운 경쟁 패러다임 속에서 범국가적 노력이 필요한 때이다.

글로벌 AI 기술패권 경쟁이라는 시대적 흐름 속에서, 우리나라도 AI를 국정의 핵심 어젠다로 두고 파리 이니셔티브(2023년 6월), AI-반도체 이니셔티브(2024년 4월) 등 AI 경쟁력 강화와 글로벌 규범 주도를 위해 정책적 노력을 지속해 왔다. 지난 2024년 9월, 국가 AI 전략 정책 방향 발표에서 "AI G3 국가 도약을 통한 글로벌 AI 중추 국가 실현"이라는 비전을 제시하고 이를 달성하기 위해 4대 AI 플래그십 프로젝트와 4대 분야 정책 방향을 수립하고 국가 AI 위원회 출범을 통

국가	순위	총점	실행 Implementation			혁신 Innovation		투자 Investment	
			인재	인프라	운영 환경	연구 수준	특허 (개발)	정책 (정부 전략)	민간 투자
미국	1	100.0	100.0(1)	100.0(1)	82.8(28)	100.0(1)	100.0(1)	90.3(8)	100.0(1)
중국	2	61.5	30.0(20)	92.1(2)	99.7(3)	54.7(2)	80.6(2)	93.5(3)	43.1(2)
싱가포르	3	49.7	56.9(4)	82.8(3)	85.7(22)	48.8(3)	24.4(5)	81.8(16)	26.2(4)
영국	4	41.8	53.8(5)	61.8(24)	79.5(40)	38.1(5)	19.8(8)	89.2((10)	20.0(5)
캐나다	5	40.3	46.0(6)	62.1(23)	93.1(8)	34.0(7)	18.9(11)	93.4(5)	18.9(7)
한국	6	40.3	35.1(12)	74.4(7)	91.4(11)	24.3(12)	60.9(3)	91.9(6)	8.3(18)
이스라엘	7	40.0	45.5(7)	60.5(28)	85.1(23)	24.8(11)	22.2(7)	31.8(47)	40.5(3)
독일	8	39.2	57.0(3)	68.2(12)	90.7(13)	29.3(8)	19.5(9)	93.9(2)	10.3(11)
스위스	9	37.7	44.5(9)	68.0(13)	81.9(30)	41.3(4)	24.9(4)	9.0(56)	13.3(9)
핀란드	10	34.9	34.5(13)	73.0(8)	97.7(4)	27.4(9)	13.1(14)	82.7(15)	9.5(12)

〈표〉 **글로벌 AI 지수, 2023**

Tortoise intelligence(2023)
괄호는 62개국 중 순위
부문별 점수는 0~100점 사이로 1위 국가의 점수를 기준으로 상대적으로 결정

서정희

해 실행해 나가겠다고 선언한 바가 있다.

우리나라의 국가 AI 전략 정책은 글로벌 AI 중추국가로 도약을 선언하며 야심 찬 목표를 제시하고 있다. 그러나 이는 과거 디지털 혁신 전략의 연장선에서 혁신 성장 중심의 정책으로 추진되고 있어, AI 기술의 특성과 글로벌 기술 패권 경쟁에 대응하기 위한 보다 종합적이고 전략적인 접근이 필요하다. 또한 실질적인 실행력을 담보할 수 있는 구체적 계획 마련이 필수적이다.

우선, 현재의 정책은 기술 중심으로 구성되어 있으며, AI 윤리와 인간 중심적 가치에 대한 구체적인 방향성이 부족하다. AI 기술의 도입률을 단순히 높이는 것을 넘어, AI가 인간의 삶의 질을 어떻게 향상시킬 수 있는지에 대한 명확한 비전이 필요하다. 특히, AI 도입 과정에서 발생할 수 있는 일자리 문제, 디지털 격차, 사회적 불평등 등의 문제에 대한 구체적인 대응 방안이 마련되어야 한다. 또한, AI의 안전성과 신뢰성 문제에 대해서도 보다 심도 깊은 논의가 이루어져야 한다. 결론적으로, 보다 균형 잡힌 정책을 통해 지속 가능하고 포용적인 국가 AI 전략으로 개선할 필요가 있다. 이를 위해 AI 개발과 활용 과정에서 시민사회, 학계, 윤리 전문가 등 다양한 이해 관계자들이 참여할 수 있는 거버넌스 체계가 구축되어야 한다.

무엇보다 중요한 것은 글로벌 AI 기술 패권 경쟁 속에서 우리의 현실을 냉정하게 분석하고, 이에 맞춘 전략적 정책 방향을 설정하는 것이다. 천문학적인 투자와 인력이 소요되는 가치사슬 영역(인프라, 파운데이션 모델 등)에서 미중의 빅테크와 전면적으로 경쟁해 글로벌 성과를 이루겠다는 접근은 현실적인 전략이 아닐 수 있다. 그렇다고 해서 이러한 영역을 포기하는 것 또한 국가안보와 자립을 고려할 때 현명한 선택은 아닐 것이다. 다양한 경쟁자들이 공존할 수 있는 AI 애플리케이션 및 서비스 시장에서의 우리의 전략은 명확하고 차별화되어야 한다. 따라서, 서로 다른 가치사슬 영역에서 국가 전략을 확립하고, 이를 바탕으로 정부와 기업, 특히 벤처 기업의 역할을 명확히 정립하는 것이 매우 중요하다.

AI 혁신 성장을 위한 벤처와 생태계의 역할과 방향

이러한 상황을 고려할 때, AI 시대의 벤처와 생태계의 역할이 매우 중요하며, 과거와 다른 벤처혁신 체계를 구축하는 전략적 접근이 필요한 시기이다. 특히, 최근에 딥시크 등 다양한 생성형 AI 모델이 시장에 등장하면서 AI 생태계의 역동성이 커지고 있고, 생태계 판도를 바꾸는 변화가 감지되고 있다. 따라서 AI의 특수성과 시대적 상황을 고려한 혁신적인 AI 벤처와 생태계의 활성화는 AI 시대의 도전과 기회를 동시에 해결할 수 있는 핵심 과제이자, 그 어느 때보다 절실한 해결이 요구된다.

① AI 벤처혁신 체계의 핵심 가치: W·A·R·M AI

AI 시대를 맞아, AI 기술의 본질적 특성, 글로벌 기술 경쟁 구도에서 한국의 위치, 그리고 혁신 주체로서 AI 벤처기업의 전략적 중요성 등을 고려하여 AI 벤처혁신의 방향성을 정립해야 한다. 앞에서 강조한 바와 같이 한국형 AI 벤처와 생태계는 기술과 사회를 아우르는 새로운 패러다임을 제시해야 하며, 이는 경제적 가치와 사회적 가치를 동시에 추구하는 인간적이고 따뜻한 혁신 생태계를 목표로 해야 한다. 이를 실현하기 위해 한국형 AI 벤처혁신 체계의 핵심 가치로 W·A·R·M AI를 제시하고, 이를 바탕으로 지속 가능한 AI 혁신 생태계 구축을 제안한다.

W·A·R·M AI의 첫 번째는 전체의 핵심이기도 한 균형 잡힌 성장 Well-balanced growth이다. 경제적 성장과 사회적 포용이 조화를 이루어야 하며, 기술혁신이 단순히 경제적 이익을 넘어서 사회적 가치를 창출할 수 있어야 한다. 대기업과 벤처기업이 상생하며 함께 발전하는 구조를 만들어야 하며, 이는 한국경제의 지속 가능성을 확보하는 데 중요한 역할을 한다. 균형 잡힌 성장은 기술의 편중된 발전을 방지하고, 다양한 계층과 산업의 참여를 유도하는 토대가 될 것이다.

두 번째(A)로, 민첩하고 접근가능한 Agile & Accessible 체계를 구축해야 한다. 벤처기업이 빠르게 변화하는 기술 트렌드와 시장 요구에 신속히 대응할 수 있도록 지원해야 하며, 이를 통해 창의적인 도전과 혁신이 활성화될 수 있다. 동시에 AI 기술은 특정 계층만이 아니라 모든 사람이 쉽게 활용할 수 있도록 접근성을 높여야 한다. 이를 위해 낮은 진입장벽과 공정한 경쟁 환경을 제공하여 스타트업의 도전을 장려해야 하며, 특히 초기 스타트업들이 적은 자본으로도 AI 시장에 도전할 수 있도록, 공공 인프라와 지원 체계를 강화해야 한다. 이러한 민첩성과 접근성은 AI 생태계의 다변성과 확장성을 강화할 것이다.

세 번째(R)로, 회복력 강하고 책임력 있는 Resilient & Responsible 벤처 생태계를 조성해야 한다. 벤처기업은 단기적인 성과에 매몰되지 않고 사회적 책임을 다하며 신뢰를 쌓아야 하고, 실패를 두려워하지 않는 도전적 문화를 통해 지속적인 혁신을 추구해야 한다. 이는 단순한 기술적 성과를 넘어 사회적, 환경적 측면에서도 긍정적인 영향을 미치는 벤처 정신을 강화할 것이다. 또한, 지속 가능한 비즈니스 모델을 통해 외부 충격에도 회복력을 유지할 수 있는 구조를 만들어야 하며, 이는 단순한 위험 관리를 넘어, 실패로부터 학습하고 더 나은 혁신으로 이어지는 선순환 구조를 만드는 것을 의미한다.

마지막(M)으로, 시장 창출 및 가치지향형 혁신Market-creating & Mission-driven Innovation을 통해 기존의 틀을 뛰어넘는 시장을 창출하고, 가치 중심의 혁신을 이끌어야 한다. AI 기술을 활용하여 단순히 기존 시장의 경쟁에 그치지 않고, 새로운 시장과 기회를 발굴하며, 경제적 성과와 더불어 사회적 임팩트를 창출하는 것이 목표다. 벤처기업은 이를 통해 창의적이고 가치 지향적인 혁신의 주체로 자리 잡아야 한다. 특히 한국의 강점인 IT 인프라와 데이터 활용 역량을 바탕으로, 글로벌 시장에서 경쟁력을 가질 수 있는 혁신적인 솔루션을 개발해야 한다. 이 과정에서 벤처기업들은 단순히 기존 시장의 일부를 차지하는 것이 아니라, 새로운 가치를 창출하고 시장의 판을 키우는 역할을 해야 한다. 이러한 미션은 경제적 성장뿐만 아니라 국가안보 문제, 사회적 문제를 해결하는 데에도 기여할 것이며, 벤처기업이 글로벌 경쟁력을 갖추는 데 중요한 밑거름이 될 것이다.

결론적으로, W·A·R·M AI는 단순히 따뜻한 기술을 바탕으로, 경제적 성장과 사회적 가치를 통합한 포용적 혁신 생태계를 상징한다. 한국형 AI 벤처혁신 체계는 이러한 W·A·R·M AI의 가치를 중심으로, 기술과 사람이 조화를 이루는 지속 가능한 미래를 이끌어 가야 한다.

서정희

② W·A·R·M AI의 효과적 실행: 이원적 선순환 성장모델

W·A·R·M AI를 효과적으로 구현하기 위해서는, 아마존의 플랫폼 선순환 성장모델Flywheel Model에서 착안하여, 성장과 포용을 동시에 아우르는 이원적 선순환 성장모델Flywheel Model을 구축해야 한다. 아마존의 모델이 고객 경험 개선을 통하여 트래픽 증가와 비용 절감의 선순환을 유도하는 전략이었다면, 이원적 선순환 성장모델은 AI 혁신을 통해 성장축Growth Flywheel과 포용축Inclusion Flywheel이 유기적으로 맞물려 선순환을 이루는 구조를 갖춘다.

성장축에서는 AI 기술 혁신이 가속화되면서 벤처기업이 성장할 기회를 얻고, 신기술이 기업의 생산성과 경쟁력을 향상시키며, 글로벌 시장 확장을 촉진한다. 새로운 AI 기반 산업이 창출되면서 경제 성장과 일자리 창출이 이루어지고, 지속적인 R&D 투자와 규제 혁신이 AI 생태계를 강화하는 역할을 한다. 포용축은 AI 기술이 다양한 계층과 지역에 보급되도록 하여 디지털 격차를 완화하고, 접근 가능한 AI 플

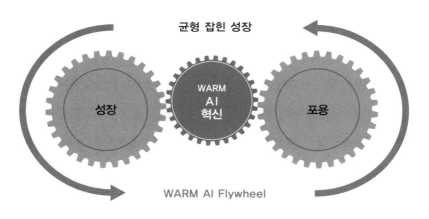

〈그림〉 **벤처혁신체계의 핵심가치와 이원적 선순환 성장모델**

랫폼과 교육 프로그램을 통해 더 많은 사람들이 AI를 활용할 수 있도록 돕는다. AI 기술의 공정성과 윤리성을 확보하고, 사회적 책임을 다하는 방향으로 발전하도록 유도하며, 이를 통해 AI가 의료, 환경, 복지 등 사회적 문제를 해결하는 데 기여할 수 있도록 한다.

이 두 개의 구심축이 서로 맞물려 작동하면, AI 혁신을 통한 경제 성장이 사회적 포용을 강화하고, 포용적 혁신이 다시 AI 기술 발전과 시장 성장을 촉진하는 선순환 구조가 형성된다.

W·A·R·M AI와 이원적 선순환 성장모델을 바탕으로 한국형 AI 벤처혁신 체계를 구축하면, AI 기술이 단순한 경제 성장의 도구가 아니라 포용적 혁신을 이끄는 핵심 동력으로 자리 잡을 수 있다. 이를 통해 한국은 글로벌 AI 패권경쟁 속에서 지속 가능한 성장과 사회적 포용을 동시에 달성하는 새로운 혁신 모델을 만들어 나갈 수 있을 것이다.

3. AI 벤처와 생태계의 발전 방향

◇◇◇◇◇◇◇◇◇◇

AI 벤처기업의 혁신 성장 방향

① AI 가치사슬

생성형 AI의 가치사슬은 인프라(하드웨어)-모델(플랫폼)-애플리케이션(앱서비스)의 3개 계층으로 이루어져 있다.

다음 표와 같이, AI 산업은 가치사슬의 순환을 통해 새로운 가치를 창출하고 있어서, 각 부분별 발전과 부분 간의 연결성을 고려해서 벤처기업의 혁신성장 발전 방향을 제시해야 한다.

	최종 사용자	
3 애플리케이션 생태계	수직 통합 파운데이션 모델 사용자 친화적 프리빌트 B2B/B2C 앱을 갖춘 틈새형 자체 모델	애플리케이션 개발 자체 모델과 더불어 또는 추가로 개발된 사용자 친화적 B2B/B2C 애플리케이션
↕ 공개형/폐쇄형 API ↕		미세조정 모델 특수목적 활용사례를 위해 미세조정된 모델
2 모델 계층		파운데이션 모델 공개형/폐쇄형 소스 모델
1 인프라/하드웨어	하이퍼스케일 컴퓨팅 메모리, 네트워크, 스토리지, 미들웨어	
	반도체 학습 및 추론을 위한 특수 마이크로프로세서/액셀러레이터	

〈표〉 **생성형AI의 기술스택, 2023.9.**
딜로이트

이러한 가치사슬에서 주목할 점은 수직 통합이 강화되고 있다는 것이다. 이는 막대한 컴퓨팅 비용을 최적화하고 서비스의 안정성을 확보하기 위한 전략이다. 동시에 오픈소스 진영의 성장으로 진입장벽이 낮아지면서 틈새시장을 노리는 스타트업들도 늘어나 생태계가 더욱 다양화되고 있다. 앞으로 생성형 AI가 발전하면서 이러한 가치사슬 구조도 계속 진화할 것으로 보인다.

② AI 벤처기업의 핵심역량과 육성 방향
AI 벤처기업의 핵심역량을 과거 디지털 기술 중심의 벤처기업과 비

교해서 설명하면 Ⓐ데이터, Ⓑ도메인 지식, Ⓒ동적 적응력 등을 융합한 3D^{Data*Domain*Dynamics}의 차별적 역량이 경쟁력을 좌우한다고 볼 수 있다.

먼저 데이터 역량이다. 과거 디지털 벤처가 사용자 로그 데이터 수집에 집중했다면 AI 벤처는 단순 수집을 넘어 고품질의 산업별 특화 데이터 구축과 전처리 기술을 전부 포함한다. 석유를 이용하기 위해 원유 채굴에서 정제까지 모두 다 해내야 하는 것과 마찬가지이다.

둘째, 알고리즘 혁신, 즉 문제를 재정의하는 능력이다. 디지털 벤처가 기능개발에 집중했다면, AI 벤처는 문제 자체를 AI로 해결 가능한 형태로 재정의하는 능력에서 출발한다. AI 벤처는 농업 분야에서 드론으로 촬영한 작물 이미지를 분석해 질병 패턴을 발견하거나, 엣지 기기에서도 구동 가능한 초경량 모델을 개발하는 등 문제 접근 방식 자체를 뒤바꾼다. 이 과정에서 하드웨어 최적화 감각도 필수적이다.

셋째, 도메인 특화 지식은 기술과 현장의 간극을 메우는 AI 통역사 역할이다. 법률 AI 벤처는 변호사의 판례 해석 방식을 알고리즘에 반영해야 하며, 제조 분야에서는 생산라인 공정의 미세한 변화를 데이터 패턴으로 변환하는 역량이 필요하다. 여기에 윤리 설계와 설명 가능한 AI$^{XAI, Explainable AI}$ 기술이 결합되어야 산업 현장에서 신뢰를 얻을 수 있다.

넷째, 실시간 피드백 루프는 AI를 살아 있는 시스템으로 유지하는 동력이다. 디지털 제품은 주기적 업데이트를 하면 되지만, AI 제품은 지속적 재학습시스템을 갖춰야 한다. 고객 상담 챗봇은 대화 데이터를 지속적으로 학습해 응답 정확도를 높이고, 자율주행 차량은 새로운 도로 환경에 맞춰 모델을 실시간 재학습한다.

결국 AI 벤처의 핵심역량은 단순 기술 우월성을 넘어서서 현장의 복잡한 문제를 AI 언어로 번역하는 능력까지 요구하고 있다. 이를 위해서는 데이터 정제에서 알고리즘 재설계, 규제 리스크 관리까지 모든 단계에서 도메인 전문가와 기술자의 협업이 필수적이며, 이는 단순한 소프트웨어 개발을 넘어 산업 생태계 자체를 재구성하는 혁신이 필요하다.

따라서 AI 벤처 핵심역량을 강화하기 위한 육성전략은 기존의 디지털 기술 중심의 지원 방식을 넘어, 근본적인 패러다임 전환이 필요하다. 즉, AI 벤처의 3D 융합역량에 맞춰, 데이터 중심 생태계Data-Centric, 산업 맞춤형 지원Domain-Specific, 유연한 규제혁신Dynamic Regulation을 축으로하는 AI 벤처 3D 육성전략을 도입해야 한다.

첫째, 데이터 인프라 구축 방식이 근본적으로 달라져야 한다. 과거 클라우드 저장소나 API 개방 지원에서 벗어나, 산업별 고품질 데이터 셋을 공유하는 국가 차원의 AI 데이터 뱅크가 필수적이다. 의료·제조 등 분야별 표준화된 데이터를 공공 플랫폼에 통합하고, 중소기업에 데이터 라벨링 기술을 지원하는 동시에 합성 데이터 생성 도구 보급으로 실제 데이터 수집 한계를 해결해야 한다.

둘째, 인재 양성은 AI+X 융합형 전문가에 초점을 맞춰야 한다. 단순 코딩 능력이 아닌 의사·공학자·법률가 등 도메인 전문가의 AI 재교육이 오히려 시급하다. 예를 들어 의료 영상 해석 AI 툴을 의사가 직접 활용할 수 있도록 교육 프로그램을 설계하고, 모든 창업 지원 과정에 윤리적 AI 설계 커리큘럼을 의무화해야 한다. 또한 글로벌 AI 연구소와 연계해 실리콘밸리·중국 등에서 차세대 인재를 발굴하는 적극적인 헌트 시스템도 요구된다.

셋째, 컴퓨팅 자원 접근성 혁신이 관건이다. 클라우드 크레딧 지원을 넘어 국가 슈퍼컴퓨터를 스타트업에 개방하고, 엔비디아 GPU 대체를 위한 국산 AI 칩 개발 벤처와의 협업 생태계를 조성해야 한다. 이를 통해 소규모 AI 벤처도 초대규모 모델 학습을 저비용으로 수행할 수 있는 인프라를 확보할 수 있어야 한다.

넷째, 규제 프레임은 실패를 허용하는 테스트베드로 전환해야 한다. AI의 위험 등급에 따라 단계적 실증 특구를 지정하고, 고위험 분야는 윤리검증위원회의 심사를 거친 후 제한적 상용화를 허용하는 유연한 시스템을 도입해야 한다. 동시에 AI 기술 실패로 인한 법적 책임 상한을 설정하는 AI 법인제를 도입해서 벤처의 부담을 줄여야 한다.

다섯째, 생태계 구축을 위해 대기업-연구소-정부의 삼각 협력이 필수적이다. 대기업은 산업 현장의 실증 데이터를 개방하고, 연구소는 오픈소스 기반 프리트레인 모델을 공개하며, 정부는 AI 특화 기술 확산을 촉진해야 한다.

결론적으로 AI 3D 육성전략은 단순 기술지원이 아닌 국가 미래시스템 재설계 차원에서 추진될 때만이 AI 패권시대에 생존할 수 있다. 이는 새로운 기술을 넘어 문명적 전환을 주도하는 기반 인프라를 구축하는 것과 동일한 의미를 지닌다고 생각한다.

③ 핵심 성공요소: AI 기술 수요 및 공급의 적극적 매칭

AI 벤처기업이 성공하려면 AI 기술과 서비스에 대한 시장 수요와

서정희

이를 공급하는 벤처기업 간의 적극적인 매칭이 필수적이라는 것을 강조하고자 한다. 특히, AI 기술이 초기 시장을 형성하는 단계에서는 수요와 공급이 원활하게 연결되지 않는 경우가 많기 때문에 정부의 개입이 중요한 역할을 하고, 아마존의 플랫폼 선순환 성장모델과 같이, 마중물을 통해 수요와 공급의 선순환 체계를 만드는 것이 중요하다. 이를 위해 앞에서 설명한 미국의 NAIIA와 중국의 AI 주도 혁신전략 정책을 깊이 주목할 필요가 있다.

또한 가치사슬 영역별로 구체적으로 시장 수요도 살펴볼 필요가 있다. 인프라 영역의 경우 반도체 분야는 엔비디아의 독점 구조를 극복하기 위해 고성능·저전력 AI 반도체 기술 개발 등 비용 효율적인 대안 제품 개발이 요구된다. 클라우드 분야의 경우는 기밀정보의 유출 및 보안의 위험이 없는 클라우드 안전 확보가 중요하다. 이를 위한 망분리 네트워크 기술, 폐쇄형On Premise AI 기술 등에 대한 시장 수요가 증가할 것으로 예측된다. AI 모델 영역의 경우, 초거대 모델LLM의 비용 부담과 접근성을 낮추기 위한 경량 모델sLLM의 개발과 LLM의 한계를 보완할 수 있는 대체 기술(예: 전통적 판별 모델) 개발도 중요하다. 특히 의료, 제조, 금융 등 정확성이 요구되는 분야에서 AI 모델의 고도화가 중요하게 다뤄지고 있다. 애플리케이션 영역은 신뢰할 수 있는 다양한 AI 제품과 서비스의 개발이 필요하다. 일상, 교육, 산업, 공공에서 생성 AI의 수요 저변을 확대할 수 있는 고객맞춤, 산업특화의 솔루션 제공이 필요하며, 서비스의 안전성 및 신뢰성 있는 공급이 중요하다.

AI 벤처 생태계의 질적 고도화

한국의 벤처 생태계는 ICT 인프라, ICT 기반의 빠른 기술 수용성, 높은 교육열과 우수한 인적자원이라는 강점과 함께, 대기업 중심의 수직적 생태계, 글로벌 네트워크의 제한이라는 약점을 지니고 있다. 이러한 상황 속에서 우리나라는 단순히 미중 대비 기술적 격차를 좁히는 데 집중하기보다는, 우리의 강점을 살린 차별화된 전략을 통해 글로벌 AI 생태계에서 독자적인 위치를 확보해야 한다.

① 기존 디지털 생태계와 차변화된 AI 생태계

지금까지의 디지털 기술 기반 벤처 생태계와 AI 기반 벤처 생태계는 기술, 정책, 시장 요구 등 여러 측면에서 차이가 있다. 근본적으로 과거 디지털 생태계가 플랫폼 시대에 연결을 혁신하고 속도를 추구했다면, AI는 지능의 시대에 사고를 혁신하고 깊이를 추구한다. 디지털 생태계가 이용자와 네트워크 효과를 통해 성장했다면, AI 생태계는 데이터와 알고리즘을 기반으로 한 지식 창출이 핵심이다. 정책관점에서는 디지털 생태계가 자유로운 환경에서 성장한 반면, AI 생태계는 윤리와 규제를 기반으로 한 설계가 필요하다는 점 또한 차이라고 할 수 있다. 따라서, 이러한 차이점을 인식하여 W·A·R·M AI 기반의 균형 잡힌 생태계 조성이 중요하다.

② AI 벤처 생태계의 이원적 역할
: 정부주도 전략 생태계와 시장주도 혁신 생태계

앞서 언급한 대로 글로벌 AI 기술 패권 경쟁이 치열해지면서, 한국

서정희

벤처 생태계는 새로운 시장 창출과 아울러 국가안보 측면에서의 가치 지향적인 역할 수행을 해야 한다. 이를 위해서 한국의 벤처 생태계는 국가 주도의 전략적 생태계와 시장이 이끌어 가는 혁신 생태계가 상호보완적으로 양립하는 두 개의 축으로 발전시킬 필요가 있다.

먼저, AI 기술의 핵심 인프라인 반도체와 클라우드, 그리고 파운데이션 모델은 국가안보와 직결된 전략적 자원이다. 대규모 AI 모델 개발, 반도체 설계 및 생산기술, 클라우드 인프라 구축 능력 등 기초 연구와 기술 개발 역량이 매우 중요하다. 이 영역은 초기 투자 비용이 크고, 기술 진입 장벽이 높으며, 장기적인 연구 개발이 필요하다. 반도체 및 클라우드 인프라는 글로벌 공급망에 대한 의존도를 줄이고, 자체 기술 역량을 강화해야 하며, 파운데이션 모델 개발은 대학, 연구소, 대기업과의 협력을 통해 국가 차원의 AI 기술 자립을 달성해야 한다. 이 영역은 시장경제 논리만으로는 접근하기 어려우며, 국가 차원의 전략적 투자와 정책 지원이 필수적이다.

반면, AI 모델튜닝과 서비스 영역은 시장 창출과 경제적 성장을 위해 우리나라가 경쟁해 볼 만한 핵심 영역이다. 이 영역은 비교적 진입장벽이 낮고, 다양한 산업 분야 적용이 가능하며, 빠른 시장 확장이 필요하므로 시장경제 논리에 따라 벤처기업들이 주도적으로 혁신을 이끌어야 한다. 헬스케어, 금융, 제조, 교육 등 다양한 산업 분야에서 AI 기술을 활용한 서비스 개발이 활발히 이루어져야 하며, 글로벌 파운데이션 모델을 기반으로 국내 시장에 특화된 모델을 개발하고, 이를 산업 현장에 적용하는 것이 중요하다. 이 영역에서는 벤처 생태계의 유연성과 혁신성이 핵심이며, 정부는 규제 완화와 인프라 지원을 통해 자유로운 시장경쟁 환경을 조성하고, 포용성 측면에서의 균형성 유지를 위한 제도와 지원책 마련이 필요하다.

이처럼 우리나라의 벤처 생태계는 국가 주도의 전략적 생태계와 시장 주도의 혁신 생태계가 유기적으로 협력하여 시너지를 창출해야 하고, 이를 통해 글로벌 AI 패권경쟁에서 독자적인 위치를 확립해야 한다. 이러한 전략은 단순히 기술적 역량 강화를 넘어, 국가안보와 경제적 번영을 동시에 달성하는 데 기여할 것이다.

AI 기반의 포용적 혁신 모델

앞에서 강조하였듯이, AI 기술은 생산성 향상, 새로운 산업 창출 등 다양한 분야에서 긍정적인 파급효과를 미치고 있으나, 동시에 AI의 역기능, 안전 문제, 위험성 등에 대한 우려도 함께 커지고 있다. 이러한 배경에서 단순히 기술적 진보를 넘어, 사회적 형평성과 지속 가능성을 고려한 AI 기반의 포용적 혁신 모델이 그 어느 때보다 중요한 시기이다.

① AI 기술의 차별성: 역기능, 안전 및 위험성

다음 표는 소프트웨어정책연구소에서 AI 기술이 야기할 수 있는 위험, 안전, 윤리, 신뢰 등의 문제를 체계적으로 정리한 것이다. 여기서 볼 수 있듯이, 과거 어떠한 디지털 기술 들에서도 볼 수 없었던 수많은 위험성과 역기능들이 AI 속에 내재해 있고, AI 기반의 포용적 혁신 모델에서 균형 있게 해결해야 할 과제이다.

AI 기술의 역기능과 위험성은 단순한 기술적 한계도 있지만, AI가

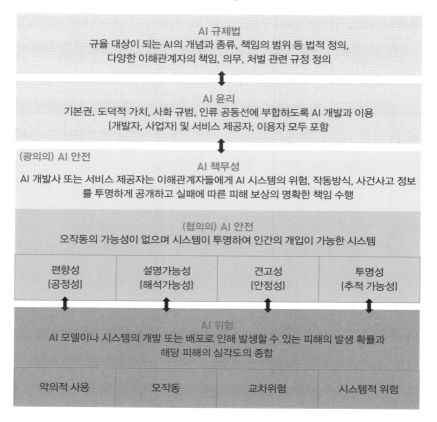

AI 신뢰성

AI 규제법
규율 대상이 되는 AI의 개념과 종류, 책임의 범위 등 법적 정의, 다양한 이해관계자의 책임, 의무, 처벌 관련 규정 정의

AI 윤리
기본권, 도덕적 가치, 사화 규범, 인류 공동선에 부합하도록 AI 개발과 이용 (개발자, 사업자) 및 서비스 제공자, 이용자 모두 포함

(광의의) AI 안전

AI 책무성
AI 개발사 또는 서비스 제공자는 이해관계자들에게 AI 시스템의 위험, 작동방식, 사건사고 정보 를 투명하게 공개하고 실패에 따른 피해 보상의 명확한 책임 수행

(협의의) AI 안전
오작동의 가능성이 없으며 시스템이 투명하여 인간의 개입이 가능한 시스템

편향성 (공정성)	설명가능성 (해석가능성)	견고성 (안정성)	투명성 (추적 가능성)

AI 위험
AI 모델이나 시스템의 개발 또는 배포로 인해 발생할 수 있는 피해의 발생 확률과 해당 피해의 심각도의 종합

악의적 사용	오작동	교차위험	시스템적 위험

〈표〉 **AI 안전의 개념과 범위**
소프트웨어정책연구소, AI 안전의 개념과 범위, Issue Report, 2024. 12.

가진 고유한 특성과 그로 인한 예측 불가능성에서 비롯된다. 먼저, AI 는 학습 데이터에 기반하여 결정을 내리는데, 이 데이터가 편향되었거 나 불완전하면 결과 역시 왜곡될 가능성이 높다. 예를 들어, 특정 성별 이나 인종에 대한 차별이 내재된 데이터를 학습한 AI 채용 시스템은 동일한 편향을 반영하여 차별적 결정을 내릴 수 있다. 또한, AI는 복잡한 연산을 통해 결정을 내리지만, 그 과정이 인간에게 명확하게 설명되지 않는 블랙박스Black box 문제를 가지고 있다. 이는 AI 기반 의료 진단 시스템이 특정 처방을 내렸을 때, 그 이유를 해석하기 어려운 문제로 이어질 수 있다. 이처럼 AI의 자율성이 높아질수록 예상치 못한 결과를 초래할 가능성도 커진다. 예를 들어, AI 기반 주식거래 시스템이 시장의 비정상적인 상황을 인식하지 못하고 급격한 매도·매수를 반복하여 시장폭락을 유발할 수도 있는 것이다.

데이터 보안과 관련된 위험성도 중요한 문제다. AI는 대량의 데이터를 수집하고 활용해야 하기 때문에 개인정보 유출이나 해킹의 위험성이 커진다. 특히 딥페이크 기술이 악용되면 허위정보가 확산되어 정치적 조작이나 개인의 명예훼손과 같은 심각한 문제를 초래할 수 있다.

이러한 AI의 역기능은 윤리적 책임 문제로도 이어진다. AI가 잘못된 결정을 내렸을 때, 그 책임이 개발자, 사용자, 기업 중 누구에게 있는지 명확하지 않은 경우가 많다. 자율주행차 사고가 발생했을 때, 차량 제조사, 소프트웨어 개발자, 운전자 중 누가 법적·윤리적 책임을 져야 하는지 불분명한 것이 대표적인 예다. 더 나아가 인간의 지능을 초월하는 초지능 AIAI Superintelligence가 등장할 경우, 인간이 이를 통제할 수 있을지에 대한 우려도 제기된다. AI가 스스로 목표를 설정하고 자원을 최적화하는 과정에서 인간의 이익과 충돌하는 방식으로 작동할 가능성도 배제할 수 없다.

결국, AI의 위험성을 해결하기 위해서는 데이터 윤리를 강화하고, 설명 가능한 AI 기술을 개발하며, 법적·사회적 규제를 마련하는 등의 종합적인 대응이 필요하다. AI의 자율성과 학습 능력을 고려할 때, 인

서정희

간이 이를 통제할 수 있는 메커니즘을 구축하는 것이 가장 중요한 과제가 될 것이다.

② AI의 경제·사회적 파급 효과와 포용적 혁신의 방향

앞에서 살펴본 바와 같이, AI의 경제적 파급효과는 고용, 생산성, 경제성장, 불평등 및 소득분배 측면에서 다양하게 나타나고 있다.

따라서 이러한 위험을 최소화하기 위해서는 AI 개발 과정에서 투명성과 책임성을 강화하고, 다학제적 접근을 통해 윤리적·법적 가이드라인을 수립해야 한다. AI의 긍정적 효과를 극대화하고 역기능을 최소화하기 위해서는 포용적 혁신 모델은 다음과 같은 방향성을 지향해야 한다.

- 공정성Fairness: AI 시스템의 설계와 운영에서 편향성을 제거하고, 다양한 이해관계자의 목소리를 반영하는 것.
- 투명성Transparency: AI 의사결정 과정과 데이터 사용에 대한 명확한 정보 제공.
- 책임성Accountability: AI의 결과에 대한 책임 소재를 명확히 하고, 오류나 피해가 발생했을 때 즉각적인 조치가 가능하도록 하는 메커니즘 마련.
- 포용성Inclusivity: 기술 접근성이 제한되지 않도록 하고, 다양한 사회적 배경을 가진 사람들이 AI 혜택을 누릴 수 있도록 하는 것.
- 안전성Safety: AI 시스템의 보안성 강화와 비상 상황에 대한 대응 계획 수립.

③ 포용적 혁신을 위한 AI 벤처기업과 정부의 역할

AI 벤처는 기술혁신의 속도와 유연성, 새로운 시장 창출 능력, 윤리적 기술 개발 역량 등을 바탕으로 포용적 혁신의 핵심 주체로 자리 잡아 가야 한다. 또한, AI 벤처 생태계는 개방성, 유연한 규제, 지역 및 글로벌 네트워크, 지속 가능한 성장 기반을 통해 포용적 성장을 실현하는 데 중요한 역할을 수행해야 한다.

이에 따라, 이러한 포용적 혁신을 실현하는 핵심 주체로서, AI 벤처는 다음과 같은 역할을 수행할 수 있도록 육성해야 한다.

- 기술 민주화Democratization of AI: AI 기술의 접근성을 높이고, 다양한 주체가 활용할 수 있도록 지원.
- 사회적 가치창출Social Impact AI: AI를 통해 사회 문제를 해결하고 공익을 증진.
- 지역혁신 촉진Regional AI Innovation: 지역 기반 AI 생태계를 활성화하고 분권형 혁신을 유도.
- 포용적 일자리창출Reskilling & AI Workforce Development: AI기반 직업전환과 새로운 일자리 창출을 지원.

이러한 포용적 혁신을 위한 벤처와 생태계의 역할은 스스로 작동되지 않는다. 따라서, 정부는 AI 벤처가 책임 있는 AI 기술을 개발할 수 있도록 다양한 지원책을 마련해야 한다.

서정희

4. AI 기반 혁신 성장의 미래

◇◇◇◇◇◇◇◇◇

정부의 미션: W·A·R·M AI 도약 엔진

미국과 중국 간의 치열한 AI 기술패권 경쟁이 전개되는 가운데, 우리나라는 저성장, 양극화, 인구 절벽 등 경제적 불확실성과 사회적 불평등이 복합적으로 얽힌 도전에 직면해 있다. 특히 최근 전례 없는 정치적 상황 속에서 위기를 극복하고 새로운 도약을 이루기 위한 모멘텀과 성장 모델이 절실히 필요하다. 이러한 상황에서 과거 IMF 위기와 글로벌 금융위기 당시 인터넷과 스마트폰 혁신을 통해 국가적 위기를 극복했던 경험처럼, AI 시대에는 벤처와 생태계가 중심축이 되어 경제적 성장과 사회적 포용을 동시에 실현할 새로운 혁신 체계가 그어느 때보다 중요하다.

이를 위해 W·A·R·M AI를 핵심 가치로 삼아 성장과 포용을 아우르는 AI 혁신 체계 구축을 제안하였다. 이러한 시스템을 기반으로 한국형 AI 벤처기업을 육성하고, 혁신 생태계를 조성·발전시켜야 한다. 특히, 포용적 혁신을 통해 AI 기술이 사회 전반에 걸쳐 공정하게 확산될 수 있도록 적극적으로 노력해야 하며, 이를 실현하는 데 정부의 역할이 매우 중요하다. 정부는 AI 벤처 생태계의 초기 단계에서부터 지속 가능한 성장을 위한 토대를 마련하고, 포용적 혁신을 촉진하는 정책과 제도를 적극적으로 도입해야 한다.

앞에서 논의한 내용을 토대로 정부의 역할을 W·A·R·M AI의 철자별로 구분하고, 성장축과 포용축에 따라 구체적으로 정리하면 다음과 같다. W에서는 성장축으로 AI 벤처기업의 R&D 투자 확대, 대기업-

벤처 협력 강화, 글로벌 시장 진출 지원을, 포용축으로 공공 분야 AI 프로젝트 지원 및 지역별 AI 클러스터 조성을 해야 한다. A에서는 성장축으로 규제 샌드박스 확대, 테스트베드 제공, 스타트업 펀드 강화를, 포용축으로 공공 데이터 개방, 오픈 소스 플랫폼 구축, 중소기업 AI 기술 지원 등이 필요하다. R에서는 성장축으로 AI 윤리 가이드라인 제정, 실패 보상 제도 도입을, 포용축으로 사회적 가치 창출 지원, 지속 가능한 비즈니스 모델 육성 등이 중요하다. 끝으로, M에서는 성장축으로 새로운 시장 창출 지원, 글로벌 네트워크 구축을, 포용축으로 미션 지향적 혁신 프로젝트 지원, 사회적 가치 창출 인센티브 제공을 해야 한다. 특히, 이 영역에서는 국가안보와 자립 측면에서 정부 주도 전략적 생태계 리드를 반드시 해내야 한다.

AI 시대가 열어 갈 지속 가능한 성장과 인간중심 사회

AI 기술의 발전은 단순한 산업 혁신을 넘어, 인간의 삶과 사회 전반을 변화시키는 거대한 전환점을 만들고 있다. 그러나 AI 시대의 진정한 목표는 단순히 기술의 발전이 아니라, 인간이 더욱 풍요롭고 따뜻한 사회에서 살아갈 수 있도록 돕는 데 있다. AI가 인간의 삶을 더 나은 방향으로 이끌며, 포용적이고 공정하며 지속 가능한 사회를 만들어 가는 것이 우리가 추구해야 할 미래다. 더 나아가 AI를 기반으로 지속 가능한 미래 성장과 번영을 이루며, 모든 세대가 함께 누릴 수 있는 지속 가능한 발전 모델을 구축해야 한다.

AI가 만들어 갈 미래는 인간이 기술을 활용하여 더 나은 사회를 만들어 가는 과정 그 자체다. AI는 인간의 능력을 확장하고, 모두에게 공정한 기회를 제공하며, 기술이 인간의 삶을 따뜻하고 풍요롭게 만드는 데 기여해야 한다. 단순한 기술 발전을 넘어, 포용적이고 윤리적인 AI를 통해 인간 중심의 따뜻한 사회를 실현하는 것이 우리가 함께 만들어 가야 할 미래다. AI를 통해 지속 가능한 성장을 이루고, 모든 세대가 함께 번영할 수 있는 미래를 만들어 가는 것, 그것이 AI 시대가 열어 갈 진정한 혁신이 될 것이다.

초유의 위기를 맞고 있는 바로 지금 이 순간, AI가 절망을 희망으로, 위기를 도약으로 바꾸는 모멘텀이 되어, 우리나라가 다시 초일류 글로벌 국가로 비상하고, 따뜻한 인간 중심의 사회가 되기를 간절히 소망해 본다.

◇◇◇◇◇◇◇◇◇◇

CHAPTER 7

신통상질서에 대응하는 새로운 통상정책이 필요하다

트럼프 정부에 의해 노골화된
통상질서의 변화는
어느 날 갑자기 나타난 것이 아니고,
사실 2008년 글로벌 경제위기 이후
진행되어 온,
새롭게 변하고 있는
신(新)통상질서의 연장선상에 있다.

김흥종

- 서울대 박사
- 전 대외경제정책연구원장
- 전 한국태평양경제협력위원회(KOPEC) 의장
- 현 고려대 특임교수

❖ ❖ ❖

1. 표류하는 국제통상질서와 통상정책의 과제

◇◇◇◇◇◇◇◇◇

향후 몇 년 동안 국제통상질서에 영향을 미칠 가장 중요한 요소는 트럼프 2기 행정부의 경제·통상정책과 이에 따른 국제통상질서의 지각변동이다. 하지만, 트럼프 정부에 의해 노골화된 통상질서의 변화는 어느 날 갑자기 나타난 것이 아니고, 사실 2008년 글로벌 경제위기 이후 형성되어 온, 신(新)통상질서의 연장선상에 있다. 짧게는 1990년 공산권의 몰락으로 글로벌 시장이 통합되면서 이 시장의 성격을 규정했던 전면적 세계화의 시대가 끝나 가고 있으며, 더 길게 보자면 2차 대전 후 형성된 무역투자자유화를 보장하는 국제질서가 그것을 주창했던 미국에 의해 주도적으로 소멸되는 형태로 진행되고 있다.

최근 통상질서의 변화는 세계화에 대한 저항과 부정에서 시작되었다. 1999년과 2005년 세계무역기구World Trade Organization, WTO 통상장관회담 당시의 반세계화 항의집회, 2011년 월스트리트를 점령하라Occupy Wall Street: OWS 시위 등 다양한 형태의 반세계화 항의 시위가 세계 곳곳에서 이어졌다. 이는 세계화 시대 국가 간 소득 불평등은 점차 완화되지만 국가 내 불평등이 확대되는 현상과 무관하지 않다. 주로 선진국에서 뚜렷하게 나타난 불평등의 확대로 말미암아 선진국 시민이 주도한 반세계화의 경향은 점차 강해져 그 사회에서 보편적 정서로 자리 잡았다.

반세계화의 흐름은 무역특혜협정의 퇴조에서도 확인된다. WTO에 보고되는 지역무역협정Regional Trade Agreements, RTAs의 숫자는 글로벌 경제위기 이후 뚜렷하게 감소세를 보여 왔다[21]. 특혜무역협정의 체결은 국내에서 더 이상 인기 있는 정책이 아니며 통상정책의 주요 관심사도 이런 협정의 숫자를 늘리는 것보다는 공급망의 안정화나 경제안보로 옮겨 가고 있다.

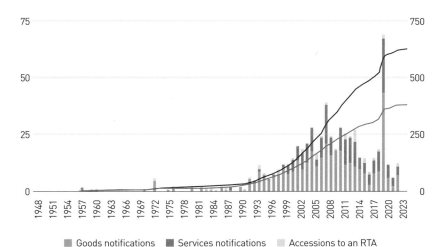

〈그림〉 **1948~2025년 연도별 발효된 RTA 추이**

https://rtais.wto.org/UI/PublicMaintainRTAHome.aspx (검색일 2025년 1월 30일)

김흥종

또 다른 특징은 최근 체결되는 RTA에서는 서비스 협정이 점점 더 많아지고 있다는 점이다. 서비스 무역량이 커지고 종류가 다양해짐에 따라 서비스무역을 규율하는 것이 점점 더 중요해졌기 때문이다. 경제의 디지털화와 함께 서비스 무역의 중요성은 시간이 지날수록 더 커질 것이다.

세계화와 다자주의의 쇠퇴는 통상 분야에서 새로운 흐름으로 나타나고 있다. 개별국가 단위로 자국의 경제안보를 중시하는 방향으로 통상정책의 무게중심이 옮겨 가고 있으며, FTA보다는 시장개방을 포함하지 않는 산업 협정이 더 선호되고 있다. 경제블록 간 무역의 쇠퇴와 보호주의의 부상, 그리고 경제블록 내 무역 증진과 공급망 협력을 우선시하는 방향으로 나타나고 있다. 국가적 차원에서 M&A 등 포트폴리오 투자는 더 이상 환영받지 않고, 오히려 세심하게 조사해야 할 사안으로 간주된다. 자국의 기술안보를 위협하는 기술탈취의 일환으로 종종 의심받고 있기 때문이다. 상품무역 자유화를 보완하는 현상으로 이해되는 노동력의 장단기 국제적 이동에 대해서도 미국과 유럽연합 European Union, EU 등 많은 선진국에서 거부감이 높아 가고 있다.

최근 가속화하고 있는 폭발적인 기술발전이 가져오는 산업구조의 급변 가능성은 국제통상질서에 불확실성을 더하고 있다. 디지털 전환의 대표격인 인공지능Artificial Intelligence, AI 혁명은 경제 환경에 포괄적이고 강력한 영향을 미칠 것으로 예상된다. 산업구조와 노동시장, 더 나아가 자본시장에 미치는 영향, AI 반도체 산업의 재편에 따른 국제 공급망의 헤게모니 변화, 그리고 AI 기술력을 담보할 수 있는 기술인력의 분포와 이동에 이르기까지 다양한 분야에서 파급력을 더해 가고 있다.

　기후변화에 대한 대응에서 시작했으나 통상정책적 함의를 담으면서 새롭게 해석되는 탄소중립정책은 기후변화에 대한 대응으로 이미 1990년대 초반부터 시작되었지만, 최근 많은 도전 과제를 낳고 있다. 국제사회에 약속한 탄소중립달성 시한은 다가오고 있으나, 국가별로 완화mitigation와 적응adaptation에 투입되는 탄소중립기술과 투하자본량에서는 큰 차이가 있다. 이렇게 국가별로 서로 다른 기후변화 대응 양상은 통상 분야에서 녹색장벽이 높아지는 현상으로 나타나고 있다.

　기후변화에 더 앞서 나가거나 더 많은 노력을 기울이는 EU 등 일부 국가들은 자국에 수입되는 탄소과다배출 상품에 대해서 진입세를 부과함으로써 자국 소재 기업들에게 공평한 경쟁의 장을 제공하려고 한다. 그러나 이러한 조치는 상품수출국에게는 녹색관세로 여겨질 수 있으며, 내국민대우나 최혜국대우와 같은 WTO 무역자유화의 기본원칙과 양립하지 않을 수도 있다.

　한편, 기후변화 대응에 필수적인 녹색상품과 녹색기술의 확산으로 글로벌 공급망 구조가 새롭게 형성되고 있다. 오늘날 전 세계에서 가장 앞선 기술과 가격 경쟁력을 자랑하는 중국에서 생산되는 상당수의 태양광 및 풍력 발전설비, 그리고 2차 전지는 미국과 EU, 브라질, 튀르키예 등 많은 나라에서 이 상품들에 대한 세이프가드와 반덤핑 등 무역구제조치의 대상이 되고 있다. 중국은 이런 조치가 사실상의 무역제한 조치이므로 WTO 협정 위반이라고 항변하고 있다. 각국에서 앞다퉈 도입되는 무역구제조치들은 통상을 논쟁적인 국제분쟁의 장으로 몰아가고 있다.

김흥종

2. 최근 국제무역 동향과 국제통상질서의 특징[22]

◇◇◇◇◇◇◇◇◇

2024년 미국의 인플레이션율은 2% 목표치에 근접한 3%대에서 머물렀으며 유로존은 이미 2%를 달성했다. 이에 유럽중앙은행European Central Bank, ECB은 6월을 시작으로 네 차례, 미 연방준비제도Federal Reserve, Fed는 9월 포함 세 차례 금리 인하를 단행했다. 연이은 기준금리 인하로 소비와 투자가 살아나고 수입 수요가 증가했다. 특히 아시아 경제가 무역 회복 흐름을 주도했다. WTO에 따르면, 2024년 세계 상품 무역량은 2.7% 증가하여 완만하지만 뚜렷한 회복세를 보이고 있다. 하지만 트럼프 정부의 관세정책이 전방위적으로 단행되는 2025년 세계 무역의 성장은 당초 예상인 3%를 밑돌 것으로 보인다.

2024년 세계 무역은 안정적인 성장세를 보였지만, 지역별 무역 성장에서는 뚜렷한 차이가 있었다. 2024년 아시아는 세계 수출 성장률 3.3% 중 2.8% 포인트를 차지하였고, 수입 성장률 2.0% 중에서는 1.4% 포인트를 기여하였다. 아시아의 강력한 수출 실적은 중국에서 전자와 자동차 제품 및 기타 상품의 수출 증가에 의해 주도되고 있으며, 인도, 베트남, 싱가포르와 같은 다른 아시아 경제에서도 견고한 수출 성장이 보고됐다.

북미는 2024년 수입 성장에 0.6% 포인트를 기여한 것으로 추정되며, 유럽은 -0.8% 포인트의 부정적 기여가 추정된다. 유럽의 수출 감소는 주로 독일 경제 부진 때문이며 자동차와 화학 분야에서 무역은 위축됐다. 상품 무역과 달리 서비스 무역은 상대적으로 더 성장세가 강했으며 향후 전망도 더 긍정적이었다. 2024년 1분기 동안 글로벌

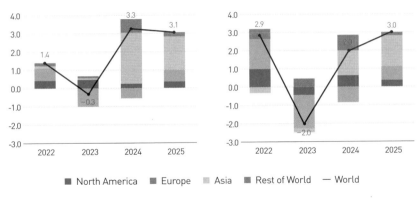

〈그림〉 **지역별 교역 증가율: 아시아가 회복을 주도(좌: 수출, 우: 수입)**
WTO Global Trade Outlook and Statistics, updated in October 2024

상업 서비스 무역의 가치가 미국 달러 기준으로 전년 대비 8% 증가했으며, 앞으로도 상품 무역을 앞서는 서비스무역 성장세는 당분간 지속될 것이다.

　최근 국제무역을 규정하는 주요한 특징으로는 지정학적 긴장의 지속과 무역의 분절 현상, 국가별 산업정책의 귀환, 글로벌 공급망의 재구조화, 기후 변화 및 디지털 전환에 대한 대응으로 대별된다.

　먼저 지정학적 긴장과 무역의 분절 양상에서 미중 간 무역전쟁은 여전히 세계 경제에 큰 영향을 미치고 있다. 양국은 관세, 수출입 및 투자 통제, 기업 단위 제재를 통해 전략적 우위를 점하려 하고 있다. 미중 갈등과 지정학적 우려로 인해 각국은 글로벌 시장보다 전략적 동맹과의 무역에 점점 더 초점을 맞추어 무역 분절화가 가속화되고 있다. 무역은 점점 유사 입장국like-minded economies 간에 이루어지고 있으며, 이 경향은 우크라이나 전쟁으로 더 뚜렷해졌다. 공급망 다변화를 시도하고 있지만, 무역 흐름의 비효율성이 증가했다.

김흥종

둘째, 무역정책을 우선하는 산업정책이 다시 국가의 주요 어젠다로 돌아왔으며 각국은 이를 무차별적으로 사용하고 있다. 미국 및 EU를 포함한 일부 국가는 녹색 기술과 반도체 부문에서 핵심 산업을 보호하기 위해 산업정책을 강화했다. 미국 인플레이션 감축법Inflation Reduction Act, IRA과 EU의 그린딜Green Deal은 자국 산업을 지원하면서 녹색 전환을 가속화하는 정책으로 이 정책은 전기차, 재생에너지, 배터리 생산과 같은 신흥 산업에서 국제 경쟁을 재편하고 있으며, 2023년 10월에 발효된 EU의 탄소국경조정제도Carbon Border Adjustment Mechanism, CBAM와 같은 새로운 무역장벽으로 발전했다.

셋째, 공급망 재구조화에 따라 일부 지역과 국가들이 대안으로 부상했다. 미중 갈등에 따라 미중 직접 교역이 감소하고 공급망이 다변화되어, 베트남 등 동남아시아, 인도, 멕시코 등이 무역의 새로운 거점으로 부상하고 있다. 중국은 이 지역을 우회무역의 전략지로 활용하고 있다.

넷째, 기후변화와 지속가능성 이슈 그리고 디지털 무역과 기술 분야에서 변화가 계속됐다. EU의 CBAM 도입이 국가와 기업의 무역 및 탄소 배출 관리 방식에 영향을 미치기 시작하고 있으며, 최근 통합된 이니셔티브로 재구조화되는 EU의 기업지속가능성 관련 규제가 기업 활동에 영향을 주고 있다. 한편 디지털 무역과 데이터 흐름이 전통적인 무역을 재편하였고, 특히 데이터 보호, 보안 및 디지털 과세에 대해 미국, EU, 중국 간에 상이한 규제 접근 방식이 등장하여 서로 경쟁하고 있다.

다섯째, WTO의 기능 약화가 두드러지고 있다. 2024년 2~3월

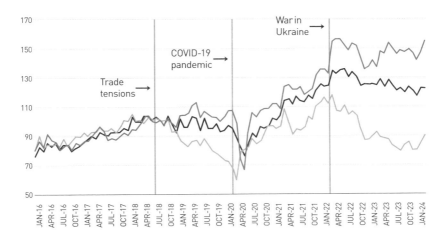

〈그림〉 **최근 미중 교역의 변화: 멕시코와 베트남을 통한 우회교역 확대**
WTO Global Trade Outlook and Statistics, updated in October 2024

WTO는 제13차 통상장관회담13th Ministerial Conference, MC13을 개최, 분쟁해결절차, 수산보조금, 농업 등 핵심 분야에서 합의를 시도했으나 실패했다. 특히 분쟁해결기구 기능이 마비되어 있는 상황에서, EU가 주도하고 일본, 중국, 호주, 캐나다 등 53개국이 가입한 복수국 간 임시상소중재약정Multi-Party Interim Appeal Arbitration Arrangement, MPIA이 가동되고 있으나, 미국이 가입하지 않아 명백한 한계를 보이고 있다.

여섯째, 다자간 협상이 교착상태에 빠지면서 지역협정Regional Agreement이나 복수국 간 협정Plurilateral Agreement이 성행하고 있다. 이 협정은 WTO 회원국 일부만 참여하여 디지털 무역, 환경 상품, 공급망 회복력 같은 특정 이슈에 대해 협력하는 방식이다. 이런 협정

김흥종

은 전체 회원국의 합의를 거치지 않아도 되어 다자간 협정보다 합의가 쉽고 빠르게 진행된다는 장점이 있으나, 파급력이 상대적으로 약하고 개발도상국을 주요 이슈에서 체계적으로 배제할 위험이 있다. 더 큰 문제는 근래 체결된 협정들, 예컨대 인도태평양경제프레임워크 Indo-Pacific Economic Framework, IPEF는 무역투자자유화를 이끌어 내는 RTA가 아니라 산업협력협정의 성격을 띠고 있었다는 점이다. 이는 WTO의 기능이 약화되고 있음을 시사한다.

3. 트럼프 2기 행정부의 충격적 조치와 국제통상질서의 변화[23]

◇◇◇◇◇◇◇◇◇

향후 몇 년간 국제무역체계를 이해하는 데 가장 중요한 요인은 트럼프 2기 행정부의 대외정책이 가져올 국제통상질서의 변화이다. 트럼프 2기 행정부 경제통상정책의 실현은 2025년에 집중적으로 이루어질 것으로 예상되는데, 그 이유는 첫째, 트럼프 1기와 달리 트럼피즘 Trumpism으로 무장된 경제통상팀이 탐색기 없이 정책 집행이 가능하고, 둘째, 레드 스윕Red Sweep으로 상하원 모두 공화당이 다수당이며, 공화당도 트럼프당으로 이미 변신을 끝내 놓았기 때문이다. 2025년 세계는 트럼프 2기 정부 경제통상정책의 거의 모든 핵심 내용을 볼 수 있을 것이다.

트럼프 정부는 경제/무역 분야 정책 방향은 감세, 對중국 압박 강화, 극단적 관세정책을 포함한 보호무역주의 강화, 화석연료산업으로의 복귀, 그리고 탄소중립정책 후퇴로 대별된다. 다자주의나 복수국 간 협정보다 양자주의를 선호하고 리쇼어링reshoring 정책은 환영하나 보조금 지급에는 회의적이라는 특징도 있다.

이에 대한 대응으로 전 세계 각국은 트럼프 2기 행정부와 양자 소통을 활성화할 뿐 아니라 기존의 G7, G20, 브릭스BRICS등 협의체를 통해 관련 국가끼리 보다 긴밀한 관계를 맺으려 할 것으로 예상되며, 기업은 정부와 함께 對미 정책의 공조 강화, 공급망 다변화 및 회복탄력성resilience 강화, 지역화된 생산 체계에 주력할 것이다.

對중국 압박 강화와 미중 갈등의 관리

최근 트럼프 2기 행정부는 우크라이나 전쟁 종결, 유럽과의 통상 및 나토 방위비 문제 해결 등에 우선순위를 두고 중국에 대한 대응을 미루고 있다. 그러나 중국과 디커플링de-coupling한다는 목표를 바꾼 적은 없다. 이 목표 하에 Ⓐ고율관세를 추가적으로 부과하고, Ⓑ공급망의 脫중국화를 포함하여 경제 관계를 더 단절하는 방향으로 추진하며, Ⓒ기술 우위를 유지 및 강화하겠다는 입장을 갖고 있다. 이는 향후 미중 대결구도가 격화될 가능성을 높여 주고, 경제안보를 최우선시하며 궁극적으로는 압박과 단절을 통해 경제적 이익을 확보하겠다는 입장이다.

트럼프 대통령 측은 선거운동 기간 중에 중국 수입품에 대해 60% 관세를 부과하며 자동차 등 일부 품목에 대해서는 100% 이상의 특별 관세를 부과하는 전략[24]을 구사하겠다고 발표했다. 이는 중국의 최혜국Most Favored Nation, MFN 대우를 무시, 사실상 중국의 WTO 회원국

김흥종

지위를 인정하지 않고 있는 것으로 해석된다.

한편, 트럼프 1기 중국에 대해 이미 적용되고 있는 수출입통제, 투자 스크리닝, 금융 제재뿐만 아니라, 바이든 행정부가 부과한 첨단반도체 관련 중국 봉쇄 전략, 예컨대 세컨더리 보이콧secondary boycott을 통해 제3국의 對중국 협력관계에 대한 '정당한' 개입을 그대로 유지할 것으로 보인다. 미국의 對중국 견제는 기존의 반도체, 배터리 등을 넘어서 바이오 분야로 확대될 가능성이 높다.

이에 대한 대응으로 중국은 對미 직접 수출 물량을 줄이고 우회수출을 늘려 왔다. 트럼프 2기는 이러한 우회수출을 차단하기 위해 USMCA 재협상을 통해 멕시코로부터 중국 투자기업의 수출을 막고, 미-베트남 양자협의를 통한 중국투자기업의 수출도 제한할 가능성이 높다.

공급망의 脫중국화를 추구하며 기술 우위를 유지 및 강화하려는 정책은 비록 시도는 하겠지만 여러 측면에서 효과적이지 않을 것이다. 현재 생필수품뿐만 아니라 재생에너지 관련 품목, 배터리 상류부문 소재 및 공정 등에서 전 세계의 중국에 대한 의존도가 절대적이며, 원천기술에서도 중국이 빠른 시일 내에 미국을 추격하거나 추월하고 있기 때문이다. 미중 간에 적절한 선에서 타협이 가능한 부분이다.

대만에 대해서는 반도체 생산기지로서의 중요성은 인정하겠지만, 안전보장의 반대급부로 안보비용을 추가로 요구할 것으로 예상되며, 대만 기업의 對미 투자를 더 가속화하여 반도체 공급망의 안정화를 꾀할 것으로 전망된다.

관세장벽 및 녹색장벽을 활용한 보호무역주의 강화

트럼프 대통령은 국가에 상관없이 보편관세 10~20%를 관련 품목에 부과, 국내 산업을 보호하고, 특히 수입차에 일률적으로 100% 이상의 수입관세를 부과하겠다고 주장했다. 모든 국가에 보편 관세 blanket tariff를 부과하겠다는 주장은 미국이 마치 WTO 회원국 지위를 스스로 탈퇴하겠다는 선언과 같다. 게다가 상대국의 보복관세가 있을 경우 '트럼프 호혜무역법Trump Reciprocal Trade Act, TRTA'을 제정하여 보복관세에 대응하겠다고 한다. 한국 등 무역 특혜 관계에 있는 국가의 경우에도 기존 무역 특혜 관계를 덮어쓰는 보편관세 적용을 일단 천명할 것으로 예상된다.

한편, EU가 2023년 10월부터 CBAM을 잠정 시행 중인 바, 미국도 유사한 탄소국경세를 도입할 가능성이 있다. 지난 118대 의회에서 해외에서 생산되어 미국으로 수입되는 상품, 주로 에너지 집약적 상품에 대해 탄소배출이 국내 생산품보다 더 많을 경우 추가 관세를 부과하도록 하는 여러 법안들이 제출된 바 있다. 이 법안들은 비록 탄소중립 정책의 형태를 띠고 있지만, 국내 기업에 공평한 경쟁의 장을 만드는 Leveling Playing Field 효과가 있는 바, 트럼프 대통령의 철학과 배치되는 것이 아니기 때문에 트럼프 2기에서 추진될 가능성이 있다.

화석연료 및 에너지산업규제 철폐와 탄소중립정책 후퇴

트럼프 대통령은 바이든 행정부의 친환경정책이 인플레이션의 주범이라고 주장하고 있다. 화석연료와 에너지 생산에 관한 규제를 철폐, 생산을 획기적으로 확대해 에너지 가격을 전 세계 최저가로 낮추는 것을 목표로 하고 있다. 또한 화석연료 채굴을 에너지 독립의 수단이라고 본다. 저렴한 에너지원의 활용도를 높이고, 산업 활성화를 적극 지원하기 위해 친환경 정책을 폐기하고 환경규제를 완화하고 있다.

트럼프 대통령은 파리협정Paris Agreement을 재탈퇴했다. 또 바이든 행정부의 친환경정책인 그린뉴딜Green New Deal을 폐지하며, 재생에너지를 지원하는 각종 친환경규제를 철폐하고, IRA[25] 및 인프라 법Infrastructure Investment and Jobs Act, IIJA의 일부 내용을 폐지하거나 축소하여 청정에너지에 대한 보조금을 줄이고자 한다. 내연기관차 배기가스 규제 철폐, 화석연료산업에 대해 세제 혜택, 시추 허가 규제 완화, 파이프라인 등 화석연료 관련 인프라 건설을 재개하고 있다.

다만, 이미 IRA에 적응하여 프로그램을 개발 중인 미국 거대석유기업들이 IRA 폐지를 반대하고 있으며, 공화당 강세 지역에서 IRA의 혜택이 가고 있어 전면 폐지는 어려울 것이다. IRA 발효 후 미국에서 발표된 투자액 3,460억 달러(약 460조 원) 중 78%가 공화당 지역구에 배정되어 있다. 그러므로, 친환경차 구매에 대한 구매자보조금의 철폐가 먼저 시행될 것이다.

WTO와의 갈등 가속 및 다자무역질서의 붕괴

트럼프 1기 행정부에서 미국과 WTO는 긴장관계가 고조됐다. 미국은 과거부터 자신의 이해관계를 충분히 관철하기 어려운 다자무역협상에 대해 불만이 많았으며, 특히 분쟁해결절차가 자국의 이해관계를 충분히 반영하지 못한다고 생각했다. 그런데 트럼프 1기 행정부는 과거 정부보다 더 적극적인 행동에 돌입했다. 트럼프 정부는 2017년 12

월부터 상소기구 판사의 임명을 막아 2019년 12월부터 WTO의 사법 기능이 마비됐다. 현재 WTO는 합의된 통상 규정을 생산하는 입법 기능인 통상협상에서 큰 성과를 보이지 못하는 가운데, 회원국의 통상정책을 점검하는 일부 행정 기능만 남아 있는 상태다.

2024년 2~3월 개최된 MC13에서 중요한 합의에 실패한 WTO는 2026년 초에 예정된 14차 통상장관회담에서 가시적 성과를 내기 위하여 2025년 한 해를 보낼 것이다. 가장 중요한 이슈인 상소기구 복원은 트럼프 2기 행정부 출범으로 성공 가능성이 극히 희박해졌다. 아울러 수산보조금을 비롯한 각종 보조금 이슈나 추가적인 무역자유화 협상의 미래도 불투명해졌다. 그럼에도 WTO는 글로벌 무역 규칙을 개혁하려는 노력을 계속할 것이다. 특히 산업정책과 디지털 서비스 등에서 현대 무역의 주요 이슈를 다루기 위해 WTO 규칙을 개정하려는 시도가 있을 것이다.

미국이 WTO의 각종 협상에서 전혀 성의를 보이지 않는 것은 충분히 예상 가능하고 최악의 경우 미국의 WTO 탈퇴도 전혀 놀라운 일이 아니다. 이 경우 1995년에 출범한 WTO와 다자무역주의는 가장 큰 위기를 맞이할 것이다.

복수 무역협정의 약화

트럼프 대통령 측은 선거 전부터 바이든 행정부가 추진해 협상이 타결된 IPEF를 탈퇴하겠다고 주장했다. 이 경우 IPEF의 전면 발효 가능성은 지극히 낮아진다. 여타 회원국은 2025년 미국이 없는 상황에서 IPEF를 운용할 수 있을지 여부를 판단해야 한다. 반면, 역내포괄적경

김흥종

제동반자협정Regional Comprehensive Economic Partnership, RCEP은 현재 낮은 개방 수준에도 불구하고 중국과 동남아 국가들을 중심으로 향후 이 협정을 어떻게 발전시킬지 논의하고 있다.

EU와 협상 중인 '미국-EU 무역기술위원회Trade and Technology Council, TTC'도 사실상 중단된 가운데 양측에서는 전운이 감돌고 있다. '쿼드Quadrilateral Security Dialogue, QUAD'나 '오커스AUKUS'도 동맹국은 상응하는 비용을 부담하라는 요구에 직면할 것이다.

양자협정 재협상

트럼프 2기 행정부는 2025년 베트남 등 동남아시아 국가, 그리고 멕시코와 기존의 무역특혜 협정이나 경제관계를 전면적으로 재점검하고 주요 전략목표에 따라 새로운 관계를 설정하려 한다. 이에 따라 양자관계에서 이 국가에 대한 통상압력이 크게 증가할 것으로 전망된다.

특히, 트럼프 2기 행정부는 동남아시아 국가들과는 중국의 對미 우회 수출에 따른 반사이익을 문제 삼을 가능성이 높다. 결국 현지 투자한 중국기업의 對미 수출에 대해서 어떠한 형태로든지 제한할 가능성이 높다. 아울러 이 우회투자국에 대해 환율조작국 여부를 검토할 가능성이 높다. 베트남은 최우선 대상이 될 것이다.

멕시코와는 중국의 우회 수출뿐 아니라 불법이민 문제와 마약 문제 등 협의해야 할 심각한 내용이 아주 많다. USMCA 재개정 또는 양자 간 대화를 통해서 멕시코 노동자의 임금을 포함한 노동조건 문제에 대한 적극 개입, 중국 또는 위장 중국기업에 의한 멕시코 현지 생산 활동에 대한 제약 및 투자 스크리닝 강화를 압박할 가능성도 있다.

한국은 2023년 對미 무역흑자 규모에서 세계 8위 규모를 나타내고 있으며, 448억 달러를 기록하였다. 2025년 트럼프 2기 행정부는 한국과의 통상관계에서 보편관세, 가전반덤핑, 철강쿼터, 전기차 및 2차 전지 현지생산 보조금 및 관세장벽 등 다양한 이슈에 대해 문제를 제기하고 한미 FTA 재개정이나 다른 형태로 시정을 요구할 가능성이 높다.

기후중심 무역 규정과 ESG 관련 규범의 표류

트럼프 2기 행정부 출범으로 미국이 다시 파리협정을 탈퇴하는 등 전 세계적 차원에서 다자적 기후변화 대응은 추진력을 상당히 상실할 것으로 전망된다. 다만 환경보호주의는 점진적이지만 더 강화될 것으로 예상되며, 미국은 환경보호주의의 확산이 자국의 이해관계와 갈등을 일으키지 않는 한 탄소 관세를 포함한 환경보호주의 시행에 적극 반대하지 않을 것이다. 이러한 조치는 개도국과 더 큰 긴장을 불러일으킬 것이다. 환경 문제는 무역 협상에 더욱 통합될 것이며, 녹색 기술과 저탄소 공급망에 중점을 둔 협상이 늘어날 것이다.

트럼프 2기 행정부는 환경 기준이 무역 협상의 중요 요소로 떠오르는 국제적 흐름에 제동을 걸면서 ESG 기준의 국제 규범화는 일단 속도가 늦춰질 것으로 보인다. 다만, 공급망상 환경기준 충족, 노동조건 충족 등 경제안보 및 對중국 압박 관련 분야에서 공급망 실사 제도는 더 확산될 것으로 보여 EU가 추진하고 있는 ESG 및 지속가능성 이슈가 완전히 추진력을 상실하지는 않을 것이다.

김흥종

'글로벌 사우스' 협력 강화 및 G7 확대 가능성

이미 10개국으로 확대된 BRICS는 2024년 10월 카잔회의에서 달러 체제 극복을 분명한 지향점으로 제시한 바 있다. 러시아에 의해 주도되고 중국이 지원하는 이 시도는 비록 당장은 가시적 성과를 내기는 어려울 것이다. 다만 무역결제에서 위안화 확대와 일반무역관계와 공급망 상류부문에서 '글로벌 사우스Global South' 국가의 영향력이 증가할 것이다. 2025년 남아공에서 개최될 G20에서도 개발이슈와 함께 글로벌 사우스의 관심 의제가 중점적으로 논의될 것으로 예상되는 바, 이들의 목소리 확대와 이에 대항하는 G7 구조의 변화가 논의될 수 있다.

4. 우리나라 통상정책의 도전과제와 정책 방향

◇◇◇◇◇◇◇◇◇

한국의 통상정책은 그동안 대외개방을 기조로 우리나라가 세계 주요 경제지역과 경제관계를 확대·강화하기 위한 가장 중요한 수단으로 설계되고 집행되어 왔다. WTO로 대표되는 다자간 무역질서에 적극 참여하고, FTA로 대표되는 양자 또는 지역협정을 체결함으로써 소위 '경제영토'를 확대하는 데 주력해 왔다. 한국이 1967년 GATT에 가입하고 1995년 WTO의 창립멤버로 참여하는 등 국제무역질서에 적극 동참하는 통상정책 기조를 유지함으로써 대외통상이 경제성장에 기여하는 데 중요한 역할을 해온 것으로 평가할 수 있다.

1998년 말 시작된 FTA 등 양자 간 무역자유화는 당시 EU와

NAFTA의 형성으로 촉발된 세계경제의 블록화에 적극 대응하고 우리의 수출시장을 넓히기 위한 대책으로 간주되었다. 이어서 2004년부터 시작된 FTA정책 2기부터는 거대선진국과의 공격적인 FTA를 통하여 수출시장 확대와 더불어 개방을 통한 국내 경제의 구조개혁과 경쟁력 향상도 꾀하였다. 미국과 EU 등 거대선진경제권과의 FTA를 통한 국내 취약산업의 개방조치는 당초 예상한 것보다는 개방으로 인한 피해가 적었다. 하지만, FTA가 우리 수출기업들이 해외로 진출하는 데 큰 기회를 제공하고 개방의 혜택이 전 국민에게 광범위하게 배분되는 동안 개방으로 인한 피해는 일부 산업과 지역, 일부 국민에게 집중되는 것이 불가피했다.

한국 정부와 통상전문가들은 통상정책이 전체 파이를 크게 하는 데 역할을 해야 하며 창출된 부를 배분하는 문제는 보상지원정책을 통하여 해결해야 한다고 판단했다. 따라서 개방에 따른 피해를 보상하는 기금을 조성하고 집행하는 국내 대책의 일환으로 FTA 피해보전기금이 마련되었다. 이 기금은 자유무역협정의 체결로 인해 피해를 입을 수 있는 산업이나 지역에 대한 보전과 지원을 목표로 하고 있다[26].

이 프로그램의 집행 상황은 협정마다 다르며, 특정 산업이나 지역에 따라 차이가 있으나, 농업, 제조업, 일부 서비스업 등을 대상으로 하여 피해를 줄이기 위해 다양한 지원 사업에 배당되었다[27]. 실제 집행 상황에 대한 구체적인 수치는 정부의 정책과 경제 환경에 따라 달라지며, 최근에는 더욱 체계적인 관리와 집행이 이루어지고 있지만 일각에서는 아직도 피해 보전의 효과가 충분하지 않다고 생각한다.

지금까지 지원제도에서 가장 큰 문제점은 개방에 따른 피해관리를

김흥종

주로 사후적 조치로만 파악했다는 점이다. 통상정책은 필연적으로 집행하는 과정에서 국내 여러 계층과 분야에 비대칭적인 영향을 미치기 때문에 통상정책을 입안하는 단계에서부터 이러한 면을 고려하여 설계하고 대책을 마련할 필요가 있다.

또한 통상정책이 중산층과 서민의 복리를 증진시키기 위하여 중소기업 수출품의 보다 적극적인 해외시장진출을 위한 양자협정의 체결에 주력해야 하며, 지역의 발전을 위하여 지역주력산업의 진흥과 해외진출을 위한 통상정책 수단개발에 더 적극적이어야 한다. 한편, 통상협정에서 Mode 4분야의 인력이동 챕터를 보다 세밀하게 설계할 필요가 있으며, 지속가능발전 챕터를 통하여 국내 환경 및 노동조건의 추가 개선 가능성을 도모할 필요가 있다.

이러한 측면에서 볼 때 이제 우리나라의 통상정책은 포용적 통상정책의 일환으로, 중산층과 서민을 위한 통상정책을 명시적인 정책 목표 중의 하나로 삼아야 한다. 앞에서 살펴본 바와 같이 국제통상질서가 자국 중심의 경제안보를 강화하는 방향으로 진화하고 있는 상황에서 이제 통상정책을 국내 정책적 고려사항과 무관하게 추진하는 것은 정책 추진의 동력을 상실할 뿐만 아니라 정책의 효과성을 고려해 볼 때 추진 자체가 불가능할 수 있다.

한편 통상정책의 수립과 집행에서 이민정책과 긴밀하게 조율하여 집행될 필요도 있다. 왜냐하면, 최근 통상협정은 종종 서비스 무역협정을 포괄하고 있는 바, 서비스 무역에서 인력이동 분야는 핵심적인 사안으로 다뤄지고 있기 때문이다. 또한 국제통상질서에서 인력이동 분야는 갈수록 핵심적이고 예민한 이슈로 부각되고 있기 때문이기도 하다. 국내 이민청 설립을 통하여 체계적인 장단기 이민과 해외인력 활용계획이 추진되어야 할 필요성이 있는데, 통상정책은 외국과의 통상협상 시 이민과 해외인력 활용에 관한 전략적 판단을 반드시 반영해야 한다.

다음으로 통상정책은 한국의 경제안보를 강화하는 방향으로 설계되어야 한다. 경제안보는 보통 국가와 국민의 생존과 안위를 위태롭게 하는 외부의 유·무형 충격에 대한 선제적 방어라고 정의된다[28]. 경제안보는 산업안보, 무역안보 그리고 기술안보 분야로 대별되며, 첨단기술, 공급망 그리고 규범과 제도는 이 세 영역이 중첩되는 핵심 분야로 인식된다. 신통상질서에서 경제안보는 가장 핵심적인 정책목표로 평가되고 있다.

통상정책이 경제안보적 고려를 한다는 것은 통상정책이 종래의 무역안보뿐만 아니라 첨단기술산업의 경쟁력을 유지·강화하는 데 기여해야 하며, 동 산업의 공급망 안정화에 기여해야 하며, 기술안보를 강화하기 위한 정책적 뒷받침을 해야 한다는 것이다. 이를 위하여 첨단기술 산업계와의 긴밀한 소통을 통하여 통상의제를 선별해 내고 이를 관철해 나갈 수 있는 정책적 수단을 확보하는 것이 중요하다.

이런 맥락에서 향후 통상정책은 우리나라에서 전개될 산업정책과 긴밀한 연계 속에서 수립되고 추진되어야 한다. 반도체, 전기차, AI, 태양광 및 풍력 등 다양한 미래 산업을 국내에서 진흥시키기 위한 산업정책과 연계하여 관련 산업의 핵심공정을 국내에 유지하면서도 해외기술과 효과적으로 접목시키기 위한 통상정책의 개발이 필요하다. 이러한 차원에서 볼 때 통상정책은 탄소중립정책과도 연계하여 우리가 녹색정책을 협력하기 가장 좋은 이상적인 파트너와 관계를 강화하는 입체적인 통상정책을 구사할 필요도 있다.

한편 한국 기업의 공급망 참여를 볼 때 對선진국 기술 공급망 참여 정도, 그리고 對개도국 생산 공급망 참여 수준에 대한 면밀한 검토를 바탕으로 다양한 형태와 수준의 통상협정의 안template을 준비해 놓고 있어야 한다. 포괄적 이슈를 다루고 있지만 개방의 수준이 높지 않는 경제동반자협정EPA, 한정된 분야에서 무역과 투자의 활성화를 촉진하는 무역투자 촉진 프레임워크TIPF, 그리고 기술통상협정TTA, 디지털경제동반자협정DEPA, 핵심광물을 공급협정 등 특정분야만을 다루는 통상협정을 활용하여 상대국의 특성과 우리와 협력할 분야의 특성에 따라 적절히 제시할 필요가 있다.

또한 한국의 통상정책은 환율, 금융 등 거시경제의 주요 변수와 함께 다루어져야 한다. 트럼프 2기 행정부는 관세와 환율을 매개로 하여 미국의 이익을 관철하기 위하여 전방위로 타국에 압박을 가하고 있다. 예컨대 미국의 입장에서 무역수지 적자가 심한 나라에 대해서 무역확장법이나 여타 행정명령에 기반한 고율관세로 압박하면서도 동시에 환율조작국 지정 여부를 또 다른 가능성으로 열어 두고 협상을 진행할 것이다. 이에 대비하여 한국의 통상당국도 거시금융상황의 긴밀한 모니터링과 관계당국과의 협의를 통해 통상정책의 구사해야 한다.

새로운 국제통상질서에 대응하기 위해서 한국의 통상당국은 지역과 국가별로도 대책을 마련하여 국별·지역별 맞춤형 통상전략을 준비해야 한다. 우선, 미·중 경쟁 상황에서 국익을 극대화하기 위한 전략적 균형에 주력해야 한다. 한국과 미국 간에는 바이든 정부에서 발전시켜 온 첨단기술 협력기조가 있다. CHIPS and Science Act와 IRA로 대표되는 협력기조가 훼손되지 않도록 트럼프 행정부에 요구하고 해당 기업의 對미 투자가 예정대로 진행될 수 있도록 정책적 지원을 해야 할 것이다.

아울러 한미동맹이 안보동맹에서 첨단기술협력으로 확대된 것은 양국의 필요성 때문이므로 이를 기반으로 반도체와 2차 전지 외에도 태양광과 풍력 부품과 장비, 조선, 방산, 가전, 철강 등 다양한 분야에서 산업협력을 확대할 필요가 있다. 한미 FTA 재협상을 포함한 새로운 통상협상이 시작될 가능성에 대하여 대비할 필요가 있다. 특히, 자동차, 철강, 반도체, 가전 등 주요 산업에서 새로운 조건이 추가되지 않도록 관리할 필요가 있다.

중국과는 일부 첨단산업에서 완전한 디커플링이 아닌 선별적 협력을 지속하고, 기타 분야에서는 무역관계가 확대될 수 있도록 관리할 필요가 있다. 한중 FTA 2차 협상을 통하여 양국 간 경제협력의 수준을 높일 수 있다. 다만, 미국이 한국 기업들에게 중국과의 협력을 제한할 가능성이 높기 때문에, 반도체 소재·부품·장비의 국산화에 노력해야 하며 생산기지 다변화 전략도 필요하다.

일본과는 기술·소재·부품 협력을 유지·확대하는 가운데 해당 분야 한국 산업의 경쟁력을 확보하기 위한 정책적 지원이 필요하다. 동남아 국가들과는 한편으로는 양자로, 다른 한편으로는 분야별 의제로 한·아세안 디지털 무역 협정을 체결하도록 노력할 필요가 있다. 인도네시아, 베트남, 태국 등과 전자상거래, 핀테크, AI 산업 협력을 확대해야 한다. 한중일 및 아세안과의 협력 강화를 위하여 RCEP를 한 단계 더 업그레이드하는 통상이니셔티브를 추진해야 한다.

한편, 인도태평양국가들과는 IPEF 외에 포괄적·점진적 환태평양경제동반자협정Comprehensive and Progressive Agreement for Trans-Pacific Partnership, CPTPP에 참여하는 것을 신중히 검토해 보아야 한다.

유럽과는 친환경·디지털 무역 협력을 강화하여야 한다. EU의 CBAM에 적극 대응하여 2026년부터 탄소배출 규제가 실제 지불로 현실화하는 만큼, 저탄소 기술 및 RE100 참여 확대에 적극 대응해야 할 것이다. 이를 위하여 통상당국은 환경규제부서와의 적극 협력이 필요하다. 또한 계속 진화하는 EU의 디지털 규범에 대응하기 위하여, 데이터 보호, AI 규제 등 디지털 통상 협정을 적극 활용하여 유럽 시장에서 경쟁력을 확보해야 할 것이다.

중동 국가들과는 기존의 관계를 더욱 강화하면서 사우디, UAE, 카타르 등 GCC국가들과 스마트시티 구축 및 친환경 인프라 구축에 관한 협력을 강화해 나갈 필요가 있다.

한편, 통상당국은 첨단산업의 경쟁력을 강화하고 공급망을 안정화하기 위한 노력을 기울여야 한다. 우선, 국내 반도체 산업의 자립도를 강화하기 위하여 반도체 소부장 부문 국산화율을 제고하고 국가 차원의 차세대 반도체 육성정책을 준비해야 한다. 또한 전기차 및 배터리 생산기지를 미국뿐만 아니라 유럽과 동남아, 그리고 중동에 이르기까지 다양한 생산거점을 확대할 필요가 있다. 이러한 노력을 통하여 신통상질서 하에서 한국은 첨단기술, 친환경, 디지털 무역의 글로벌 허브로 자리 잡는 전략이 필요하다.

이렇듯 한국의 통상정책은 과거보다 통상의 범위를 넓게 잡아야 하고, 다양한 정책분야와의 협업이 필수적이며, 트럼프 2기 행정부가 추동하는 신통상질서에 적극 대응해야 한다. 여기서 중요한 정책목표 중의 하나는 매우 기민agile하고 범부처를 아우르는 통상조직을 만드는 것이다. 예컨대 트럼프 2기 행정부는 한국 등 무역 특혜관계에 있는 국가에 대해서도 기존 무역 특혜관계를 무시하고 보편관세 적용을 일단 천명할 것으로 예상된다. 이 경우 개별 사안에 대한 특혜조치의 유지는 양자협상을 통한 주고받기식으로 확보할 수밖에 없는데 이러한 정책 목표를 달성하기 위해서는 기민하게 대응하고 포괄적인 시야를 갖춘 통상능력을 구축해야 한다. 통상조직이 안정적으로 운용되고 통상전문가들이 경험과 노하우를 축적할 수 있는 유인을 갖춘 조직의 구성이 시급히 필요하다. 이것이야말로 관세정책을 모든 대외정책의 압박수단으로 삼는 트럼프 시대 한국의 통상조직이 제 기능을 발휘할 수 있는 길이다.

김흥종

CHAPTER 8

◇◇◇◇◇◇◇◇◇◇

한국 교육
거듭나기 2.0

이제 우리 교육은
획일화에서 다양화로,
암기반복에서 창조융합으로,
타율적 규제에서 자기책임의 새 질서로,
양적 성장을 넘어 질적 비약으로,
코페르니쿠스적 대전환을 해야 한다.

박정수

- 美 피츠버그대 박사
- 전 교육개혁포럼 회장
- 전 국회예산정책처 국장
- 현 이화여대 부총장

1. 디지털 전환 시대의 교육

◇◇◇◇◇◇◇◇◇

우리나라가 디지털 강국으로 자리 잡게 된 데에는 읽기, 쓰기, 말하기, 셈하기, 그리고 함께 살아가는 질서를 익히는 초등학교 교육의 대중화와 보편화를 일찍이 완성하고 이를 중·고등학교 교육, 나아가 대학 교육으로 확장하는 데 국가의 역량을 기울인 정책설계의 방향 설정이 크게 기여했다. 최근 들어 정부예산이 긴축적으로 편성 운영되고 있지만 그래도 대폭 늘어난 부문이 개발도상국에 대한 공적개발원조ODA, official development assistance 지원예산이다. 개도국에 시설, 물품이나 서비스를 직접 공여하기보다 지식공유프로그램KSP, knowledge sharing program을 통해 국가발전의 지혜를 전수하는 방식이 인기를 끈다. 단발적으로 시설 등을 지원하던 방식 즉, 물고기 지원이 아니라 이제는 물고기를 낚는 기법을 전수해 수원국 발전의 지속가능성을 강조하고 있다. 발전모형 중 우리나라 모델이 선호되는 이유도 한국전쟁이라는 폐허 위에서 한강의 기적을 일구고 또한 민주화에 성공한 경험을 닮고 싶은 욕구가 바탕이 되고 있다. 결국 교육열에 기초해 보통교육의 획기적인 신장을 이루었고 잘살아 보고자 하는 국민적 공감대가 형성되었는바 자본주의와 민주주의가 조화를 이루어 오늘의 자랑스러운 대한민국이 형성된 것이 개도국들의 모범이 되고 있다.

그러나 정작 이러한 보편적이고 평균적인 교육패러다임이 적절한 진화를 하지 못하고 있어 교육투자의 성과가 예전 같지 않고, 개천에서 용이 날 수 있었던 교육사다리 모형 역시 빛을 바래고 있다는 점이 문제다. 여전히 교육부는 유보통합과 대학등록금 동결 함정에 매몰되어 있고 국가교육위원회는 전혀 존재감이 없다. 교육자치가 광역단위로 이루어지고 있으나 정작 시민을 대상으로 일반적인 서비스를 담당하는 일반자치단체와의 협업은 시늉에 그치고 교육감은 출신 진영에 따라 교육정책이 달라져 정치적 중립의 의미를 찾아보기 어렵다. 전국적으로 획일적인 한 줄 세우기 패러다임이 자리 잡다 보니 사교육 열풍을 잠재울 묘수는 난망(緣木求魚)한 셈이다. 학령인구의 급속한 저감과 초고령사회의 대두에도 불구하고 전환시대의 인적자원 재구조화에 대한 국민적 공감대 형성 노력이 잘 보이지 않는다. 저출생 고령화 등으로 인구구조가 전환되고 있고 평생학습사회의 도래라는 시대적 흐름에도 불구하고 평생교육에 대한 강조는 찾아보기 어렵다.

이론을 이기는 현실은 없다. 교육은 시대의 변화에 따라 진화해야 하고 당연히 정부의 역할도 이에 따라 달라져야 한다. 21세기도 이제 2사분기로 향해 가고 있는 현 시점의 인재상은 결코 20세기의 답습이어서는 안 된다. 제조업 그것도 대량생산을 위한 컨베이어벨트 방식이 아니라 이제는 창의력과 문제해결능력을 중시하는 맞춤형 학습 방식으로 전환되어야 한다. 반복학습, 선행학습을 통해 객관식 시험, 그 것도 누가 실수를 덜하는가 하는 경쟁방식으로 성과를 측정하는 것 은 더 이상 타당하지 않다. 제때 옷을 갈아입지 못했기에 학교현장에 서 공교육 붕괴, 선생님의 보람마저 사라지게 만들고 있다. 대학도 17 년째 등록금동결이라는 철벽 규제를 풀지 않는 한 초·중등학교보다도 못한 대학교육의 품질quality 저하는 면하기 어렵다. 21세기 국가의 경 쟁력은 당연히 연구개발능력에서 나오고 이러한 연구개발의 중심에 는 대학이 있어야 한다. 개별 대학 현장의 책임과 권한을 확실히 하지 않으면 학령인구 급감이라는 명백한 미래 환경 속에서 좀비형식의 정부주도형 대학구조조정밖에는 달리 대안이 보이지 않으며 그 결 과는 불문가지라고 하겠다. 산업보국의 일익을 담당했던 직업교육의 현장이 붕괴되고 있음에도 정책당국의 관심대상에서의 거리는 멀기 만 하다.

지방교육에 대한 의사결정권한은 주민에게 돌려줘야 한다. 학교자 치에 기초해 지방교육자치가 제대로 기능하기 위해서는 현재와 같 은 서울, 경기도와 같은 광역단위가 아니라 시와 군과 같은 기초단위 가 되어야 하지만 대도시의 자치구 단위일 필요는 없을 것이다. 교육 이 아동복지나 청소년정책, 평생학습정책과 괴리되어 칸막이 행정을 할 필요가 있을까. 공급자 중심이 아니라 세금을 내는 납세자 중심, 학 생 중심, 그리고 인재를 필요로 하는 기업 중심으로 관점이 전환되어 야 한다. 디지털 전환시대를 살아가는 학생들에게 현재와 같은 교육부 의 획일적인 통제중심 교육정책은 바뀌어야 한다. 디지털 교과서, AI 학습도우미 등 맞춤형 학습모형도 상향식으로 의사결정하고 교육부가 지원하는 방식이어야 실효성이 있다. 정부가 달라져야 교육생태계가 다시 공진화할 수 있다.

우리 교육의 두 얼굴: 만연한 형식주의와 과도한 획일주의

누구도 부인하기 어려운 우리의 교육 현실은 학부모의 교육열이 타의 추종을 불허할 만큼 높다는 점이다. 저출생의 근본 원인 중 하나로 반드시 꼽히는 것이 아이를 키우는 데 돈이 너무 많이 든다는 점이다. 어느 공익광고 카피에서도 인용되듯이 부모와 학부모의 입장이 달라서 그렇지 우리 학부모의 아이들 교육에 대한 우선순위는 다른 그 어떠한 항목보다 높다. 이러한 교육열에 힘입어 우리 아이들의 학력 역시 오바마 前 미국 대통령이 부러워했듯이 세계적인 경쟁력을 자랑한다. 구체적으로 살펴보자. 1960년대 이래 우리나라처럼 가파르게 학력school years이 증가한 나라는 유사한 사례를 꼽기 어렵다. 매 3년마다 실시되는 국제학업성취도평가PISA: program for international student assessment로 측정한 읽기(글 이해력), 과학, 수학의 학업성적도 2000년 이래 세계의 선두권을 놓치지 않고 있고 창의적 학습능력digital reading 역시 압도적인 비교우위를 보이고 있다.

같은 사실이지만 암울한 결과도 함께 이야기해야 한다. 우리 학생들의 학습 흥미와 자신감은 세계 최하위권인 것으로 나타났다. 수학·과학 성취도 추이변화 국제비교 연구TIMSS: trends in international mathematics and science study 결과를 보면 우리 학생들의 수학·과학 흥미도는 평균보다 매우 낮게 나왔다. 이는 흥미 없는 공부에 매진하고 있는 우리나라 학생들의 현실을 보여 주고 있다.

박정수

풀리지 않는 수수께끼, 하지만 반드시 풀어야 하는 과제도 있다. PISA(국제학업성취도평가)와 TIMSS(수학 및 과학의 국제비교연구) 등의 글로벌 최고 수준 결과와 PIAACProgramme for International Assessment of Adult Competencies '성인 역량조사'에서 바닥으로 나타나는 격차는 무엇으로 설명될까? 가장 최근의 성인 역량조사(2024) 결과에 따르면 우리나라의 평균 점수는 OECD 국가들의 평균보다 낮다. 우리나라 성인(16~65세)의 언어능력 평균점수는 249점, 수리력 253점, 적응적 문제해결력 평균점수는 238점으로 OECD 평균(언어능력 260점, 수리력 263점, 적응적 문제해결력 251점)보다 모두 낮았다. 1주기 대비해 2주기의 언어능력 평균점수는 24점이나 하락했고 수리력도 10점 하락했다.

우리나라 PISA의 성취도가 최상위권이라는 점에서 PIAAC의 결과는 극명하게 대조된다. 다른 나라와 비교할 때 특이한 점은 세대별 편차다. 대부분의 나라는 20대에서 50대에 이르기까지 세대별 문해력, 수리력, 문제해결력의 수준이 비슷한 반면 우리나라의 경우 55세 이상의 역량 수준은 조사대상국 중 최하위권을 기록하고 있다. 문해력 최하위권이라 함은 말과 글에서 핵심이나 주제를 찾을 수 없고 앞뒤가 맞지 않는 이야기를 분별하지 못한다는 말이며 수리력도 그렇지만, 특히 문제해결력에서 이러한 현상은 두드러진다. 직업평생교육에 대한 홀대와 현재의 학령인구 중심 교육정책의 문제라고 할 수 있으며 누리과정과 학교시설 낙후, 그리고 지역사회와의 단절된 그들만의 싸일로silo식 정책의 결과라 할 수 있다.

교원을 양성하는 교대와 사대의 입학재원은 최고 수준 역량을 보이나 교원의 사기 및 직무만족도는 바닥이다. 정답 맞추기로 한 줄 세우기와 사교육 만연 그리고 무엇보다 행복하지 않은 학창시절이 문제다. 대학도 여기서 자유롭지 못한바 대학교원의 영향력은 상당히 큰 데 비해 기업의 대학 연구개발투자에 대한 불신은 상당하다. 무엇보다 교육부에 대한 불신과 과도한 교육부의 영향력이 결정적 걸림돌이다. 교육문제의 근인(根因)을 과잉정치화, 관치로 진단할 수 있다.

세상이 바뀌고 있다. 20세기 산업문명시대의 사고와 제도는 더 이상 통하지 않는다. 인공지능AI과 4차산업혁명의 도래에도 불구하고 우리의 교육은 대비는커녕 급속한 추락의 길을 걷고 있다. 초중등학교의 공교육은 붕괴되고 있고 교육탈출은 잦아들지 않고 있다. 이제 우리 교육은 획일화에서 다양화로, 암기반복에서 창조융합으로, 타율적 규제에서 자기책임의 새 질서로, 양적 성장을 넘어 질적 비약으로, 코페르니쿠스적 대전환을 해야 한다. 이것이 바로 우리가 이룩해야 할 교육정책 혁신의 기본 방향이며 이는 헌법이 보장하고 있는 교육의 탈정치화가 전제되어야 가능하다.

우리는 진흙탕 속의 싸움에서 아직도 허우적거리고 있다. 평준화제도 고수, 평가 없는 만년 철밥통, 획일화된 입시제도 강제, 직선제 총장으로의 회귀 및 대학의 진부한 거버넌스, 지방자치와 분리된 교육자치, 교육개방 반대 등을 끌어안고 말로만 교육개혁을 외치고 있다. 대학교육의 국제경쟁력은 거론조차 부담스럽다. 교육계에서는 국가 경쟁력의 핵심인 고등 교육 경쟁력의 하락을 이대로 방치하면 우리나라 대학이 '아시아 이류'에서 벗어나지 못할 것이라는 경고가 나오고 있다. 포용도 혁신도 모두 놓치고 있다는 평가다.

우리의 초중등교육은 공교육의 실패와 사교육비의 증대로 신음하고 있다. GDP 대비 사교육비 규모가 1990년 약 1.4%(약 2.7조 원), 2000년 1.9%(약 10.9조 원), 2023년에는 1.1%(27.1조 원)로 비중 측면에서 다소 줄어들었지만 금액기준으로는 꾸준히 늘고 있고 그마저도 방과후 교육이나 EBS 관련 지출은 제외한 규모이다. 유아교육부터 고등학교까지 무상교육을 실시하는 데도 불구하고 세계 최저 수준의 합계출산율의 근본 원인의 하나로 과도한 사교육비 부담이 빠지지 않는다.

세계의 모든 나라들이 선진교육을 위한 개혁경쟁에 나서고 있으며, 21세기 새 문명의 도전에 대응하기 위한 새 처방을 찾느라 혈안이 되어 있다. 교육에서 수월성을 강조하고 있고, 학문 사이의 칸막이를 헐고 새로운 창조를 위한 학문 간 융합fusion의 시대를 열고 있다. 선진 시민의식과 배려를 통한 공동체로 살아가는 지혜를 배우는 것이 진정한 인성교육이며 평생학습시대에 일과 교육의 미스매치를 해결할 수 있는 직업능력 함양에 초점을 맞춘 교육시스템 전체의 재구조화가 필수적이다.

기본으로 돌아가자: 디지털 대전환시대 교육가치를 바로 세워야

교육이념의 혼돈, 집단적 의사결정으로서의 정책 과정에 대한 이해 부족, 이에 따른 투자 부족 및 우선순위의 왜곡, 교육 시스템 내적 구조의 문제를 풀기 위해서는 이해관계자 집단의 인센티브를 조화시키는 시스템 전환이 필요하다. 교육정책은 개인으로서는 지극히 합리적인 선택이 국가 전체적으로 해가 될 수도 있는 집단적 의사결정 collective decision making을 통해 결정되고 집행된다는 점을 분명히 이해해야 한다. 독점적인 공급자에 의해 좌지우지되는 취약한 시스템이 아니라 수요 측면의 인센티브 구조에 따라 적절히 반응할 수 있는 다양하고 유연한 교육정책운용기제를 갖추기 위한 분권화와 개방, 그리고 정보공유가 필수조건이 된다.

지금까지 우리나라의 성장을 이끈 가장 큰 동력의 하나는 교육을 통한 우수 인재의 육성이며, 그 중심에 교육이 있었다. 그러나 현재의 대학은 반값 등록금 규제 및 구조개혁과 재정지원과 연계된 각종 평가로 중첩된 소위 '규제의 바다'에서 허덕이고 있는 위기상황이라고 할 수 있다. 뿐만 아니라 학령인구의 감소와 칸막이식 재정운용, 청년 일자리의 심각한 부족, 대학에 대한 부정적인 인식 등으로 암담한 현실에 직면해 있다. 우리 사회가 이러한 위기를 극복하고, AI 등 4차 산업혁명이라는 새로운 시대적 요구에 능동적으로 대처하면서 본연의 사명을 완수하기 위해서는 교육정책이 규제 중심에서 다양성과 자율성을 존중하는 방향으로 전환되어야 한다. 고등교육의 질적 수준을 담보할 수 있는 실질적인 투자가 이루어져야 하고 직업능력개발 영역에 있어서도 생애에 걸친 평생학습을 통해 개인의 고용가능성과 기업의 생산성 제고에 초점을 맞춘 시스템 차원의 개혁이 필요하다.

초중등에 이어 유아 및 보육부문까지 양적 확장은 마무리 단계에 접어들고 있으므로 질적 심화로 본격적 이행을 위해 비정형적, 창의적 능력배양을 강조해야 한다. 저출산 고령화 문제를 심각하게 고려한 분권형, 개방형 네트워크형 교육체제를 구축해야 한다. 단위학교 중심의 혁신이 지역발전과 긴밀히 연계되고 이러한 지역 중심 유보통합시스템이 평생학습역량 제고로 연결되게 하는 개혁이 필요하다. 최근 정부가 강조하고 있는 지방시대 중심의 교육특구정책은 이러한 혁신의 마중물이 될 수 있을 것으로 기대한다.

교육에 있어 정치와 행정이 조화를 이루기 위해서는 보수와 진보, 여야를 아우르고 지역을 넘어서는 포용과 혁신이라는 국가교육개혁 의제를 지속적으로 논의해 추진하도록 해야 한다. 국가주의적 교육, 신자유주의적 교육을 넘어서야 한다. 자치라는 개념의 실험과 4차 산업혁명이 요구하는 창의, 그리고 신뢰와 공동체 가치를 존중하는 인성이 강조되기 위해서는 단기적 시야에서 벗어나야 한다. 교육정책혁신은 교육만의 개혁에 그치는 것이 아니라 사회개혁이 수반되어야 하기 때문이다.

영유아, 초중등, 대학, 직업교육을 아우르며 재정투자와 제도개혁을 전략적으로 연계하는 종합적이고 체계적인 전환의 청사진이 마련되어야 한다. 이와 함께 수시로 바뀌어서 반복을 거듭하는 정치에 종속된 임의적 정책실험을 막을 수 있는 교육행정의 과학화, 증거기반 실행역량을 확충하는 것도 매우 중요한 정책의제임에 분명하다.

2. 학교교육 지향점을 바로 세우자
◇◇◇◇◇◇◇◇◇

학교교육의 장기적인 발전에 관한 전망은 두 가지 시나리오로 나뉠수 있다. 첫째, 낙관적 시나리오는 교육 분권화의 점진적 확산에 성공하는 경우로, 지방교육자치제도 관련 법안 개정 및 교원 평가제 도입등으로 단위학교의 자율권이 강화되어 실질적인 교육 분권화와 다양한 학교 모형에 대한 실험이 시행되는 것이다. 이럴 경우, 교육정책 권한이 점차 지방으로 이전되고, 학교 간 교육지식 공유와 교육실험 평가를 위한 협력체계가 구축될 것으로 전망된다. 대학의 입학사정 자율권이 강화되면서 학교 선택권이 허용되며, 중기적으로 자율적인 단위학교 운영이 가능해짐으로써, 교육자치에 대한 주민의 실질적인 통제, 지역별 다양한 교육정책의 실험과 평가가 이루어질 수 있을 것이다. 이 수준에 이르면, 공영형 자율학교 등 다양한 형태의 학교교육 시스템의 출현이 가능해진다. 장기적으로 교육자치와 일반자치가 통합되어, 지역 내 특색 있고 지역 요구에 부합하는 학교모형이 정착된다. 다양한 교육모형이 혼재되어 학교 간 자율적 경쟁 및 다양화가 촉진되고, 대학의 학생선발 기준도 다양화된다.

한편 부정적인 시나리오는 분권화 관련 이익 관련자들의 반발과 갈등이 지속되는 경우로 교육 분권화가 지체되면서 현재와 같은 중앙집중적 체제가 유지되고, 중앙 주도의 제한적인 교육모형의 실험 및 실시로 다양화·자율화된 학교제도 정착에 뚜렷한 한계를 가져오게 된다. 이러한 상황이 지속될 경우, 다양한 학교모형의 부재로 공교육의 정체와 붕괴 가능성이 높아질 것이다. 현 시점에서 평가할 때 낙관적인 부분보다는 부정적인 시나리오의 비중이 더 큰 것으로 보이며 새로운 교육혁신이 필요한 것으로 판단된다.

물리적 환경에 대한 투자 조정

교육 개혁의 기반으로서 학교 교육환경을 개선하기 위한 꾸준한 투자가 필요하다. 학령인구의 급격한 감소와 지속적인 투자로 이제는 학생 1인당 공교육비가 선진국 평균에 비해 높은 수준이며, 특히 경제규모에 비해 보면 한국의 교육투자는 월등한 수준이다. 초중등 교육에 있어 전체예산 대비 정부부담 공교육비의 비중은 OECD 평균을 상회하고 있으며, 1인당 GDP 대비 학생 1인당 공교육비 역시 여러 선진국에 비하여 높은 수준이어서 경제성장에 따른 교육비 투자의 안정화를 기대할 수 있는 상황이다.

국제데이터로 살펴본 2010년 국내 1인당 공교육비는 초등학교 $7,453, 중학교 $7,460, 고등학교 $10,370, 대학교 $9,998로 비교적 교육단계별로 높은 것으로 나타났다. 그러나 이후 고등교육 단계의 공교육비 감소 추세와 초등학교 및 중학교의 공교육비 증가가 맞물려 2015년을 기점으로 고등교육 단계의 공교육비가 가장 낮아지는 양상을 보이고 있다. 2015년 이후 고등교육 단계의 공교육비와 초·중등교육 단계의 공교육비 간의 격차는 더욱 확대되었다. 2000년에 대

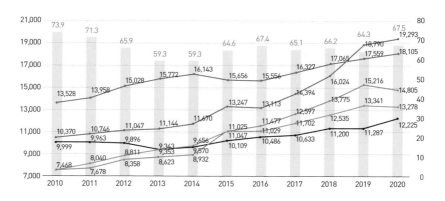

〈그림〉 **연도별 교육단계별 1인당 공교육비 추이**(단위: USD/PPP, %)
OECD(각 연도). OECD Education at a Glance 자료 토대로 작성

비 2020년 공교육비는 초등교육 320.8%, 중등교육 318.7%, 고등교육 99.8% 증가하였다(통계청, 2024). OECD 가입국의 평균 1인당 고등교육 공교육비는 연도별 증감에 차이가 있으나 2010년 $13,528에서 2020년 $18,105로 증가해 왔다. 학령인구의 감소와 대학경쟁력 제고를 위한 부문 간 투자우선순위 조정이 불가피함을 알 수 있다.

출산율 하락으로 인한 학령인구의 감소는 특별한 교육투자의 증액 없이도 교육환경의 개선을 가져다줄 수 있을 것으로 기대된다. 인구추계에 따르면, 초등학교는 2004년부터 중학교와 고등학교는 각각 2008년과 2011년부터 학생 수가 급격하게 감소하고 있음을 알 수 있다.

현재의 교사수와 학급수를 유지하더라도 모든 학교 급에서 이미 OECD 평균의 교사 1인당 학생 수와 학급당 학생 수 수준을 성취한 것으로 보인다. 향후 학생 수의 급격한 감소를 감안하면 평균적으로 채용해야 할 교사 수는 현재의 절반 규모에 머무를 것으로 보인다. 따

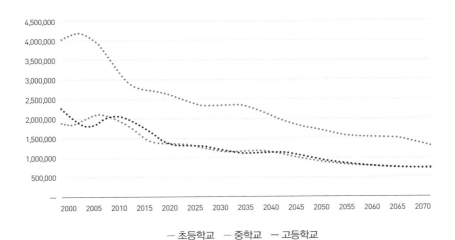

〈그림〉 초·중·고등학교 학생 추계

라서 초중등 교육에 대한 공적인 투자는 현재의 수준을 유지하면서 적절한 투자계획조정을 통한 투자의 효율화에 중점을 두는 것이 바람직하다. 학교의 신축이나 교사의 확보 같은 물리적 환경에 대한 투자는 과잉투자가 될 위험성도 존재하므로, 장기적으로 소규모 학교 통폐합 등을 감안하여 필요한 교사 수나 학교 수에 대한 추계와 투자계획이 수립되어야 한다. 교육수요의 지역격차를 고려하여 장기적인 투자계획을 세울 때에는 지역별로 수립하는 것이 타당하며, 인력을 보강할 때에도 교사보다는 부족한 행정직 요원이나 학생 상담 전문가 등 비교사인력non-teaching staff을 충원하여 교사들의 부담을 경감시켜야 할 것이다. 학교 개혁을 위한 교육투자는 '분권화를 통한 다양화' 인프라 구축에 주력하며, 제도개혁을 통한 민간 조달을 확대해야 할 것이다.

분권화를 통한 다양화

새로운 교육모형을 찾기 위해서는 분권화를 통하여 다양한 실험을 가능하게 하고, 성공적인 실험이 선택되는 과정을 활성화시킬 필요가 있다. 이러한 분권화는 중앙정부와 지방정부의 관계, 그리고 지방정부와 개별 학교와의 관계라는 두 단계의 차원에서 실시해야 할 것이다. 지방정부로의 분권화는 각 지역으로 교육행정권한을 위임하고, 이들 행정기관이 그들이 원하는 다양한 실험을 할 수 있도록 유도한다. 주민들의 합의에 의한 교육실험을 행할 수 있도록 장기적으로는 일반자치와 교육자치를 통합하여 일반자치단체장이 교육문제에 대한 책임을 지도록 해야 할 것이다. 예를 들어, 평준화의 개편 문제, 자립형 사학을 확대하는 문제 등 견해가 대립될 수 있는 문제에 관하여 각 지역들이 그들의 요구에 맞게 다양한 실험을 실시하도록 해야 한다. 교육재정의 조달 역시 행정적인 권한과 함께 지방정부에게 이전시켜 각 지역의 책임성을 강화하고, 이로 인해 발생할 수 있는 지역 간 격차는 중앙정부가 취약 지역에 대한 두터운 재정지원을 행함으로써 해소할 수 있을 것이다. 지역 간의 경쟁과 선거를 통한 주민의 참여가 성공적인 행정모형의 선택과 확산을 가능하게 할 것이다.

학교교육 현장에서의 다양한 실험이 가능하도록 단위학교 및 교사의 자율성을 확대시키기 위해 단위학교의 분권화가 필요하다. 학교 단위에서 교원채용, 승진, 보수, 수준별 학습 등에 재량을 가질 수 있도록 학교의 자율성을 점진적으로 확대해야 한다. 아울러 이에 준하는 책무성을 부과하기 위하여 일선 행정가와 교사, 학부모, 특히 학생이 참여하는 형식을 통해 교육성과를 평가하고 성공적인 사례를 발굴하는 노력이 수반되어야 할 것이다. 이는 교육 수혜자인 학생 및 학부모의 목소리가 담길 수 있는 교장 및 교원에 대한 평가제도 혁신이 그 출발점이 될 수 있을 것이다.

지방정부 수준의 제도적 실험은 지역 간의 경쟁, 선거절차를 통한 주민들의 선택과정을 거쳐 자연스럽게 진화해 나갈 것으로 보인다. 그러나 학교현장에서의 실험은 모범적인 사례를 발굴하고 전파시킬 수 있는 제도적 인프라를 구축하는 것이 필요하다. 교사들이 새로운 교육 모형을 개발하고, 실험된 교육 모형에 대하여 평가할 수 있도록 교사 연구모임을 활성화하여야 한다. 새로운 실험을 공유하고 평가할 수 있는 학교 간 제휴 및 연대를 활성화하고, 지역적으로 이를 묶을 수 있는 네트워크의 형성이 필요하다. 이러한 네트워크에는 학교 바깥에 있는 대학 및 민간의 전문가를 망라하여야 할 것이다.

지역 공동체와 학교의 협력 관계 활성화

교육이 발전하기 위해서는 사회에 존재하는 다양한 에너지를 흡수하는 것이 필수적인 바, 이를 위해서는 민간 사교육 부문의 흡수, 그리고 지역사회의 인적·물적 자원 동원이 중요하다. 이를 위해 지방정부와 지역사회의 자원이 단위학교 발전에 기여할 수 있도록 하는 시스템 개혁이 필요하다. 분권화 및 학교유형 다양화 그리고 교육개방 정책을 통하여 학업의 경쟁력이 제고될 수 있는 것이다. 분권화와 더불어 세계 각국에서는 지역 공동체가 학교 교육에 참여하는 것을 활성화하고 있는 실정이다. 우리나라에서도 지역 공동체가 가진 자원을 활용하여 학교 교육의 효과를 극대화하며, 국제화의 진전과 지식 사회의 발전에 따라 지역 공동체의 인적 물적 자원을 이용하여 학교 교육의 수준을 향상시킬 필요가 있다. 학교의 의사결정과정에 지역 공동체가 참여함으로써 지역 공동체의 필요를 충족시킬 수 있는 교육을 제공할 수 있으며, 방과 후 교육과 평생교육을 학교에서 제공하도록 함으로써, 학교를 거점으로 낙후된 지역 사회의 활성화를 시도한다.

지역 공동체와 학교의 협력 관계 활성화를 위해서 정부, 학교, 민간에서 다양한 노력을 기울일 필요가 있다. 정부는 재정적 지원과 제도적 여건 마련에 기여하고 협력활동에 재정적 지원을 제공하며, 자원봉사 활동 지원이나 세제상의 혜택을 제공하여야 할 것이다. 학교는 전담팀을 운용하여 학교 운영 의사결정 과정에 지역 공동체를 참여시키고, 학교 정보 공개를 통해 평가를 받는 등 지역 공동체와의 협력

관계 형성을 위해 노력하여야 할 것이다. 민간에서는 협력 관계 활성화를 위한 네트워크 형성과 컨설팅 서비스를 제공하고 한 걸음 더 나아가 민간 재단을 설립할 수도 있을 것이다. 외국에서 이와 같은 예를 찾아볼 수 있는데, 미국의 National Network of Partnership Schools^{NNPS}는 Johns Hopkins 대학에 설치된 센터로서 지역 공동체와의 협력관계 형성을 원하는 학교에 컨설팅 서비스를 제공하고 지원하는 역할을 수행한다. 호주 Victoria 주의 Education Foundation은 민간으로부터 재원을 모아서 초중등학교에 연결시켜 주는 역할을 한다.

협력관계가 성숙하면 지역 공동체가 주도가 되어 협력관계를 이끌어 나가는 체제가 될 수 있다. 협력관계 형성의 초기에는 학교가 주도적인 경우가 많지만, 협력관계가 성숙되면 학교가 지역 공동체의 학습센터 역할을 수행하게 된다.

학교와 지방정부의 다양한 실험을 수용할 수 있는 대입제도의 개선

중앙에서 통제하는 대학입시의 기준은 초중등교육 과정의 획일화를 불러올 가능성이 있으므로 대학에 학생 선발에 대한 자율권을 부여한다. 현재 대학 입시는 학교의 성과를 나타내는 가장 주요한 지표로 여겨지고 있어 중앙에서 단일한 입시기준을 제시하면, 초중등교육은 이 기준에 입각한 교육과정을 개설할 것이다. 따라서 제도적인 지방과 학교의 자율이 현실적인 다양화를 낳지 못할 가능성이 있다. 그러므로 대학에 학생 선발의 자율권을 주어 초중등 교육과정의 다양화와 학생선발 기준의 다양화가 병행되어야 한다.

이를 위해 대학이 학생 선발 기준을 다양화시킬 수 있는 역량을 지원해야 한다. 대학 내에 입학 사정을 전담하는 기구를 확대하고, 다양한 학생선발에 대한 연구를 수행할 수 있도록 지원을 아끼지 말아야 한다. 이러한 지원은 대학의 학생선발 자율권이 본고사의 부활로 이어져 또 다른 획일적 교육환경을 낳는 것을 억제하는 효과를 지닐 것이다. 학생 선발에 대한 자율권이 고등학교 간에 차별을 불러일으킬 수 있으나, 지역할당제 등을 이용하여 이를 조절할 수 있을 것이다. 대학이 좋은 학생을 선발하려는 유인이 있고 지역 간 경제적·사회적 격차에 따라 학교들 간의 현실적인 격차가 존재한다면, 암묵적인 고교등급제를 통제할 수 있는 실질적 수단은 없다. 지역 간 격차를 염려한다면 오히려 지역할당제 같은 투명하고 강제하기 쉬운 정책이 타당해 보인다. 또한 지역할당제의 기준이 되는 지역은 교육자치의 기준이 되는 지역과는 다른 대도시·중소도시·농어촌 간 등이 되어야 할 것이다.

3. 고등교육 질적 수준 제고

대학의 자율운영권을 저해하고 있는 잔존 행정규제를 걷어 내고, 관련 법규 등의 정비를 통해 대학의 책임경영제도 기반을 구축하여야 할 것이다. 민간 및 대학자체 투자재원을 확보하고, 지원 목적에 맞는 재정지원 제도의 원칙을 수립하여 블록펀딩과 집행 자율화를 대폭 강화하는 등 지원체계를 단순화해야 한다. 대학개혁에 관한 종합적인 청사진과 미래 비전을 갖고 재정지원 확대와 규제개혁, 제도 및 구조개혁을 병행 추진해야 한다.

　대학 자율화, 구조개혁, 경쟁적 시장환경 조성을 위해 국공립·사립, 수도권·지방, 일반·특수·전문대학을 망라한 국내 고등교육 전체에 대한 장기 발전계획 및 이를 실현하기 위한 종합적인 재정지원 방안을 수립하여 일관된 방향의 구조개혁을 추진한다. 국립대학의 경우 통폐합 등을 통해 경쟁력 강화를 유도하는 한편 대학 정보공개 및 인증·평가제도를 실효화한다. 지역혁신체계와 연동하여 대학발전에 대한 지역정부의 역할을 증대시킨다. 또한 규제개혁 차원에서 기업경영 수준의 대학 운영이 가능하도록 제도를 정비하고, 투명경영을 위한 지배구조 개선을 전제로 사립대에 대한 세제, 재정지원을 확대하여 국공·사립 간 공정경쟁 환경을 조성한다. 대내 시장을 개방해 민간의 특수대학 설립을 적극 유도하고, 산업체와 연구소 주관의 강좌나 학위프로그램을 활성화시킬 수 있도록 관련 제도를 정비하여 대학의 사회수요부합도 증진을 위한 산학연 연계를 강화한다. 교육시장을 대외에 개방함으로써 선진국 우수대학 및 교육프로그램, 우수인력을 적극적으로 국내에 유치한다. 교육 서비스 시장 개방과 관련하여 전향적인 차원에서 전략적·단계적으로 대학시장을 대외에 개방하고 질적 수월성을 제고하여 외국 유학생을 적극적으로 유치한다.

　특성화·전문화를 위한 투자 재원 확충 및 재정지원제도를 정비한다. 정부재정을 확대하되 이를 보완하여 민간 및 대학의 잠재적 투자 재원을 최대한 흡수한다. 재정 지원, 자체조달(보유 자산 사업화)재원, 민간투자 재원(BTL, R&D, 기부금) 간의 새로운 삼각구도를 정착시킨다. 지원제도를 정비하여 지원사업 내용과 체계를 단순화시키고, 체계적인 성과평가체제와 개인 중심의 지원체제를 구축하고, 저소득층 자녀 학비지원 확대 등으로 투자의 효율성과 형평성을 제고한다. 교육부, 과기정통부, 산업자원부, 고용노동부 등 다수 부처가 운영하고 있는 대학 및 산업체에 대한 각종 지원 사업을 포털로 연계하고, 과제 선정 및 성과관리에 관한 일관된 원칙과 기준을 정립하여 체계적인 성과평가체제를 구축한다. 또한 대학에 대한 직접적인 지원보다는 우수 교원에 대한 직접 지원 및 학생에 대한 직접 지원(장학금, 학자금대여 등)으로 학생의 선택과 시장 수요에 부합한 우수한 교원과 학생을 유치하는 대학에 간접 지원되는 방식으로 대학 간 경쟁 유도를 통해 효율성 및 질적 향상을 도모한다.

대학에 대한 재정투자의 획기적 증대에 앞서, 주요 사업을 망라하는 '합리적 평가체제', 엄격한 '투자성과관리체계'를 구축해 나가는 일이 선행되어야 한다. '평가에 의한 차등지원'이 늘고 있으나, 규제성 평가가 많고 단위 기관 중심의 지원체제이며 각종 사업에 대한 평가체제가 미숙하여 지원의 효율성, 효과성이 저조하며 고등교육 재정투자 증액에 대한 납세자의 동의를 구하기 어려운 실정이다.

대학 성과평가제도 혁신을 위해서는 개별대학의 자율성 신장을 극대화하는 방향으로 평가정책을 재설정하고, 평가의 기준 및 방법 등도 이러한 방향에 따라 재정립하여야 한다. 현재는 평가 기준이 법률로 명확히 규정된 것도 아닌 상태에서 교육부 권장정책의 채택여부가 평가기준으로 설정되는 경우가 많아, 평가가 강제성을 띤 규제로 작용해 또 다른 획일화를 낳는 상황Perform to the Standard이다. 예컨대 등록금 동결, 입시제도 등과 같은 정책들은 평가제도에 의하여 사실상 강제된 사례로 볼 수 있다. 한편, 대학단위의 지원보다는 연구팀 및 연구자 개인의 연구지원을 늘리고 연구성과 개선을 중심으로 평가하는 것이 필요하다. 대학단위로 지원하는 재정지원 사업은 연구성과 개선과 별다른 관계가 없거나 오히려 연구성과를 악화시키는 결과를 초래하는 경우가 발생할 수 있기 때문이다.

고급 인적자원 수요에 대응한 대학교육 혁신으로 기업과 사회의 변화와 요구를 능동적으로 수용·선행하고, 교육기관의 전문화, 특성화 및 다양한 교육모형의 활성화를 통해 급변하는 고급 인적자원 수요에 대응하고 질적 향상을 도모한다. 고급 인적자원의 양성 및 전문성 향상 기반 조성을 위해 국가가 필요로 하는 다양한 전문기술 분야에서 고급 인적자원의 양성 및 전문성 향상을 위한 양성체제 및 훈련제도를 정착시킨다. 고급 인적자원의 효율적 양성과 활용을 위한 제도 개혁으로 향후 전문·기술직 인력에 대한 수요 증가에 대응하여 정책 및 사회적 갈등요소에 효과적으로 대응하고, 질 중심의 교육, 훈련, 직업능력개발 추진을 위한 관련 제도의 개혁을 추진한다.

4. 평생학습체제 혁신

◇◇◇◇◇◇◇◇◇

지역단위의 직업교육, 직업훈련, 평생학습이 활성화되도록 시스템을 전환하고, 기업 차원의 능력개발을 활성화해야 한다. 서비스 제공에 있어서 시장기능을 강화하여 개인의 선택 기회를 확대함으로써 효율성을 추구한다. 다른 서비스 또는 시스템과 연계를 강화하고 나아가 통합적으로 운영하는 방향으로 설계하며 정부의 역할을 직접적인 서비스의 공급자에서 서비스 전달자로 전환시킨다. 정부는 서비스 소비자의 선택권을 확대하기 위한 인프라로 정보, 상담, 교육훈련 내용 등의 공신력을 높이는 방향으로 재정투입을 확대해야 한다.

장기적 시각의 평생학습체제에 대한 종합적인 로드맵을 마련하고, DB 구축 등 정보 인프라 구축, 관련 법령 등 제도정비에 착수한다. 기존의 평생교육과 직업훈련을 내실화하고, 인적자원의 질적 향상을 위한 성과에 부합되지 않는 것은 과감하게 바꾸는 혁신을 본격적으로 추진한다. 고용안정사업과 직업능력개발사업 보험금을 통합적으로 운영함으로써 고용서비스와 능력개발(학습, 훈련 등) 서비스를 연계한 일관성 있는 평생학습 체계를 구축할 필요가 있다. 아울러 다양한 학습형태와 학습 대상에 따라 각 부처별로 분산 활용되어지고 있는 재정을 일관성 있게 관리할 수 있는 재정관리 체계를 구축하며 학습자의 참여를 유도하기 위한 다양한 프로그램 개발 및 학습의 질적 향상 기제를 도입함으로써 시장기능에 순응하는 양질의 서비스 제공을 위한 틀을 마련한다.

정책적·제도적 문제를 해결하여 잠재인력의 가용성을 높인다. 잠재인력 활용 정책에서 가장 중요한 키워드는 '직장과 가정의 양립Work and Family Balancing' 및 '적극적 고령화Active Aging'이다. 여성 특히 고학력여성인력의 활용가용성을 제고하기 위한 보육 등 가사노동의 사회화 및 여성고용평등정책을 지속적으로 추진한다. 중·고령자의 고용가능성과 근로가능성을 높임으로써 조기퇴직 경향을 차단하고 재취업을 촉진함으로써 근로생애를 연장한다.

또한 잠재인력의 인적자원개발을 통해 생산성을 제고한다. 고령화에 따른 인구감소와 인력부족을 노동의 질 및 노동 생산성 제고로 대응하는 것이 필요하다. 여성 경제활동참가율 제고 및 고령자 정년 연장 등 잠재인력 가용성 제고만으로는 성장률 제고에 한계가 있다. 잠재인력 가용성 제고는 단기적으로는 효과가 있겠지만, 장기적으로는 효과가 제한적이다. 따라서 장기적인 인적자원 수준의 제고를 통해 생산성 향상을 도모해야 한다. 참고로 OECD(2023)에 의하면 성별 경제활동참가율과 노동시간 격차를 없애면 경제성장률이 0.2% 포인트 높아질 것으로 추정한다.

잠재인력의 가용성 제고에 효과적인 평생학습 체제를 구축하는 것이 필요하다. 직업·평생교육이 내실 있게 운영되기 위해 대학을 평생교육의 중심축으로 활용되도록 제도개선방안을 마련하는 한편, 대학의 평생교육 기능 강화를 위해서 현행 정규 교육 위주의 교육운영시스템을 개편하고 탄력적 성인학습 프로그램 운영 방안을 마련한다. 이를 통해 평생학습이 수요자중심의 유연한 체계로 구축되어 잠재인력의 노동시장 진입을 효과적으로 지원할 수 있도록 한다.

초고령사회에 진입한 만큼 전반기 노인 인력(70대 전반까지)의 근로가능성workability 제고를 통한 고용안정·생산성을 제고한다. 고령친화적 작업환경 개선 지원 및 직업건강occupational health 증진 지원 정책은 고령자가 건강하게 자신의 생산성을 발휘할 수 있도록 작업조직 및 근로환경을 재설계함으로서 고령근로자의 근로가능성을 높이고, 기업의 고령자고용 유지에 기여할 수 있다.

5. 교육 혁신으로 미래를 준비하다

◇◇◇◇◇◇◇◇◇

미래 사회는 디지털 대전환 등으로 기술혁신이 빠르게 일어나면서 글로벌 산업과 경제의 지형이 급변할 것으로 보인다. 미래 기술을 선점하고 신산업을 발전시켜 미래 국가경쟁력을 제고해야 하는 바, 이를 위해서는 양질의 인재 확보가 시급하다. 기술혁신은 핵심인재로부터 시작되기 때문이다. 전 세계는 이미 첨단산업 인재 확보 총력전에 돌입했고, 향후 인재 확보 경쟁은 더욱 치열해질 전망이다. 우리나라는 낮은 인재 유치 매력도에 고급인재 유출 등으로 글로벌 인재 확보에 난항을 겪고 있어 총력 대응이 절실한 실정이다.

한편 1960년대 피라미드형 인구구조에서 2070년대는 깔때기형 인구구조로 바뀜에 따라 생산연령인구가 감소하고 따라서 향후 과학기술 인력 등 인재의 절대 규모 감소가 불가피한 실정으로 성장 잠재력 악화가 우려된다. 기술패권 시대, 급증하는 인력수요에 더해 인적자원의 질적 제고가 요구되고 있는 바, 이를 위해서는 국내 인재 양성을 위한 체계적인 전략 마련이 필요하다.

학령인구의 급격한 감소, 이공계 기피 및 유출현상, 초중등 교육의 낮은 생산성으로 미래인재양성에 한계를 보이고 있다. 아울러 각종 대학규제와 낮은 수준의 대학 구조조정 등으로 고등교육 이수율은 세계 최상위권이나 대학 경쟁력은 최하위 수준이다. 뿐만 아니라 산업계에서 원하는 인력의 수요와 대학에서 양성하는 인력 공급 간 미스매치도 상당한 수준이다. 참고로 IMD가 63개국을 대상으로 한 국가경쟁력평가에 따르면 우리나라 대학교육 경쟁력은 46위에 그치고 있다.

그간 비전문인력의 단기, 양적 공급확대에 치중하고 전문인재 유치를 위한 체계적인 전략의 부재로 글로벌 인재와 기업 간 연계와 협력 수준은 낮으며 핵심인재의 두뇌유출이 심화되고 있다. 인구대비 외국 전문인력 비중이 싱가포르의 경우 6.6%에 달하는 데 비해 우리는 0.09%에 그치고 있고 IMD의 두뇌유출지수도 36위로 매우 낮은 수준에 그치고 있다.

여성 경제활동이 남성 및 OECD 여성보다 현저히 낮고, 일과 가정의 양립이 어려워 30대와 40대 여성의 경력단절이 심각한 수준이다. 이전 세대보다 학력 수준이 높고 계속 고용의사가 강한 베이붐 세대가 노년기에 진입하고 향후 10년 내 고령인구에 진입할 예비 고령층 역시 역대 최대 수준을 보인다. 하지만 이들 신고령층의 활용은 독일, 일본 등과 비교할 때 불충분한 실정이다.

따라서 미래 사회 대비, 그리고 지속 가능한 포용적 성장을 위한 인재 확충 전략이 필요하다. 국가인재양성기본법, 직업평생교육법, 인재데이터관리법 등에 기반 국가인재양성 기본계획을 수립하고 인재 데이터베이스를 고도화한다. 직업교육, 평생교육, 직업훈련을 포괄하는 전 생애주기 직업평생교육통합시스템을 구축해 원스톱 플랫폼체계를 마련할 필요가 있다.

디지털 대전환에 적극적으로 대응하기 위해 학생의 창의혁신 역량을 배양하는 교육으로 전환해야 한다. 인공지능AI 기반 맞춤형 교육시스템을 구축하고 교사의 역할을 지식전달자에서 코칭으로 전환한다. 사회적 자산으로서 과학자본 축적을 지원하고 다양한 재능의 학생을 조기에 체계적으로 육성한다. 이를 위해 지능형 과학실을 활성화하고 코딩 및 AI 정규과목을 도입하고 초중고 및 대학 단계별 영재육성 시스템의 연계를 강화하고 소프트웨어, AI 특화 등 영재교육을 다양화한다.

핵심인재양성을 위한 고등교육 강화를 위해 자율성과 연계성을 바탕으로 대학을 혁신 허브화한다. 첨단분야 인재 특화대학을 활성화해 산업맞춤형 인재를 양성한다. 첨단산업 수요 대응을 위한 학과 정원규제를 완화하고 대학등록금 규제완화와 대학지원예산의 안정적 확보 방안을 마련한다. 산업수요 맞춤형 인재 양성을 위한 산학연 연계시스템을 강화해 미취업 학생 대상 기업 및 출연연구원의 교육 및 훈련 프로그램을 확대하고 실험실 창업을 활성화한다. 현장실무자가 교육과 연구를 진행하도록 산학협력 교수 겸직 활성화 및 공공연구원의 창업 휴직을 장려하는 등 산학연 인력교류를 확대한다. 대학과 연구원 등의 시설과 부지를 기업이 활용하도록 개방, 공유 활성화하고 산학연 통합 정보제공 플랫폼을 구축한다.

안정적인 연구와 창업환경을 조성하기 위해 첨단분야 R&D 투자 및 3대 게임 체인저 분야에서 혁신, 도전형 연구를 확충한다. 대학에 예산집행자율권을 부여하고 개인연구실이 아닌 기관 전체차원에서 투자가 가능하도록 대학단위 블록펀딩 연구지원을 활성화한다. 창업전담학기제, 오픈 이노베이션 활성화를 통한 학생 창업팀 육성, M&A 등을 통한 조기 엑시트를 지원한다. 직무발명 보상금 비과세 혜택을 확대하고 우수 연구성과를 거둔 과학기술인에게 과학연금을 지급한다. 박사전문연구요원을 중소기업이나 연구기관에 1년 근무 후 박사졸업 의무 부여를 대기업도 포함하고 박사졸업 요건을 완화하는 등 군 전문연구요원제도 보완, 전문연구요원 병역 지정업체 선정기준도 완화한다.

미래를 대비하는 것도 역시 교육과 인적자원개발을 선제적으로 혁신하는 것에서 출발해야 한다. 과거의 자랑스런 '교육을 통한 국가발전 레거시'를 승계 발전시키기 위해서는 AI 등 기술대전환시대에 맞는 옷으로 갈아입어야 한다. 자율화와 혁신이 한 축이라고 하면 포용과 두터운 사다리 재건이 다른 한 축으로 균형을 잡아 갈 방향이다. 학교교육, 대학교육, 평생학습이 획일적이고 이중구조의 모습을 탈피해 분권화되고 인적자원 측면에서 실효적으로 선순환하는 경쟁력 있고 건전한 생태계를 만드는 것이 우리나라 교육을 다시 한번 거듭나게 하는 전략이 될 것이다.

◇◇◇◇◇◇◇◇◇◇◇◇

기본사회와
베이스캠프

모두에게
기본적 삶을 보장하도록 생산하되
효율적이고 합리적인 분배로
한계를 정해야 한다.
따라서 기본사회는
협력과 연대로 현재의 환경을 보호해
기본권의 보장을
지속 가능하게 만들고
세대를 넘어 번영하는 사회이다.

이한주

● 서울대 경제학 박사
● 전 가천대 경제학과 교수
● 전 경기연구원장
● 현 민주연구원장

❖ ❖ ❖

　기본소득을 현실에 도입한 것은 성남에서 청년기본소득을 설계한 것이 시초이니 벌써 10년이 넘었다. 처음에는 가이스탠딩의 저술에 기반하여 정책을 구상하고, 여기에 당시 학계에서 논의되던 개념인 지역화폐를 첨적하였다. 정책의 목적을 다양하게 하여 한정된 예산으로 다목적인 연쇄효과를 얻기 위해서였다. 작은 규모로 시작하여 가능한 오류를 줄이고자 하였는데 다행히 모두 통제 가능한 수준의 정책적 부작용만 있었다. 성남에서 연이어 기본소득을 준비하였으나 재정문제가 있었다. 이어서 이재명 대표가 경기도 지사에 당선되면서부터는 조금 더 다양한 정책을 펼치게 되었다. 농촌기본소득과 농민기본소득이 그것이다.

　경기연구원에서 기본소득을 정책적으로 연구 검토하던 차에 영국 맨체스터 대학 등으로부터 기본서비스 연구가 잇달아 발표되었고, 급기야 영국의 정치가 제레미 코빈이 기본서비스를 정책화한 내용을 우리사회에 적용하기 위해 즉시 검토에 들어갔다. 기본소득과 얼마든지 보완이 가능하고 동시에 정책적 유연성을 가질 수 있다는 것을 발견하고, 일단은 당시에 문제시 되었던 주거, 금융, 교육 등에 기본서비스를 대입하여 정책화를 시도하였다.

서너 해가 흘러, 대선도 있었고 총선도 있었다. 기본소득과 기본서비스를 기본사회라는 이름으로 정식화하여 공약화를 하였으며, 동시에 기본사회의 원리와 정책 효과에 대해 다양한 검토들이 있었다.

민주당에 오고 나서는 우선 기본서비스와 기본소득의 현실적인 적용사례를 모았다. 반년 만에 「지방정부 기본사회 정책 사례집」 두 권이 발간되었다. 「지방정부 기본사회 정책 사례집」 시리즈는 전국 방방곡곡에서 추진되고 있는 다양한 지방정부 사업 중 기본사회의 성격과 지향에 부합하는 사례를 수집하여 소개하고 있다. 이는 기본사회가 우리 사회를 보다 나은 방향으로 이끌어 가는 국가적 지향이긴 하지만, 반드시 전국적 단위일 필요는 아니기 때문이다. 기본사회는 거대한 계획이지만, 우리의 삶과 숨이 머무는 가까운 곳에서 만들어 가는 실천적 운동이기도 하다. 아무리 좋은 계획이라도 실제 국민의 삶에서 구현되지 않으면 소용이 없다. 그래서 지금도 국민의 가까운 곳에서 기본적인 삶이 잘 갖추어지도록 분투하는 지방정부의 노력을 소개하고 기본사회가 생각보다 가까이 있음을 알리고자, 민주연구원은 지방정부 기본사회 사례를 발굴, 수집하여 정리하고 있다.

기본사회 사례집을 발간하는 또 다른 이유는 아직은 낯선 기본사회를 보다 잘 이해할 수 있도록 돕기 위해서이다. 보통, 기본사회라는 개념은 아직은 우리 사회에서 생경하다. 기본소득이라는 말은 들어 보기도 했고, 청년 기본소득이나 농민 기본소득이라는 것도 있어서 대충 무엇인지 알 것 같기는 한데, 기본서비스는 무엇인지, 사회적경제는

이한주

왜 기본사회에서 중요하다고 하는지 어렴풋할 수 있다.

어떠한 개념이 이해하기 어렵다면 구체적인 사례들로 유추하는 것도 한 가지 방법이 된다. 인공지능도 처음에는 고양이 사진을 보고 고양이라 판별하는 게 어려웠지만, 수많은 고양이 사진을 학습하며 특징을 익히다 보니 이제는 사람보다 잘 식별하고 있다. 이처럼 구체적인 기본사회 사례들을 다양하게 소개해서 보다 잘 이해할 수 있게 도와주려 함이다. 물론 그렇다고 기본사회의 큰 그림을 그리는 일 역시 게을리하고 있지는 않다. '추상'과 '구체'의 사다리를 오르내리다 보면 기본사회가 명확하게 이해될 수 있다.

연구원에서 이러한 노력을 하는 사이 우리 사회는 엄청나게 많은 일들이 일어났다. 특히나 지난 12월 3일 불법적, 위헌적 비상계엄은 우리 삶을 뿌리부터 송두리째 흔들었다. 당연하다고 여기던 민주주의가 순식간에 위험해졌다. 민주주의와 법치야말로 우리 삶을 지탱하는 기본이다. 불법 계엄은 우리 사회의 기본을 흔드는 중대 사태이면서 역설적으로 기본사회의 필요성을 절감한 계기이기도 했다. 만약 비상계엄이 해제되지 않았다면, 우리는 계엄을 해제하라는 의사 표시를 할수 없었을 것이고 영장도 없이 끌려가 구금되었을지 모를 일이다. 신체의 자유를 구속받아 이전에는 당연하던 기본적인 것들이 부자유스러워졌을 수도 있다. 친구를 만나는 일, 책이나 뉴스를 보는 일도 계엄군에게 검열당했을 가능성도 있다. 출근길에 누명을 쓰고 잡혀가지 않을까 불안에 떨었을지 모른다. 최근 뉴스 보도로는 전쟁까지 벌어졌을지 모른다니 그저 참담할 뿐이다. 우리의 삶과 자유는 전면적으로 통제되고 부당한 권력에 억압받았을 것이다. 국민의 자유가 철저하게 억압받는 사회, 국가가 국가의 주인인 국민을 제한하는 사회가 되었을지 모를 일이다.

1. 기본사회의 정의와 헌법적 기초

기본사회는 이러한 불법 사회의 정반대에 있다. '국민의 모든 기본권을 최대한으로 보장하는 사회'가 바로 기본사회이다. 기본사회를 국가가 '모든 국민에게 기본적 삶을 보장하는 사회'라고 해도 좋다. '기본적 삶'을 보장하려면 어떻게 해야 할까?

기본사회는 모든 국민의 기본적 삶을 보장하는 사회인데, 기본적인 삶을 보장하려면 삶의 기본적인 권리가 보장되어야 한다. 이를 기본권 Basic human rights, 혹은 존엄한 인간의 자연적 권리라는 이유로 자연권Natural rights이라고도 한다. 그런데, 기본권은 하나의 단일한 권리가 아니다.

흔히 기본권을 '권리의 다발(묶음)'이라고 한다. 이는 기본권이 여러 권리, 예를 들어 생명권, 자유권, 참정권, 청구권, 사회권 등 여러 권리를 아우르기 때문이다. 자연권 사상의 기초를 닦은 존 로크John Locke 이래 기본권은 여러 사람에 의해 확장되고 세세하게 다듬어졌다. '사생활과 비밀의 권리'를 생각해 보자. 이 권리는 개인의 프라이버시, 통신을 침해받지 않을 권리, 정보를 보호받을 권리, 가정생활의 비밀 등 다양한 권리를 포함한다. 사회권도 잘 뜯어보면 교육을 받을 권리, 사회보장을 받을 권리, 건강할 권리, 노동을 할 권리 등 우리 생활의 각

부분에 필요한 권리와 조응한다. 노동권도 인간다운 조건에서 일할 권리, 일터에서 평등할 권리, 적정한 임금을 받을 권리, 휴식과 여가의 권리, 노동조합을 설립하고 교섭할 권리 등이 있다. 이렇게 기본권은 촘촘하게 우리 생활이 보장될 수 있도록 구성되어 있다.

그래서 우리 헌법은 국가의 주인이자 헌법을 만든 주체인 국민의 권리가 잘 지켜지게끔, 총강(개요)을 설명하자마자 제2장인 '국민의 권리와 의무'의 각 조항마다 기본권을 규정한다. 제10조는 모든 국민이 존엄하고 '행복을 추구할 권리'가 있음을, 국가는 개인의 기본권을 확인하고 보장해야 함을 명시한다. 제11조는 '법 앞의 평등'과 '모든 국민이 평등할 권리'를, 제12조부터는 신체의 자유와 거주·이전의 자유, 직업선택의 자유에서 시작해 제36조에 이르기까지 각각의 권리를 규정하고 보장한다. 그것도 혹시 모자를까 싶어 제37조에서는 설사 헌법에 열거되지 않은 권리라도 국가가 경시할 수 없다고 하고 있다. 정말이지 꼼꼼한 계약서이다. 그리고 우리의 모든 법은 헌법의 각 조항에 기초해 하위법에서 각 권리를 세밀하게 규정하고 국가가 기본권을 침범하지 못하도록 연결되어 있다. 역설적으로 헌법의 가치가 땅에 떨어진 지금, 많은 사람이 헌법을 다시 찾아 읽고 있다. 우리 헌법은 매번 읽을 때마다 참으로 잘 만들어졌다는 생각이 든다.

그런데, 기본권은 이렇게 수많은 권리가 단순히 나열되는 것만이 아니다. 표현의 자유가 온전히 보장되려면, 단순히 말하는 것만 자유로워서는 안 된다. 언론·출판의 자유, 집회의 자유, 정보에 접근할 권리 등이 모두 보장되어야 온전하게 표현의 자유를 누릴 수 있다. 사회권과 자유권도 서로 연결되어 있다. 교육권과 노동권이 보장되지 않아

사회권이 침해되면 자기 생각을 적절하게 표현할 방법을 알지 못해서, 혹은 경제적 곤궁 때문에 의사를 표현하기 힘들어질 수 있다. 이는 표현의 권리와 자유권이 침식되는 결과로 이어진다. 그 반대도 마찬가지이다. 신체가 구속되고 표현이 자유롭지 못하면 교육받고 일할 권리를 보장받을 수 없다. 이렇듯 기본권은 서로 긴밀하게 연결된 네트워크이다.

그래서 기본권을 보장해 기본적 삶을 보장하려면, 특정한 권리만 보장되는 것이 아니라 기본권을 구성하는 일련의 묶인 권리들이 모두 충분히 보장되어야 한다. 하지만 우리 사회는 그간 어떠했나? 계엄 이전까지 우리 사회는 주로 자유권을 보장하는 데에만 충실했다. 그것도 졸업식에서 R&D 예산 삭감에 항의한 졸업생의 입을 틀어막고 무작정 끌고 나갔던 '입틀막 경호 사건'이나, 12·3 계엄까지 벌어진 현 상황을 보면 최소한의 자유권마저 무너진 것으로 보인다. 그래도 윤석열 정부 이전에는, 적어도 자유권은 잘 보장해 주려고 했던 것 같다.

하지만 사회권은 충실히 보장되지 못했다. 아니, 최소한의 수준만 보장하고 기본적인 수준을 지키지 못했다. 이제는 나아졌지만 예전에는 학교에 가려면 교과서와 교복은 돈을 내고 사야 했다. 육성회비를 내지 못하면 벌을 서고, 급식비를 내지 못하면 창피를 겪어야 했다. 그러던 것이 무상급식, 무상교복 운동을 거쳐 조금 더 나아지고 보장된 것이다. 공교육을 국민기본교육이라 했던 것은 국민이라면 기본적으로 받아야 하는 교육이기 때문인데 실제로는 기본적인 교육이 이루어지기 어려운 환경이었다.

　　　　　　　　　　　　　　　　　　　　　　　　　　　　이한주

2. 우리사회에서 기본사회의 기원

◇◇◇◇◇◇◇◇◇◇

우리는 처음부터 사회권을 보장하는 데 관심이 없던 것일까? 물론 그렇지 않다. 헌법 제정 당시 여러 기록을 살펴보면, 서구의 사회국가 Social State 원리를 받아들여 우리 헌법에 반영하고자 했다. 사회국가 란 사회정의의 실현을 위해, 국가가 개인의 실질적 자유를 보장하기 위해 적극적 조치를 취하는 국가를 말한다. 이러한 정의 때문에 사회 국가와 복지국가를 동일시하기도 하고, 누군가는 다르다고 설명하기 도 하지만, 중요한 것은 어쨌든 대한민국을 설계할 당시에는 많은 사 람들이 우리나라도 국민의 실질적 자유를 보장하기 위해 국가가 적극 적인 역할을 해야 한다고 믿었다는 사실이다. 아래와 같은 언급은 이 를 잘 보여 준다.

우리나라 (제헌) 헌법은 국민의 균등 생활을 보장하기 위해 특히 노 력했으며, 이를 위해 여러 규정을 설치했는데 이는 우리나라 헌법의 가장 큰 특징이라 할 수 있다. 즉, 우리나라 헌법은 다른 민주국가와 같이 정치적, 법률적으로 민주주의 국가를 수립하고자 하였을 뿐만 아 니라 경제적, 사회적, 실질적으로도 민주주의 국가를 수립하고자 한 것이다. - 유진오. 1949. 헌법해의

하지만 그러함에도 불구하고 교육환경이 부실했던 이유는 식민 통 치와 전란을 겪은 폐허 위에 가난한 나라로 시작하다 보니 당장 모든 것을 하기 어려웠기 때문이다. '기본을 못 하니 최소만이라도 하자'라

는 생각에서 기본적인 것들은 어렵고, 최소한만을 보장했다. 그래서 광복 이후 수립된 제헌 헌법에는 "모든 국민은 균등하게 교육을 받을 권리가 있다. '적어도' 초등교육은 의무적이며 무상으로 한다"라고 했다. 왜 '적어도'라고 했을까? 당시 기록을 살펴보면, 중·고등교육까지 국가가 보장하고, 교육에 필요한 물품의 비용도 모두 국가가 부담하자고 주장한 의원이 적지 않았다. 하지만 다른 제헌의원들은 국가에 돈이 없어 현실적으로 어렵다며 반대했다. 결국 타협안으로 지금 당장은 어렵지만, 나중에 나라가 잘살게 되면 그때에는 꼭 잘 보장해 주자는 의미에서 '적어도'라는 낱말을 넣게 되었다. 그 결과 제헌 헌법에 들어갔던 '적어도'라는 단어가, 현재의 헌법에도 남아 있는 것이다. 헌법 조문안에 스쳐 지나가는 한 단어이지만, 그 의미를 곱씹어 보면 참으로 안타까웠던 당시 나라의 실정이 녹아들어 있다.

교육뿐만이 아니다. 국가가 보장해야 할 많은 국민의 권리가 나라가 가난해서 보장되지 못했다. 점차 나라가 잘살게 되며 국민 생활이 윤택해졌지만, 여전히 기본적인 생계가 보장되지 않은 사람이 많았고, 주거와 교육, 의료의 많은 부분을 국민 각자의 사비로 해결했다. 그러다 보니 집 가격이 안정적으로 관리되지 않고 널뛰며, 사교육이 횡행해 돈이 많을수록 더 좋은, 더 많은 교육을 받게 되었다. 단순히 경제적 부의 격차만 커진 것이 아니라, 국민 각자가 보장받는 자유와 권리, 삶의 수준에까지 격차가 생긴 것이다. 우리의 경제발전과 성공은 사회적 자원을 경제적 성장을 위한 부분과 기본적 삶의 보장을 위한 안전망 구축에 나눠 쓰지 않고 오로지 성장에만 몰아서 투입한 결과로, 참으로 이상한 성공이 되었다.

요컨대, 기본사회는 우리 헌법에 내재한 기본 정신인 "모든 국민의 모든 권리를 최대한으로 보장해 실질적 자유를 실현한다"라는 것을 구현하는 사회 운영 원리이다. 그간 국가가 여유롭지 못해 최소한으로 여기던 사회적 권리를 적극 보장해 국민의 실질적 자유가 평등하게 보장되도록 하는 사회이다. 모든 국민의 모든 기본권을 최대한으로 보장하여, 법 앞의 평등을 실현하는 사회이다. 그렇기에 기본사회는 '기본권의 패러다임'을 전환하는 혁신적 사회 구상이라고 할 수 있다.

3. 기본사회의 네 가지 가치

◇◇◇◇◇◇◇◇◇

이런 기본사회가 운영되려면, 몇 가지 원칙이 필요하다. 그중 첫 번째 원칙은 공정으로서의 정의이다. 앞서 기본사회란 '모든 국민의 모든 권리를 최대한으로 보장해, 모든 국민의 기본적 삶을 보장함으로써 법 앞의 평등을 실현하고 실질적 자유를 달성하는 사회'라고 했다. 법 앞의 평등을 실현하려면 정의의 원칙이 가장 중요하다. 공정과 정의란 무엇일까? 이는 우리 사회가 가장 목말라 있는 가치이기도 하다. 혹 대법원에 가본 사람들은 알겠지만, 대법원에는 정의의 여신상이 있다. 정의의 여신인 유스티티아Justitia를 한국적으로 재해석해 한복을 입고 있다. 대법원의 여신상은 다른 나라와 비교할 때 같은 점과 다른 점이 있다. 같은 점은 '저울'이다. 저울은 무게를 달아 균형을 유지하는 물건인데, 서로 다른 이해관계나 상충되는 권리를 대등하게 고려하여 치우치지 않는 결정을 내려야 한다는 의미이다. 바꿔 설명하면 정의란,

모든 사람에게 동등한 기회를 주어야 한다. 반면 다른 점은 '안대'**29**이다. 우리의 여신은 안대를 쓰지 않고 있다. 여신상이 안대를 쓴다고 갑자기 정의로운 사회가 되는 것은 아니지만, '안대'는 사사로운 일이나 다른 외적인 것에 현혹되지 않고 '모두에게 공정하게' 사안을 판단한다는 의미이다. 공정한 판결이란 개인의 특수한 지위나 상황을 부당하게 참작하거나, 인맥이나 배경을 살펴보지 않고 판단하는 것이다. 즉 공정으로서 정의란 '모두에게 같은 기회로', '편견 없이 바라보는 것'인데 이는 곧 롤즈John Ralws가 말한 정의의 원칙과도 같다.

롤즈는 사회가 정의로우려면 모두가 동일하게, 권리의 충돌이 있지 않은 한 최대한의 기본적 자유를 누려야 한다고 했다. 이를 정의의 첫 번째 전제인 '평등한 자유의 원칙'이라 한다. 두 번째로, 사회가 공정하기 위한 규칙을 모여서 정한다고 상상해 보자. 각자 자신의 처지를 알 수 없게 '눈을 가리고', 모두가 납득할 만한 분배의 규칙을 설정하려 한다면 자신과 다른 사람의 사회경제적 지위와 자신의 유불리를 알 수 없다. 그래서 가장 최악의 상황일 때를 대비해, 최약자도 이익이 되는 원칙을 만든 것이다. 이를 '차등 원칙'이라 한다.

정의 원칙은 불평등을 부정하지 않는다. 다만 그것이 기회의 불평등에서 비롯되어서는 안 된다. 각자의 노력에 따른 결과의 불평등만이 용인된다. 정의로운 사회는 저울에 단 듯 모두에게 동일한 자유가 보장되고, 안대로 가려 편견 없는 상황에서 가장 약한 사람조차 이익이 있어야 한다. 이는 곧 기본사회가 지향하는 정의 원칙이다. 모든 국민의 기본적 권리와 삶을 보장해 같은 출발선에 서게 하는 것, 같은 출발점에서 경쟁한 결과에 승복하는 것이 기본사회이다.

이한주

공정으로서의 정의가 기본사회를 구현하는 원칙이라면, 심화된 민주주의는 기본사회가 운영되기 위한 정치 질서이다. 이번 12·3 불법 계엄으로 분명해졌지만, 민주주의는 국민의 기본권을 지키기 위한 최선의 정치 체제이다. 오로지 국민이 주인일 때만이 주권자 스스로의 권리를 정하고 보장받을 수 있다. 앞에서도 설명했지만, 만약 계엄이 성공했다면, 우리의 전반적인 삶이 억압받았을 것은 자명하다.

헌법 첫머리를 유심히 보면, 전문이 "유구한 역사와 전통에 빛나는 우리 대한국민은…"으로 시작해 "…국민투표에 의하여 개정한다"라고 끝난다. 그 후 총강 제1조 1항, "대한민국은 민주공화국이다"가 등장한다. 즉, '법(憲)의 법(法)', 우리 모든 법의 기초이자 우리의 모든 권리를 명시한 헌법을 만드는 주체는 '대한민국'이라는 국가가 아니라, '대한국민'인 우리이다. 국민이 헌법을 만듦으로서 대한민국이 정의되는 것이다. 그리고 이를 통해, 민주주의에서만이 국민이 보장받을 기본권을 스스로 정할 수 있음을 알 수 있다. 물론, 군부 독재 시기에도 헌법 전문에 헌법을 만드는 주체는 '대한국민'이라 했지만, 실제로는 군부 정권이 나라를 통치했기에 국민의 기본권이 억압되었다. 12·3 불법 계엄을 통해서도, 우리는 민주주의가 선언이 아닌 일상의 실천으로 이루어져야 함을 절감했다.

물론, 일상에서 민주주의 원리가 실천된다 한들 그것이 곧 모든 것을 보장하지는 않는다. 비민주적 국가도 경제적으로 번영할 수 있을지 모른다. 사실 군부 독재 시기 우리의 경제성장률은 높았다. 하지만 착각해서는 안 되는 사실은, 우리가 '군부 독재를 했기 때문에' 경제성장률이 높았던 것은 아니라는 점이다. 원인과 결과를 혼동해서는 안 된다. 경제성장에는 여러 원인이 영향을 미쳤는데, 이러한 허위 인과로 사실을 호도함으로써 독재를 미화해서는 안 된다. 오히려 많은 연구는 민주적이고 포용적인 나라가 경제적으로 번영함을 보여 준다. 인터넷에 '남북한 야간 사진'을 검색해 보기 바란다. 민주주의를 실현한 남한은 밝게 빛나는 반면, 억압적 제도를 유지하는 북한은 여전히 어둡다. 포용적이며 모든 국민의 참여를 보장하는 정치 제도일수록 자신의 역량을 발휘하는 데 이롭고, 경제적인 성과로도 이어진다. 스스로가 주인으로서 가꾸는 꽃밭과, 누군가가 억지로 시켜서 어쩔 수 없이 가꾸는 꽃밭은 많은 차이가 있기 마련이다.

　기본권이 주어지는 것이 아니라 만들어 가는 것이라는 점에서도 기본사회 운영을 위해 민주주의는 꼭 필요하다. 앞서 로크도 언급했지만, 근대 초기의 기본권은 신체의 자유와 재산권 정도로 여겨졌다. 그러던 기본권은 시민혁명을 거치며 참정권, 표현의 자유, 청구권 등으로 넓어졌고, 20세기에 들어서는 인간다운 삶을 살 권리, 이를 위해 필요한 교육과 건강, 노동을 보장받을 권리인 사회권으로 넓어졌다. 그래서 영국의 사회학자인 마샬T. H. Marshall은 복지가 국가의 구제나 시혜가 아닌 시민권의 실천이라 보았다. 지금은 기후 위기가 현실화되며 환경권이 중요해지고, 반려동물과 생활하는 사람이 늘며 동물의 권리에 대해서도 많은 사람들이 관심을 갖고 있다. 사회 변화에 맞춰 과거에도 그랬듯, 기본권도 다시금 변하고 넓어질 것이다. 시대 변화에 따라 기본권을 다시 정해 기본적인 삶이 보장되는 사회가 유지되려면, 비록 항상 우리가 신경 써야 하고 손이 많이 가는 시끌벅적한 제도이긴 하지만, 민주주의가 최선이다.

정의와 민주주의가 기본사회의 분배 원리이자 정치질서인 반면, 역량 향상적 접근은 기본사회가 구체적으로 실현되는 모습이자 원리이다. 이를 역량접근Capability Approach이라고도 한다. 역량이란 사전적으로는 '어떤 일을 해낼 수 있는 힘'이다. 누군가 학교에서 공부를 잘하거나, 회사에서 맡겨진 일을 잘하는 사람에게 '역량이 있다'라고 표현한다. 역량접근의 주창자인 센Amartya Sen은 역량의 정의를 잘 다듬어 '개인이 삶에서 할 수 있는 것들, 즉 기능의 범위'라고 설명한다. 사람이 제 기능을 한다(역할을 한다)는 말의 의미를 생각해 보자. 사람의 기능은 글을 읽고 쓰기, 양치질 등 일상의 간단한 것부터 건강 유지, 정치적 의사의 표현 등 복잡한 것까지 다양하며, 운동하고 양치하는 것이 건강에 영향을 주고, 읽고 쓸 줄 알아야 의사를 잘 표현하는 점에서 많은 기능은 서로 긴밀하게 관련된다. 그리고 사람마다 할 수 있는 기능은 차이가 있으며, 사회가 개인의 기능을 제한하기도 한다. 글을 배우지 못한 사람은 읽고 쓰는 기능을 할 수 없고, 정치적 의견을 표현하는 기능도 어렵다. 읽고 쓸 수 없고 자신의 생각대로 정치적 의사를 표현할 수 없다면, 그만큼 그 사람의 기능 범위(역량)는 제한된다. 만약 사회가 보편적 교육 서비스를 제공해 대부분이 읽고 쓸 수 있는 기능을 할 수 있다면 그만큼 개인과 사회의 역량이 증대된다. 하지만 공교육으로 역량이 증진되어도 종교적, 문화적인 모종의 이유로 정치적 의사를 표명할 수 없다면, 개인과 사회의 역량이 제한된다. 이 점에서 삶은 다양한 기능이 밀접하게 연관되어 이어진다. 역량의 증대는 개인이 인생에 걸쳐 할 수 있는 것이 늘어나는 것이고, 삶에서 할 수 있는 것이 늘어나는 것은 실질적인 자유가 증진되는 것과 같다.

따라서 우리 사회의 진정한 발전은 단순히 경제성장만으로 평가할 수 있는 게 아니라, 모든 개인이 자신의 역량을 증진해 실질적 자유를 달성할 수 있는지에 좌우된다. 그리고 기본사회는 구체적인 제도와 정책으로 이러한 역량의 증진과 진정한 의미의 사회적 발전을 달성한다. 보편적 공교육과 의료, 교통서비스는 교육과 건강, 이동에 관한 국민의 역량을 높이고, 기본적인 소득이 보장되면 경제적 곤란을 해결해 시민이 자신의 삶에서 선택할 수 있는 범위가 넓어진다. 단순히 소득이 높아진다고 잘 사는 것이 아니다. 역량접근의 시각으로는, 각자가 인생에서 자신의 의지대로 얼마나 많은 것을 할 수 있는지가 잘 사는 것의 기준이 된다. 그리고 이것이 기본사회가 바라는 구체적인 사회상이다.

지금까지의 가치, 공정으로서의 정의와 심화된 민주주의, 역량향상 접근은 대체로 인간과 인간, 사회에 관한 가치이다. 같은 세대 내의 원칙이다. 반면 네 번째 가치인 지속가능성은 인간과 환경, 그리고 세대를 넘어 기본사회를 유지하기 위한 원칙이다. 물론, 앞의 세 가치가 환경이나 세대 간 계약과 아무 관련도 없는 것은 아니다. 모두가 공정하게 깨끗한 환경을 보장받는 것은 중요하다. 현 세대가 규정하는 기본권의 범위와 내용은 미래 세대의 기본권에 영향을 미친다. 누스바움 Martha C. Nussbaum은 사회가 증진하는 역량이 인간 문제에 국한되는 것이 아니며, 동·식물과 인간이 관계를 맺는 것, 깨끗한 공기와 물을 향유하는 것도 핵심 역량으로 사회가 보장해야 한다고 강조한다. 하지만 지속가능성은 이보다 더 적극적으로, 기본사회의 세대를 넘는 지속과 번영을 위해 인간과 환경의 관계를 강조하는 가치이다.

사실 이러한 사회의 지속가능성에 대한 논의, 성장의 한계Limits to Growth에 대한 경각심은 새로운 것이 아니다. 1960년대 말 환경문제에 대한 대책을 논의하기 위해 로마클럽Club of Rome이 만들어지고 관련 보고서가 출간되며 지속가능성이라는 개념이 주목받기 시작했다. 간단히 말하면, 사회에 대한 지속가능 접근의 가장 단순한 원리는 크게 두 가지 명제이다. 첫 번째는 기본적으로 사회는 모든 인간의 기본적 삶을 보장할 수 있는 사회적 기초foundation를 다져야 한다. 이를 위해 충분한 상품과 서비스가 생산, 소비되어야 한다. 우리가 사회적 기초로 부를 수 있는 수준 이하로 떨어진다면 기아나 문맹과 같이 기본적 삶을 보장할 수 없는 상황이 된다. 그러나 두 번째로, 그렇다고 해서 기본적 삶을 보장하기 위한 상품과 서비스의 생산·소비가 지속가능한 한계를 넘어 버린다면 기후변화나 환경 오염, 생물 다양성의 손실 등 위기를 초래한다. 그리고 이는 다시금 인간의 기본적 삶을 위협하는 요인이 되어 기본사회를 지속가능하지 못하게 할 것이다. 전통적인 경제학은 시장에서 최적의 생산과 소비, 가격이 결정된다고 하지만, 실제로는 기본적인 삶을 보장하는 데 충분하고도 남는 것을 넘어, 너무 많이 생산해 위기를 초래하는 사례가 많다. 가장 대표적인 것이 폐의류이다. 한국에서는 2020년에 약 8만 2,400톤의 폐의류가 만들어졌다. 애덤 스미스조차 국부론에서 "옷을 사회적으로 부끄럽지 않게 차려입는 것이 기본적 삶의 요건"이라고 했지만, 하루에 200톤이 넘는 옷이 버려지는 것은 옷이 이미 기본적 삶을 충족하고도 너무 많이 생산되는 것을 보여 준다. 물론 누군가는 부끄럽게 입고 있을 수 있다. 그러나 이는 옷이 부족한 게 아니라, '의류에 대한 접근성'이 동등하게 보장되지 않기 때문이다. 이는 배분의 방식을 바꾸어 처리할 문제이다. 전자 기기도 너무 빨리 교체되며 전자 폐기물e-waste을 양산하고 있다. 디지털 접근권이 모두에게 보장되어야 하는 것과 전자 폐기물이 많이 쌓이는 것은 다른 문제이다.

따라서 기본사회는 모든 국민의 기본적 삶을 보장할 수 있는 수준으로 생산하고 소비해야 하지만, 이것이 환경을 위협해 미래 세대의 기본적 삶을 침식해서는 안 된다. 이는 현재 세대의 기본적 삶을 위해 후손의 기본적 삶을 포기하는 행위이다. 모두에게 기본적 삶을 보장하도록 생산하되 효율적이고 합리적인 분배로 한계를 정해야 한다. 따라서 기본사회는 협력과 연대로 현재의 환경을 보호해 기본권의 보장을 지속 가능하게 만들고 세대를 넘어 번영하는 사회이다.

4. 기본사회의 정책과 제도

◇◇◇◇◇◇◇◇◇

지금까지 기본사회란 무엇인지, 우리 사회가 기본사회를 실현하지 못했던 이유가 무엇인지, 기본사회를 운영하는 가치와 원칙이 무엇인지 설명했다. 기본사회란 '국민의 모든 기본권을 최대로 보장해 모든 국민에게 기본적인 삶을 보장하고, 이를 통해 모두가 자신의 의지대로, 실질적인 자유를 누리는 사회'이다. 우리는 헌법을 만들 때부터 이를 지향했지만 당시의 어려운 나라 살림 때문에 기본사회를 시작하지 못했고, 무상급식, 무상교복 같은 작은 실천들이 모여 조금씩 기본사회로 나아가고 있다. 이런 기본사회를 온전히 구현하려면 기본적 전제

이한주

인 공정으로서의 정의, 기본권 보장을 위한 민주주의, 실질적인 삶의 모습이 바뀌도록 노력하는 역량향상, 기본사회가 세대를 넘어 번영하는 원리인 지속가능성이 관철되어야 한다. 그렇다면 이런 지향과 원리 위에 구체적으로 어떠한 제도와 정책으로 기본사회가 운영되어야 할까? 여기서는 크게 세 덩어리로 기본적 생애소득보장, 보편적기본서비스, 사회적경제의 구체적 사례들도 몇 가지 얘기하겠다.

기본적 생애소득보장은 인생 전반에 걸쳐 소득이 끊김 없이 보장되도록 해서 적어도 돈 때문에 하고 싶은 일을 못 하게 되는 것을 막는 일련의 정책이다. 이 점에서 기본사회의 소득 정책을 보편적 기본소득 Universal Basic Income으로 생각할 수도 있다. 보편적 기본소득은 모든 국민에게, 조건 없이, 정기적으로 지급되는 현금을 의미한다. 이미 기본소득 운동이 국내에 소개된 지도 10년이 넘었다. 기본소득의 개념은 이미 16세기 이후 공동체의 공유 재산, 예를 들어 토지에 대한 공동권리를 주장하며 시작되었고, 현대에도 많은 사람이 주장하며 주목받았다.

알래스카의 석유 배당이나 핀란드의 기본소득 실험처럼 현실에서 실행되거나 실험한 사례도 적지 않다. 그래서 한국도 기본소득에 대한 여러 아이디어가 제시되었고, 많은 지역에서 크고 작은 실험이 진행 중이다. 사례집 1권에서 소개했지만 전남 신안군은 풍부한 일조량과 풍량을 바탕으로 태양열, 풍력 발전을 하고 있고, 이를 바탕으로 주민들에게 배당을 지급하고 있다. 비슷하게 경기도 여러 곳에서 마을에 태양열 발전소를 설치해 주민 배당을 시행 중이다. 이러한 공유부 배당은 기후위기에 대응하는 친환경적 에너지 생산 방식이라는 점에서도 유익하고, 언젠가는 우리 사회의 주요한 소득원으로 자리 잡을 수 있다.

다만 지금 당장 보편적 기본소득을 시행하는 것은 어려울 수 있다. 재원을 마련하는 것에 대한 우려와 논쟁도 있다. 우선은 현재 운영되고 있는 제도를 잘 고치고 보완하는 노력이 필요하다. 그래서 사례집 1권에서는 육아수당, 청년소득, 어르신 장수수당, 농민수당 같은 제도를 기본소득보장의 한 형태로 소개했다. 이는 전 국민을 대상으로 한 것은 아니지만, 인생의 전환기에 많은 지출이 필요하거나, 일자리가 안정되지 못해 기본적인 소득이 보장되기 어려운 사람을 지원해 일생에 걸쳐 안정적인 소득을 보장하려는 시도이다. 이번 사례집 2권에서도 시민수당이나 예술·체육인 수당, 가족돌봄청년을 대상으로 한 수당을 주요 사례로 소개했다. 특히나 가족돌봄청년은 사회가 해야 할 돌봄의 역할을 대신해 자기가 얻을 소득을 포기하고 있기에 더더욱 지원이 필요하다. 국가적 차원에서도 지금도 운영되고 있는 아동수당이나 디딤돌씨앗통장 같은 제도를 보완해 향후 출생 기본소득, 청년 자산과 같은 제도로 발전시켜 나가야 한다. 현재는 취약계층에 집중된 제도를 점차 집단별 소득 보장으로, 인생에 끊김 없는 소득 지원으로 확장하면, 미래에는 보편적 기본소득도 가능할지 모른다.

보편적기본서비스는 현금이 아닌 서비스로, 돌봄이나 의료, 재취업 같이 개인이 감당하기 어려운 일을 필요가 있는 누구에게나 조건 없이 제공하는 것을 말한다. 그간 이러한 서비스를 공공은 취약계층에게 주로 지원하고, 여유가 되면 시장에서 개인적으로 구매할 수 있었다. 그러다 보니 지역과 소득 수준에 따라 이용할 수 있는 서비스 품질에 큰 격차가 발생했다. 어린이집이나 병원만 생각해 보아도 강원 내륙이나 전남 도서 지역에서 시설을 이용하기 위해 가는 시간이 서울의 적게는 두세 배, 많게는 열 배 가까이 더 걸린다. 국민 모두에게 기본적인 수준을 균등하게 보장하지 못하고 있다. 그래서 사실 기본서비스는 기본사회의 핵심 정책이다. 필요가 있는 사람에게 제공하기 때문에 언뜻 서비스를 안 받으면 손해라 느낄 수도 있다. 아프지 않은 사람을 어거지로 병원에 데려갈 수도 없고, 자녀가 없으면 어린이집을 이용할 일이 없을 것이다. 그래서 형평에 문제를 삼을 수 있지만, 사실 조금만 더 생각해 보면, 대체로 우리는 살다 보면 언젠가는 특정한 서비스가 필요할 때가 있다. 평생 한 번도 아프지 않고 병원을 갈 일이 없는 사람은 거의 없을 것이다. 평생 동안 안정적으로 한 직장에서 다니는 사람도 많지 않다. 가족이 아픈데 일을 해야 해서 누군가에게 잠시 돌봐 달라고 부탁하는 일도 있을 수 있다. 그런 면에서 보면 필요한 사람에게 지원한다고 하지만, 긴 관점에서 우리 모두는 인생의 다른 시점에서 다른 형태로 서비스를 받는다. 그래서 기본서비스는 우리 삶의 기회를 보다 균등하게 만들어 준다. 또한 기본서비스는 되도록 시장에 의존하지 않고 공동체가 제공하려 하기에, 공동체의 회복과 우리가 서로에게 빚지며 살고 있다는 사실을 일깨우는 데 효과적이다.

기본서비스 사례는 기실 우리 사회에 매우 많다. 돌봄, 에너지, 교육, 주거, 교통, 금융, 의료, 일자리의 영역뿐만 아니라 참여민주주의도 여기에 해당한다. 앞서도 얘기했지만, 기본사회는 단순히 사회권만을 보장하는 사회가 아니다. 모든 기본권을 최대로 보장하는 사회이다. 특히나 12·3 불법 계엄으로 정치와 일상의 민주주의가 더 중요해진 시점에, 각 지역에서 시행하고 있는 참여민주주의 제도는 정치적 기본권과 주인으로서 국민이 정치에 참여하는 것의 중요성을 일깨워 주고 있다. 사실 민주주의와 사법은 보편적 기본서비스를 소개한 영국의 세계번영연구소ᴵᴳᴾ에서도 이미 제시한 영역이다. 왜 민주주의가 서비스의 영역인지 의아할 수 있지만, 정치적 참여와 법적 분쟁에서 충분히 보호받을 권리는 그 자체로도 누군가의 도움이 필요한 문제일 수 있고, 다른 서비스가 잘 보장되도록 돕는 영역이다. 국내에서는 주민참여예산제, 숙의토론제, 시민배심원제 등의 제도가 많은 지역에서 시행되고 있다. 다만 지역별로 제도가 심화된 수준이나 활발하게 운영되는 정도는 차이가 크다. 2권에서 소개하는 참여민주주의 제도는 비교적 국내에서도 모범적으로 운영되고 있는 사례들이기 때문에, 이러한 사례들을 참고한다면 각 지역에서 국민 개개인의 삶에 민주주의가 스며들고 정치적 기본권이 잘 보장되는 데 도움이 될 것이다.

새로 추가된 참여민주주의 외에도, 1권에서 다룬 기존 기본서비스 영역인 돌봄, 의료, 주거, 에너지, 교육, 교통, 금융, 일자리 영역도 새로운 사례를 고르고 골라 포함했다. 이러한 영역들 역시 개인이 감당하기 어려워 공공의 도움이 필요하거나, 부족하면 삶의 기본적인 요건이 충족되기 어려운 것들이다. 이에 대해 전국 많은 지방정부에서는 다양한 사업으로 필요한 사람을 지원하고 있다. 이 중 적지 않은 것은 중앙정부의 사업과 연계해 시행되고 있는 것도 있고, 중앙정부의 사업에 지자체의 추가적인 역량을 얹어 더 충분하게 제공하는 것도 있다. 아니면 아예 중앙정부의 기조와 별도로 독자적인 사업을 수행하기도 한다. 민관이 협력하거나 뒤이어 얘기할 사회적경제 형태로 하는 사업도 많다. 그래서 이 사례집을 접하는 사람은 자기 지역의 현황을 염두에 두며 다른 지역의 사업을 눈여겨본다면 분명 도움되는 것을 발견할 수 있으리라 생각된다.

지금까지의 설명으로 기본적 생애소득보장과 보편적기본서비스가 기본사회에 필요하다는 것을 이해할 수 있을 것이다. 다만 공유경제, 그리고 협동조합이나 마을기업, 사회적경제는 왜 기본사회에서 필요한지 의아할 수 있다. 하지만, 조금만 곰곰이 생각하면 사회적경제는 기본사회를 실현하는 데 꼭 필요한 요소이다.

일단, 사회적경제는 시장에만 맡겨 두면 효과적으로 해결하지 못하는 어려운 문제를 해결할 수 있다. 민간기업은 이윤을 추구하는 것이 목적이고, 이는 전혀 나쁜 일이 아니다. 기업은 당연히 이윤을 추구해서 경영자나 주주, 노동자의 이익을 위해 일해야 한다. 다만 그러다 보니 지역 간 격차가 크거나, 수익성이 낮은 일은 민간이 전적으로 하기 어렵다. 그럼에도 우리 사회의 존속과 번영을 위해 꼭 필요한 일들이 있다. 돌봄이나 의료가 그렇다. 반면에 수익을 우선으로 하기에 필요 이상으로 너무 많이 생산되어 낭비가 발생하고, 지속가능성을 위협하는 일도 있다. 앞서 얘기한 폐의류나 전자폐기물이 이에 속한다. 결국 이러한 일들은 시장 논리에만 맡겨 두면 해결하기 어려우니 공공이 개입해야 하는데, 꼭 국가가 하는 것만이 능사는 아니다. 국가도 재정의 운용을 생각해야 하고, 세금으로 사업을 하기에 우선순위를 따져보지 않을 수 없다. 사회적기업이나 협동조합은 이윤을 아예 추구하지 않는 것은 아니지만, 그래도 사회적 가치가 있는 활동을 하기 위해 결성하고 구성원의 민주적 참여로 운영되는 만큼 이윤의 논리나 재정 압박으로부터 상대적으로 조금 더 자유롭다. 그래서 시장과 국가에게만 맡길 수 없는 어려운 일을 하는 데 유익하다. 본 사례집에서도 소개한 바 있는 돌봄협동조합이나 조경, 미화 업무의 협동조합, 공동체 주도 치매안심마을, 교복은행 등은 이러한 사회적경제와 협동조합의 순기능을 잘 보여 주는 사례일 것이다.

사실 한국에서는 공공public이라 하면 국가state를 곧잘 연상한다. 아마도 오랜 독재정권의 경험 때문일 것이다. 하지만 공공은 국가의 개입만을 의미하지 않는다. 사적인 것private이 아닌 일, 개인의 문제가 아니라 여러 사람의 문제이고, 나아가 다 같이 해결하는 문제는 공공의 개입이 된다. 그래서 사실 협동조합과 사회적경제는 주민이 다 같이 모여 공공(모두)의 문제를 스스로 해결한다는 민주적 원칙에도 부합한다. 누군가에 의존하지 않고 직접 해결하는 생활 속의 민주주의이기도 하다.

이런 점 때문에, 우리는 모든 사람의 삶을 보장하는 사회를 '기본국가'나 복지국가가 아닌, '기본사회'라고 하는 것이다. 기본사회는 단순히 모든 사람의 삶이 보장되어 있는 정태적 상태를 지칭하는 것이 아니다. 기본사회는 특정한 국가상일 수도 있지만, 그보다는 국가와 시장, 시민사회가 각자의 역할을 능동적으로 해나가며 만들어 가는 사회운동이자 실천이기도 하다. 이 사례집에서도 다양하게 소개하고 있지만 단순히 정부만 일을 하는 것이 아니라 경우에 따라 정부와 민간이 협력해서 기본적 권리와 삶의 보장을 위해 노력하는 경우도 적지 않다. 부안의 한평갯벌 프로젝트나 전남 구례의 공유자전거 모델 등이 이에 속한다.

이한주

5. 기본사회의 성장 모델

◇◇◇◇◇◇◇◇◇

　이렇듯 기본사회를 설명했지만, 그래서 기본사회가 되면 무엇이 좋은지 여전히 의문일 수 있다. 모든 사람에게 기본적인 권리와 삶이 보장되고, 결과적으로 평등한 기회와 실질적 자유가 증대되는 것 자체로 좋지만, 무언가 더 없는지 아쉬운 사람들도 있을 것이다. 기본사회를 하는 것이 우리 경제에 도움이 될지 의구심을 가질 사람도 있다. 사실, 기본사회는 아직까지 실현된 적 없는 사회이고, 우리가 주도적으로 만들어 가고 있는 점진적 변화이기에 많은 것을 얘기할 수는 없지만, 그러함에도 불구하고 기본사회가 가져올 긍정적 변화에 대해 간단하게 얘기할 수 있을 것이다.

　기본사회는 모든 국민에게 기본적 삶과 기회를 보장한다. 그래서 모두가 평생에 걸쳐 원할 때 공부하고 자신의 역량을 기를 수 있다. 무상교육과 평생교육 서비스, 어린 시절에 제공되는 양질의 돌봄은 개인의 창의력과 역량을 높이는 데 도움이 되고, 사회적 다양성도 높아진다. 실제로 많은 연구는 어린 시절 좋은 돌봄을 받을수록 성인이 되었을 때 역량이 더 높으며, 이 점에서 가장 효과적인 사회적 투자를 돌봄과 교육이라 입을 모은다. 중요한 것은 양질의 서비스가 고르게 제공된다는 점이다. 더 많은 사람이 고른 기회를 받을수록 혁신과 첨단 사회가 요구하는 인재도 더 많이 배출될 수 있고, 이는 우리 경제 전체의 성장에 도움이 된다. 무상교육 정책, 청소년의 견문과 경험을 넓히는 사업, 성인의 평생학습을 지원하는 사업, 청소년의 안전한 통학을 지원하는 서비스, 온종일 돌봄을 지원하거나 통합돌봄으로 어린이와 성인의 역량증진에 힘쓰는 지역을 많이 발견할 수 있다. 이는 우리 사회의 성장 잠재력 증가로 이어진다.

동시에 기본사회는 기본소득보장과 보편적기본서비스를 제공하기에 불평등 해소에 효과적이다. 오히려 보편적기본소득보다 더 불평등 해소에 효과적일 수 있다. 미국과 우리나라에서 취약시기 소득보장이 강화되고 교육, 의료, 주거 분야에 기본서비스가 제공될 경우 어떤 일이 있을지 살펴본 연구를 검토하면, 연구마다 정도의 차이는 있지만 불평등 정도를 나타내는 지니계수가 유의미하게 낮아지는 것을 확인할 수 있다. 또한 참여소득, 즉 일자리가 없는 사람에게 사회적으로 가치 있는 일을 맡기고 소득을 보장하는 제도가 도입된다면 마찬가지로 지니계수가 크게 낮아지는 것을 확인한 연구도 있다.

세 번째로, 기본사회는 이미 지속가능성을 지향하고 있고, 구체적인 운영을 통해 환경보호와 기후위기 대응에 도움을 줄 수 있다. 햇빛바람연금이나 많은 에너지자립마을, RE100 생산기지 조성은 친환경 전력생산으로 에너지 전환을 실현하는 좋은 사례이다. 또한 많은 지역에서 무상교통이 지원되어 많은 사람이 대중교통을 이용한다면 자가용 사용을 줄여 매연과 화석연료를 줄이는 데에도 도움이 될 것이다. 기본주거를 실현하는 과정에서 친환경 주택을 공급하는 것 역시도 지속가능한 기본사회의 번영에 이롭다.

또한 앞서 소개했듯, 기본서비스는 서비스의 공공성을 강화하고, 사회적기업과 협동조합이 주도적으로 참여하는 기본사회는 공동체의 가치를 되찾아 고립된 각자가 아닌, 연대해서 서로 도우며 살아가는 우리의 삶을 회복하는 데 도움이 된다. 고립가구 발굴을 위한 이웃살

이한주

핌이나 케어팜, 1인 가구를 위한 공동체 프로그램 등 많은 사례를 통해 기본사회가 개인을 사회의 편린이 아닌, 서로 도우며 살아가는 사회적인 삶을 사는 데 기여할 수 있음을 확인할 수 있다.

기본사회는 기본권 패러다임을 전환하고, 모든 국민의 기본권을 최대한 보장해 실질적 자유를 누리는 혁신적 발상이다. 하지만 기본사회의 실현은 중앙과 지방, 민간과 시민사회, 협동조합, 사회적경제가 다같이 조금씩 만들어 가는 과정이다. 그래서 기본사회의 발상은 혁신이지만, 실천은 점진이다.

마지막으로 명심해 둘 것은 기본사회의 역동성과 다양성이다. 어떤 사회의 기본은 나라마다 그리고 시기마다 다를 것이다. 현재 우리나라와 중국 그리고 미국의 기본권은 저마다 내용이나 정도의 차이가 있다. 또한 해방 직후와 박정희 정부 그리고 민주화 이후나 지금도 삶의 질이 정치적으로나 사회경제적으로 다르다. 이에 따라 각각의 개인에게 기본권으로 보장하고 있는 정도 즉 기본권이 각기 다른 것이다. 앞으로도 그럴 것이다. 이 말은 우리사회는 현재의 기본사회를 발판 삼아 지금보다 낮은 기본사회, 한층 더 높은 기본사회로 고양하다 보면 우리 공동체가 염원하는 사회로 갈 수 있음을 의미한다.

이를 등산으로 보자면 이렇다. 우리 공동체가 에베레스트 등정을 한다고 치자. 어느 정도 오르다 보면 지치고 힘들어 휴식과 정비가 필요하다. 그때 쉬어 정비하는 곳을 베이스 캠프base camp라고 한다. 그러나 여기에서 영원히 쉬면 안 된다. 다음번 베이스 캠프까지 가야만 한다. 이렇게 한 발 한 발 높이다 보면 어느덧 목적지에 도달할 것이다. 그렇다. 기본사회는 다음번 기본사회로 가는 발판이다. 역량을 축적하여 정치적, 제도적으로 성숙하고 경제도 성장하며 사회문화적으로도 성숙하여 새로운 기본사회에 도달하는 것, 그것을 성장 또는 성숙 혹은 발전이라고 할 수 있다. 계엄에 의해 부분적으로라도 파괴되었던 우리의 기본사회를 회복하여 보다 높은 사회로 진전해야 할 때이다.

이한주

◇◇◇◇◇◇◇◇◇◇

대중은 대통령의 '리더십'을 소비한다 : 민주주의 국가에서 왕의 등극과 몰락

대중은 불안할 때,
자신들의 욕망을 실현할 수 있는
정치지도자의 리더십을 소비한다.
민주 사회에서 왕의 리더십에 몰두한
대통령은 '폐위된 왕'이 되고 만다.
이런 경우, 대중들은 또 다른
영웅적 이미지를 가진 인물을 통해
자신들의 욕망을 실현하려 한다.

황상민

● 美 하버드대 심리학 석사, 박사
● 전 연세대 심리학과 교수
● 현 통증해방: WPI 심리상담코칭센터 대표

❖ ❖ ❖

1. 리더십의 실패: '자신을 왕으로 착각한 대통령의 최후'

◇◇◇◇◇◇◇◇◇◇

윤석열 대통령이 2024년 12월 3일 오후 10시경에 비상계엄을 선포했다. 대한민국은 일순간 충격과 혼란에 빠졌다. 그리고, 혼란과 당혹감 속에 국민들은 군인들이 출동하여 국회를 봉쇄하는 현장을 생생하게 언론의 중계 방송으로 접하게 되었다. 몇 시간이 지나지 않아, 국회에서 계엄이 해제되었다는 소식이 보도되었다. 하지만, 이후 일어난 일은 혼란의 연속이었다. 뜬금없는 '비상계엄'을 선언하고 온 국민을 불안과 두려움에 시달리게 한 대통령은 "아무 일도 일어나지 않았다"라고 증언했다. 그리고, '군주무치(君主無恥)'의 뻔뻔스러움을 21세기 민주 공화국인 대한민국에서 대중은 지켜보았다. 민주주의 공화국에서 대통령이 군대를 동원한 '비상계엄'을 선언한다는 것 자체가 너무나 역설적이다. 하지만, 대한민국 국민들은 자신이 어떤 나라에서 어떤 정치 지도자를 모시고 살고 있는지를 다시 살펴볼 기회를 가지게 되었다. '왕국의 백성'인지, 아니면 '공화국의 시민'인지를 구분하고 확인하는 일이었다. 새삼스레, 이 나라 국민들은 자신들이 선출한 대통령이 '왕 노릇'을 하는 군주인지, 아니면 '자신들을 대표하는 선출된 공무원'인지 다시 확인해 보아야 했다. 대통령의 리더십이 무엇이며, 또 어떻게 발휘되어야 하는지와 관련된 필자의 오랜 연구 주제를 마치 묵은 먼지를 털어내듯 살펴보게 되었다.

"이건 민주주의를 파괴하는 독재 행위다." "우리나라 대통령이 내란죄를 일으키다니!" 절망감에 빠진 국민들은 즉각적으로 분노를 표출했다. 하지만, 국회에서 이루어진 대통령 탄핵과 이후의 기소 및 체포로 이루어진 일련의 사태는 대통령의 역할이 무엇인지와 같은 기본적인 질문을 던지게 했다. 대통령 스스로가 비상계엄 선언을 '호수 위의 달 그림자'로 비유하며, '실체가 없는 아무것도 아닌 일'로 취급하려 할 때, 그는 완전히 마음을 상실한 인간으로 보여지기 시작했다. 그리고, 이런 그의 모습이 실소를 자아내게 하는 헌법 재판소 '아무 말 대잔치' 증언으로 계속 언론에 노출될 때마다, 대중들은 그를 지지하는 듯, 하지만 대통령의 역할을 맡길 수 없다는 믿음을 점점 더 하게 되었다. 이것은 또한 '12·3 비상계엄'을 야당의 폭거에 대응하는 대통령의 '비상 조치'라고 강변하는 그의 지지 세력의 정체에 대해 다시금 생각해 보는 기회가 되기도 했다. 사실, 이 나라를 지배하는 정치 지도자들의 리더십의 실체에 대한 의문이기도 하다. 말로는 '국민'과 '국가'를 내세우지만, 정작 그들은 마치 봉건 전제국가에서의 왕이나 귀족으로 국민들을 백성으로, 국가를 그들의 왕국으로 삼고 있다는 것을 잘 보여 주었기 때문이다. 하지만, 대중들은 민주주의 국가의 국민들이 맞았다. 그들은 탄핵된 왕을 이미 폐위된 임금으로 취급하고, 바로 다음에 '누가 대통령이 될 것인가?'라는 질문을 던지기 시작했기 때문이다. '국왕의 백성'이든, '공화국의 시민'이든, 새로운 '왕'의 등극으로 평안한 일상의 삶이 지속되기를 기대하는 마음이었다. 이런 국민들을 무지몽매한 대중이라고 할 수도 있다. 하지만, 이들은 대통령이라는 정치인이 발휘하는 리더십을 자신의 삶에 나름 잘 활용하고 있다. 그들에게 '대통령이 무슨 죄를 지었느냐'라고 따지는 일은 별로 중요하지 않다. 이미, 그는 잊혀져야 할 '폐위된 왕'이 되었다. 그리고, 정말 궁금하고 중요한 것은 '다음 대통령은 누구냐?'라는 질문에 대한 답을 찾는 일이다.

대중이 기대하는 영웅의 리더십

리더의 심리 그리고 리더가 발휘하는 리더십의 영향을 분석하는 심리상담사로서 12·3 비상계엄 사태는 21세기 자유 민주주의 공화국에서 '왕 노릇' 하려는 정치 지도자의 리더십이 대중들에게 어떤 영향력을 발휘하는지를 파악해 볼 수 있는 흥미로운 기회였다. 대통령의 비상계엄 선언을 민주주의의 파괴로 항거하는 시민들도 있었다. 하지만, 정작 대통령의 탄핵과 내란죄 혐의에 의한 체포 과정에서 '윤석열 대통령을 지키자'라는 구호도 나왔다. 어떤 대중의 심리로 이런 일이 벌어질 수 있을까? 윤 대통령의 리더십을 대중은 어떤 마음으로 소비하기에 이런 일이 일어나게 되는지를 살펴보아야 했다. 사실, 윤 대통령이 인식한 '국가적 위기'란 사실상 그의 부인을 향한 야당의 공세라고 할 수 있다. 그는 국가를 보호하려 한 것이 아니라, '부인을 지키기 위해 권력을 행사한 것'이 문제의 본질이었다. 하지만, 윤 대통령을 옹

호하는 누구도 이런 이유를 언급하지 않는다. 대중은 대통령의 리더십에 대해 어떤 마음을 가지고 있기에 이런 모습을 보이는 것일까? 민주 공화국에서 선거로 선출한 정치 지도자를 마치 왕처럼 의지하고, 또 그 왕을 폐위시키려는 대중의 마음이다. 대중은 자신이 지지하는 정치 지도자를 통해 자신의 억눌린 욕망을 실현하려 한다. 이 과정에서 자신이 누구이며, 자신이 어떤 사람으로 살고 싶은지에 대한 인정을 조금씩 하게 된다. 정치 지도자는 자기 존재와 정체성을 확인하는 상징물이 된다. 왕처럼 믿고 숭상했던 그분이 핍박받거나 심지어 폐위의 순간에 있다고 믿을 때, 대중은 미친 듯이 나서게 된다. 억압받고 억울한 내 마음을 이런 기회에, 이런 계기로 표현한다.

특정 정치 지도자의 리더십 또는 리더십의 이미지가 대중의 욕망과 결합하는 방식이다.

민주 공화국인 대한민국에서 대중은 윤석열 대통령을 마치 부당하게 '탄핵당한 억울한 왕'처럼 받아들였다. 그 이유는 단지 그들이 '무지몽매'한 대중들이기 때문은 아니다. 그들에게 대통령은 절대 군주와 같은 인물이다. 이뿐 아니라, 대통령을 통해 자신의 불안한 삶, 자신의 막연한 미래의 문제가 해결되기를 기대한다. 이런 이유로 가능한 강한 힘을 행사하면서 뭔가 뚜렷한 정체성과 이미지를 가진 인간이기를 바란다. 나름 의존할 수 있으면서, 자신의 삶의 이유를 찾을 수 있는 자신의 주인님과 같은 존재이기를 바란다. 대통령의 리더십이 발휘되는 순간이다. 또한 대중이 대통령의 리더십 이미지를 소비하는 과정이다. 대중과 대통령의 역할을 하는 정치인이 상호 협력하여 리더십이 효과를 발휘하는 과정이다. 대한민국에서 대통령의 리더십을 리더 개인의

황상민

역량의 발휘 또는 자질처럼 취급할 때에는 결코 파악하기 힘든 '리더십 작동 원리'이다. 정치 지도자 개인을 통해 자신의 심리적 욕망을 충족시키려는 것이 리더십의 이미지를 소비하는 과정이다. 영웅과 같은 리더의 등장을 대한민국 대중이 갈망하는 이유이다. 대통령을 잘 뽑기만 하면, 자신의 삶이 나아지고 또 그런 기대가 충족될 것이라는 마음이다. 민주주의 공화국에서 '왕과 같은 정치 지도자'를 대중이 만들어내는 이유이다. 대통령이 되려는 '정치 지도자' 개개인을 이성과 합리의 눈으로 평가하고 살펴볼 때, 이런 마음을 쉽게 이해하기는 힘들다. 보통, '어떻게 저런 인간이?'와 같은 리더십 평가를 쉽게 하는 이유이다. 과거 대선에서 윤석열과 이재명 후보는 대중에게 신뢰성의 측면에서 뚜렷하게 차이가 있었다. 검찰총장을 거친 진짜 검사와 '검사 사칭 변호사' 중에서 누구를 고르겠느냐의 비교이다. 영웅을 기대하는, 자신들이 확실히 기댈 수 있는 영웅 같은 인물을 찾는 대중의 마음은 이런 수준이다. 탄핵 이후, 몰락한 왕의 신세가 된 윤석열 대통령에게 리더십을 기대하는 마음이 없는 것도 이와 같다. '복귀하면 임기 단축 개헌을 하겠다'는 그분의 헌재 재판 최후 진술이 비장함은커녕 실소를 자아내는 이유이다. 대중들은 자신들이 막연히 기대하던 리더십을 더 이상 현재의 대통령을 통해 이룰 수 없다고 믿을 때, 영웅과 같은 새로운 인물을 기대한다. 그리고, 새로운 구국의 영웅을 찾게 된다. 충동구매 행위와 유사한 리더십의 소비행동이다. 각자 자신들이 가진 불안과 불만 그리고 기대를 다양한 방식으로 시키려 하며, 또 발작적이며 충동적으로 일어난다.

대중의 불안이 만든 지도자의 리더십, 그리고 그 변질 과정

윤 대통령을 지지하는 일부 대중에게 그는 '억울하게 폐위된 왕'이다. 윤 대통령이 구속된 이후, 그를 '희생양'으로 받아들이고, 그를 보호해야 한다는 움직임을 정치권에서 만들어 낸 것은 전형적인 '여론 조작'에 기반한 '중우정치'의 발현이다. 정치인은 대중을 자신들의 권력 탈취를 위한 대상으로 삼으려 한다. 대중은 정치인을 자기 불안이나 다양한 욕망을 자기 대신 실현해 줄 '재림 예수' 수준으로 받아들이려 한다.

윤석열 대통령의 리더십과 그 실패 사례는 향후 정치 지도자들에게 중요한 교훈이 될 것이다. 하지만, 이 교훈은 정치인이나 대중 모두에게 자신의 문제나 잘못을 인식하게 하지는 않는다. 대중이 대통령을 왕으로 믿고 또 자신의 욕망을 극대화하듯이, 정치 지도자 또한 자신의 욕망을 실현하기 위해 대중을 활용하려 하기 때문이다. 상호 동조하고 도와주는 각자의 욕망을 극대화하는 방식을 실용적이며 현실적인 가치 지향적인 정치 지도자의 리더십 발현이라 믿는다. 윤 대통령의 어이없는 12·3 비상계엄 선언과 이후 이어진 정치적 위기 상황은 정치 지도자가 각자 자신의 욕망을 실현하기 위해 '대중 조작', '대중 홍보'의 리더십을 어떻게 발휘하는지는 잘 보여 주었다. 하지만, 아직 누구도 '어떤 리더십을 통해, 자신에게 맞는 리더십 이미지를 만들 수 있는가?'라는 질문에 답한 사람은 없다. '국민을 앞에 두겠다'는 선언과 '가치와 실리를 추구하는 중도 경제 노선' 등에 대한 언급 정도만 있을 뿐이다. 지도자는 단순히 정책을 발표하는 사람이 아니다. 그는 대중이 가진 감정과 심리를 읽고, 그것을 반영할 수 있는 메시지를 던

황상민

져야 한다. 윤 대통령 리더십의 가장 큰 특성은 그의 '격노'이다. 논란이 되는 이슈가 나올 때마다, 그의 격노는 사안의 중요성을 알려 주는 기준이었다. 중요한 국가 정책의 발표에서조차 그가 자신의 감정을 얼마나 표출하는지에 따라 그의 진정성을 느껴야 했다. 대중은 마치 '핏대를 내세우는' 꼴통 아저씨와 대통령의 리더십 이미지를 자연스럽게 연결시키지 않을 수 없었다.

윤석열 대통령의 리더십의 실패는 탄핵 이후에도 계속되었다. 막연한 기대와 희망을 걸었던 추종자들조차 헌법 재판소에서 그가 왜 폐위된 왕의 신세인지를 더 잘 알게 되었다. 자기 행동에 대한 책임을 지는 리더이기보다는 부하직원들에게 책임을 돌리는 가장 비루한 지도자의 모습을 생생하게 보여 주었다. 대한민국의 정치 위기란 왕을 폐위시키고 그를 단두대로 보내는 상황을 의미하는 것이 아니다. 비극은 무능하고 독선적인 리더십을 발휘하여 폐위된 왕을 자신의 불안과 욕망을 실현하기 위해 '지켜야 한다'라고 주장하고 나서는 국민들과 정치 지도자들이 있다는 사실이다. '국민을 바라보고', '국민을 내세우면서' '국민을 위해' 나서겠다는 정치 지도자의 리더십은 철저하게 자신의 욕망을 충족하기 위해 국민을 이용하겠다는 마음의 표현이다. 그들에게 리더십이란 자신의 욕망 실현의 리더십만 있다.

그렇다면, 앞으로 있을 조기 대선에서 대중이 마음을 잡는 영웅과 같은 새로운 정치 지도자의 리더십 이미지는 어떻게 만들어질까? 대통령의 리더십이 대중의 마음속에서 생겨나는 과정을 알면, 대선을 앞둔 정치 지도자의 리더십 이미지 전략을 만들 수 있다.

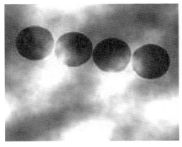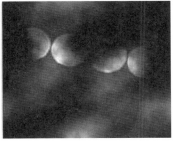

〈그림1〉 하늘에 있는 왼쪽과 오른쪽 달의 색은?

〈그림2〉 달의 배경이 제거되었을 때, 달의 색은?

2. 대통령의 리더십, 어떻게 만들어야 하나?

◇◇◇◇◇◇◇◇◇◇

　대통령의 리더십은 밤하늘에 떠 있는 달과 같다. 그림1 속의 달의 색은 너무나 명확하다. 그림을 보는 사람의 입장에서 왼쪽에 있는 달은 검은색이고, 오른쪽 달은 흰색이다. 하지만, 그림2를 보면 달의 색은 왼쪽과 오른쪽 모두 같다. 두 그림의 차이는 배경이 되는 부분이 잘려져 나간 것뿐이다. 특정 시대에 살고 있는 정치 지도자의 리더십 또는 대중이 인식하는 대통령의 리더십 이미지도 이와 같다. 대통령의 리더십, 대중이 대통령에 대해 가지는 리더십 이미지는 그가 결정하고 발표하는 정책에 의해 정해지는 것이 아니다. 대중이 기대하는 그의 모습을 대통령이 얼마자 잘 수행하느냐에 달려 있다. 그에게 요구

황상민

하는 대중의 기대와 희망을 잘 수행하는 연기를 하게 되면, 그의 리더십은 발휘가 되는 것이다. 하지만, 윤 대통령의 경우, 자신의 리더십이 무엇이며, 또 자신이 대중에게 보여 주는 리더십 이미지가 무엇인지조차 모른 채, 리더 자신이 믿고 싶은 것을 충동적으로 보여 주려 했다.

윤석열 대통령이 12·3 비상계엄을 발표하자, 대중은 즉각적인 반응을 보였다. 많은 사람들이 그를 민주주의를 파괴하는 독재자로 인식했다. 국회를 봉쇄하고 야당 정치인들을 체포하려 했다는 의혹이 퍼지면서, 대통령의 이미지는 권력을 남용하는 지도자로 굳어졌다. 어두운 구름으로 가려진 달처럼 보였다. 그가 한 행동의 본질과 관계없이 그의 이미지 자체가 부정적으로 굳어지는 듯했다. 하지만 시간이 흐르면서 대통령이 형사 기소되고 또 분위기는 바뀌었다. 일부 대중은 그를 보호의 대상으로 보기 시작했다. 권력을 휘두르던 강한 지도자가 마치 폐위된 왕처럼 일종의 정치적 희생자로 보이게 되었다.

윤석열 대통령은 그대로였지만, 그것을 바라보는 대중의 마음이 달라진 것이다. 이런 변화는 단순히 특정 정치 세력의 결집이나 정치적 입장의 변화가 아니다. 탄핵과 구속 과정 속에서 그는 야당의 폭거에 시달린 약한 지도자 또는 정치적 탄압을 받은 무능한 인물로 바뀌게 된 것이다. 이런 흐름 속에서 생겨난 새로운 개념이 '계몽령'이다. 비상계엄은 독재자의 권력 유지의 수단이 아니라, 국민이 알지 못하는 국가적 위기 상황에 대한 비상 조치이자 경고였다는 주장이었다. 그림 1의 경우, 달을 둘러싸는 구름과 하늘이 배경이었다. 하지만, 이것들이 사라지자, 그림2에서는 왼쪽과 오른쪽의 달이 무슨 색인지 더욱 알수 없게 된 것이다. 하늘 위의 달의 색이 무엇이냐고 묻는 것은 정치

지도자 개인의 리더십 특성이 그의 성격 스타일이나 일상의 습관에서 나온다는 인식과 같다. 이런 경우, 대중이 소비하는 리더십 이미지에는 뚜렷한 메시지가 필요하다. 그렇지 않다면, 누구이든 그의 리더십 이미지는 단순히 그의 인간적인 특성을 강조하는 것으로 그치고 만다. 윤 대통령의 경우, 자신의 리더십 이미지는 '인간적인 소통' 또는 '손수 요리를 만들어 대접하는 대통령' 등의 한심한 수준의 이미지 정치에 불과했다. 지도자 자신이 '무엇을 위해, 왜 사느냐'와 같은 자기 인식에 토대를 둔 국정 메시지나 과제에 대한 소통은 없었다. 이런 상황은 조기 대선을 바라보는 현재의 상황에서도 마찬가지이다. 달이 '검은색'이나 '흰색' 중의 하나로 보게 되는 것은 마치 한국 정치에서 특정 정치인을 '보수'나 '진보' 등의 이념적 색채로 포장하는 것과 같다. 특정 정치인을 이념의 프레임으로 규정하고 공격하는 것은 대부분 자신의 리더십, 또는 대중이 자신을 통해 소비하는 리더십 이미지에 대한 뚜렷한 확신이나 믿음이 없다는 것을 뜻한다. 대중의 경우에도 마찬가지이다. 모두 자신의 욕망을 실현하기 위한 '만인 대 만인의 투쟁'과 같은 갈등과 싸움뿐이다. 윤석열 대통령의 경우에도, 대통령에 당선된 이후 지난 3년 동안 자신의 리더십을 잘 나타내지 못했다. 그가 지향하는 활동에 대한 어떤 구체적인 메시지도 만들어 내지 못했다. 오랫동안 준비해 왔을 것으로 짐작되는 비상계엄 선언조차 '계몽령'이라 강변하는 것은 그가 왜 대통령의 리더십을 발휘하는 데 실패할 수밖에 없는지를 잘 알려 준다. 그가 체포되어 구치소에 수감되어 있는 동안 끊임없이 일어난 길거리 시위나 법원을 공격한 폭력 행동들에 대해 그는 패거리 보스 수준의 모습을 보여 주었다. '니 편', '내 편'으

황상민

로 나누어 서로 싸우게 하면서 뒤에서 지휘하는 그런 수준의 보스 말이다.

대통령 리더십의 정체

대통령의 리더십은 고정된 것이 아니다. 마치 밤하늘의 달이 구름과 하늘을 배경으로 보이는 것과 같다. 대중이 어떤 배경 속에서 그것을 바라보느냐에 따라 달라진다. 처음에는 민주주의를 위협하는 지도자로 보였지만, 시간이 지나면서 일부에게는 강한 지도력과 결단력을 가진 인물로 보이게 되었다. 행동 자체가 달라졌기 때문이 아니라, 그것을 바라보는 대중의 인식이 변화했기 때문이다. 이런 현상을 물리학의 양자역학의 용어로 표현하면 '양자 얽힘'이다. 정치인의 리더십과 대중이 그의 리더십을 인식하여 '리더십 이미지'로 소비하는 현상을 이런 용어로 설명할 수 있다.

'양자 얽힘' 현상이란 물리적으로 서로 떨어져 있는 입자들이 서로 영향을 주고받는 경우를 의미한다. 정치적 사건에서 대통령의 리더십은 이런 양자 얽힘으로 발휘된다. 서로 영향을 주고받는 입자들처럼 대통령의 리더십은 대중들이 믿고 싶은 그의 리더십 이미지이다. '호수 위의 달 그림자', '하늘 위의 달', 또는 검은색이나 흰색의 달들은 모두 대중이 믿고 싶은 대로 소비하는 리더십 이미지이다. 대통령의 리더십이 단순히 대통령 개인의 성향이나 능력으로 결정되지 않는 이유이다. 대통령이 어떤 정책을 펼치고 어떤 결정을 내렸느냐만으로 리더십 이미지가 생겨나지 않는다. 대중이 어떤 심리적 상태에 있는가, 어떤 사회적 환경에서 그것을 해석하는가가 대통령의 이미지를 만든다.

많은 사람들은 대통령의 리더십을 이념적 관점이나 특정 정책에 대한 여론 조사의 결과로 판단하려고 한다. 하지만, 대통령의 리더십의 평가는 단순한 여론조사 수치로 판단될 일은 결코 아니다. 왜냐하면, 여론 조사의 숫자는 대중이 특정 이슈와 관련된 자신의 선호 반응의 반영이지, 결코 그들의 마음을 정확하게 나타내는 것은 아니기 때문이다. 리더십이란 고정적인 실체가 아니라 대중이 가지는 대통령에 대한 믿음 또는 기대와 같은 감정 등으로 만들어진다. 따라서, 대통령의 리더십은 시대적 요구와 대중의 기대에 따라 끊임없이 변화한다. 윤석열 대통령의 리더십 이미지가 뚜렷하게 대중들에게 소비되기 시작한 것은 역설적으로 그가 탄핵된 이후이다. 어이없이 일어난 '비상 계엄 선언'이 '구국의 결단'이니, '계몽령' 등과 같은 메시지들로 포장되기 시작하면서, 거의 없는 듯이 보였던 그의 리더십이 나름 뚜렷한 성격을 가지기 시작했다. 아니, 일부 대중과는 소통하는 것처럼 보였다. 물론, 이런 그의 리더십이 얼마만큼의 영향력을 발휘하느냐의 문제는 그의 지지 성향에 따라 극적인 차이를 보였다. 보기에 따라 달라지는 대통령의 리더십은 '독재자'와 '불쌍한 왕'의 이미지들이 중첩되었다. 이런 대통령의 이미지가 대중에 의해 어떻게 리더십 이미지로 만들어지고 소비되는지를 과거 박근혜 대통령의 사례로 잘 파악할 수 있다.

A 리더와 B 리더의 비슷하지만 다른 리더십

대통령의 리더십은 대통령 개인의 고유한 성격이나 행동 특성이 아니다. 민주주의 국가에서의 대통령의 리더십은 대통령의 역할 수행을 바라보는 대중의 시선 속에서 구성된다. 이 말은 특정 정치인의 리더십이란 고정적이며 절대적인 개념이 아니라는 뜻이다. 마치 한 사람의 성격 특성처럼 정해져 있을 것 같은 '리더십'은 바로 그 사람을 둘러싼 사회 배경과 대중의 기대가 만들어 내는 상대적 개념이다. 이런 경우, 지도자 자신이 리더십을 발휘하는 것은 자신이 원하는 것을 분명히 하는 것이다. 이와 동시에, 지도자의 리더십을 바라는 대중의 경우에도 마찬가지다. 대중들이 자신들이 원하는 것을 분명히 표현할 수 있을 때, 민주주의 국가에서 지도자의 리더십은 실현된다. 이런 대통령의 리더십 발휘 방식을 지도자나 대중이 이해하지 못한다면, 대통령의 리더십은 '중우 정치'의 '인기 영합주의popularism'의 행위가 될 뿐이다. 여론조사를 통해 확인하게 되는 '지지도' 또는 특정 정책과 관련된 찬반 반응들은 대통령이나 그의 이미지를 평가대상으로 만든다. 여론조사의 경우, 대중들이 자신의 욕망을 충족시키기 위해 어떤 대통령의 이미지를 소비하는지조차 알 수 없다.

다음의 표1은 다양한 정치 지도자의 리더십을 분석하는 과정에서 나온 결과이다. 리더 A와 B 모두 출신 배경(로열 패밀리 출신)과 권력 유지 방식(언론 장악)에서 공통점이 있다. 하지만, 자신들이 수행하는 정책의 비효율성(주먹구구식 인사), 불명확한 의사소통(에둘러 말하기) 등에서 차이도 보였다.

대통령으로 A 정치인은 대중들에게 보수적이고 수동적으로 인식되었다. 따라서, 그의 정치력은 비효율적이며, 불확실했다. 정책에서도 불분명한 소통과 우유부단하며 낡고 비효율적인 방식의 국정을 운영을 보였다. 그를 좋아하지 않는 대중은 '무능하다'고 평가하며, 결국

특성	A 리더의 특성 리더십 문항	B 리더의 특성 리더십 문항
출신 배경	태어날 때부터 집안의 부모님이나 경제력이 남다른 로열 패밀리라는 것은 큰 자산이다.	태어날 때부터 집안의 부모님이나 경제력이 남다른 로열 패밀리라는 것은 큰 자산이다.
리더십 스타일	의사소통에 있어 원론적인 답변만 한다.	체제 유지나 권력을 위해서라면 무자비한 행동도 서슴지 않는다.
결정 방식	중대 사안에 있어 스스로의 판단이 아닌, 제3자의 지시에 의존하는 듯 보인다.	특정한 정치적 목적을 위해서라면 합의된 절차나 과정을 쉽사리 무시한다.
정책 방향성	당신의 스타일을 뚜렷하게 보여주는 국정운영에 대한 철학이나 정책 노선이 없다.	외국과의 이해관계가 충돌할 때 우리나라의 입장과 권리를 당당하게 표명한다.
언론과의 관계	언론이나 여론을 자신에게 유리한 방향으로 바꾸려 한다.	언론이나 여론을 자신에게 유리한 방향으로 바꾸려 한다.
대중과의 관계	직접적으로 의사를 표현하기보다 측근을 통해 에둘러 자신의 의사를 표현한다.	이벤트성 행사와 쇼맨십에 치중한다.
대중이 느끼는 감정	유머 감각이 없고 답답함을 느낄 정도로 고루하다.	존재 자체만으로도 대중의 지지를 받을 수 있는 힘을 가지고 있다.
정치적 목표	인물 등용에 있어 별다른 기준이 없으며 주먹구구식이다.	공격적이고 적극적인 태도로 주위 사람들을 대한다.
위기 대응 방식	자신의 민감한 질문에 피상적으로 이야기하면서 말을 빙빙 돌린다.	국민의 안위보다는 자신의 권력 유지가 먼저다.
대외 관계 및 외교 스타일	시대에 뒤떨어져, 21세기와는 맞지 않는 느낌이다.	어떤 제안이나 행동을 할지 예측 불가능한 사람이다.

〈표1〉 **정치지도자 A와 B 의 리더십 비교**

그를 지지하는 대중조차도 '기대할 것이 없는' 지도자로 보고 말았다. 하지만, B 지도자는 강경하고 독단적인 카리스마형의 리더십의 이미지, 강한 권력 의지와 독재적 성향의 대담한 정치 스타일을 보였지만, 대중의 반응은 달랐다. 공격적이고 예측 불가능한 그의 행보는 강한 쇼맨십을 발휘하면서, 정치, 외교적인 돌파력을 나타내었다. 그의 리더십은 무섭고 독재적인 성향이었지만, 대중은 '위험하지만 매력적인 지도자'로 반응했다. '우리나라를 강하게 이끌어 줄 지도자'라고 믿기

구분	A 리더	B 리더
출신 배경	로열 패밀리 출신	로열 패밀리 출신
리더십 스타일	수동적, 모호함, 원칙론적	독단적, 강압적, 돌발적
결정 방식	측근 의존, 우유부단	강한 권력 행사, 독자적 결정
정책 방향성	불명확, 국정 철학 없음	강력한 방향성, 권력 유지 중심
언론과의 관계	언론 활용하지만 직접적 장악력 부족	언론 통제 및 대중 선동
대중과의 관계	거리감이 크고 무기력한 인물	카리스마적이고 대중을 강하게 휘어잡음
대중이 느끼는 감정	답답함, 실망, 관심 없음	두려움, 기대, 카리스마

〈표2〉 **정치인 A 와 B 의 리더십 비교**

도 했다. 무엇보다, '무능하다'라고 인정하기보다, '두려움 속에서도 기대를 품게 된다'는 마음으로 지켜보게 된다. 표2에는 정치인 A와 B 가 발휘한 리더십을 상호 비교하여 구분한다. 이 표를 살펴보는 당신은 정치인 A 리더의 특성에서 2016년에 탄핵된 '박근혜 대통령'을 연상할 수도 있을 것이다. 그와 동시에, 정치인 B 리더는 2025년에 탄핵되기 전까지 야당으로부터 '독재자'라 공격받았던 '윤석열 대통령'을 연상하게 될지도 모른다. 탄핵을 당한 이후, A 리더의 경우, '리더십 이미지'라고 할만한 것은 거의 없었다. 그의 우유부단하고 무능한 느낌은 그의 존재감 자체를 미미하게 만들었다. 그의 지지층조차 그에 대한 아무런 기대감이 없는 듯 보였다.

강한 지도자의 리더십을 소비하기를 원하는 대중은 B 리더에 대해서는 일말의 기대를 가진다. 표1에서 언급된 B 리더의 특성들을 나타내는 문항들은 사실 윤석열 대통령과 아무런 관련이 없다. 표1에서 A 와 B 리더의 특성으로 구분한 내용들은 2014년 박근혜 대통령 시절, 남북한 지도자에 대한 대중들이 인식하는 리더십 이미지 연구결과이다. B 리더의 특성들이 탄핵 이전의 윤석열 대통령의 이미지와 많이 중첩된다는 사실은 그의 리더십이 어떻게 발휘되었는지를 잘 알려 준다. 탄핵 정국이 벌어졌을 때, 윤석열 대통령을 지지하는 '국민의힘' 여당 정치인들이 여전히 유지하려고 했던 이미지들이었다. 리더가 일으킬 변화에 대한 기대가 '리더십'의 실체이다. 비록 독재자라 하더라도 대중이 강한 결단력을 가진 리더에게 관심을 가지는 것은 바로 그에게서 변화를 기대하기 때문이다. 대중이 정치 지도자를 통해 '리더십'을 소비하는 방식이다.

대중이 만들어 낸 대통령의 리더십

대한민국 대중에게 대통령이란 마치 왕조 시대의 왕과 같다. 대통령이 특별한 정책이나 비전을 만들어 내는 초능력이 있다고 믿지 않지만, 그대로 어떤 기대를 실현시켜 줄 것으로 기대한다. 대통령이라는 역할이 대중을 통해 만들어 내는 리더십과 그의 리더십 이미지이다.

하지만, 대통령의 이런 리더십 이미지는 잘못 파악되거나, 엉뚱하게 포장되어 단순히 '이미지' 조작의 대상으로 활용되었다. 대표적인 사례가 '개혁이나 혁신' 또는 '포용'이라는 단어로 꾸며지는 '리더십 홍보'이다. 물론, 이렇게 만들어진 리더십 이미지를 소비하는 것으로 대중은 자신들이 가진 대통령에 대한 기대와 희망을 충족시키려 한다.

① 개혁, 포용적 리더십은 가능한가?

대중은 자신의 불안과 갈등을 해결해 줄 수 있는 리더를 원하며, 이런 욕망을 자신들이 바라는 대통령의 리더십 이미지로 소비한다. '포용적 리더십'은 대통령이 모든 계층과 이념을 아우르며 국가를 운영해야 한다는 이상을 담고 있다. 하지만 문제는 대중이 대통령을 해석하는 방식이다. 한국 정치 환경에서는 대통령이 포용적 태도를 보일 때, 그것이 '우유부단함'이나 '결단력 부족'으로 해석되는 경우가 많다. 반대로, 강한 리더십을 보이면 '독재' 또는 '권위주의적 통치'로 받아들여진다. 윤석열 대통령의 경우, 자신의 리더십이나 자신이 대중과 공유하는 리더십 이미지가 무엇인지조차 알려고 하지 않았다. 아니, 스스로 검사 시절 본인이 발휘했던 리더십을 충실히 고집했다. 대통령의 역할이 만들어 내는 리더십, 대통령으로서 대중이 소비해야 할 리더십 이미지에 대해서는 거의 고민하지 않았던 것 같다. 윤석열 대통령의 경우, 초기에는 강압적인 통치로 비판을 받았다. 대중과 소통하는 방식의 문제도 있었지만, 스스로 어떤 대통령의 역할을 해야 할지에 대한 분명한 이미지를 형성할 수 없었기 때문이다. 마치, 범죄자를 족치는 검사의 마음으로 국민이나 부하 직원을 대하려 한 것 같다. 이런 혼란스러운 대통령의 리더십은 그의 리더십을 소비하는 대중들이 그에 대해 점점 실망하는 결과로 나타났다. 하지만, 대중들의 윤 대통령 리더십 소비 행태는 탄핵 이후 더욱 역설적으로 나타났다. 막연히 믿고 싶었던 영웅의 몰락을 지켜보게 된 대중들은 역으로 실패한 왕을 보호하는 임무를 자처하고 나섰기 때문이다. 윤 대통령이나 그의 지지 집단이 내세운 '국민을 계몽하기 위해', 또는 '국가를 위한 희생'이라는 희한한 논리와 주장들이 무작정 소비되기 시작했다. 심지어, 대통령 탄핵 당시 국민의힘 후보가 다시 복귀하면서 내세운 메시지가 '국민이 먼저다'였다.

정치 세력은 종종 '진보'와 '보수'라는 이념적 잣대를 통해 세상을 나누곤 한다. 사회과학 연구자들 역시 이런 이념적 틀을 기준으로 대중의 마음을 분석하려는 경향이 있다. 그러나 대중의 마음은 이념적 구분으로 설명하기 어렵다. 대중은 자신의 욕망과 기대를 바탕으로 대통령의 이미지를 소비할 뿐이다. 스스로 확신하지 못하는 '진보'냐 '보수'냐와 같은 관념과 같은 기준은 대통령의 리더십 이미지를 잘 나타내는 기준이 되기 힘들다. 이런 이유로 아마 '개혁'과 '포용'의 리더십이라는 단어는 현재의 갈등 시점에 사용하게 된 것 같다. 윤석열 대통령 이후, 차기 대통령의 리더십 이미지를 '포용적 리더십'이라 설정하고, 이것을 기반으로 대중의 신뢰를 얻고자 한다면, 그것은 현재 대한 민국 대중의 욕망이 '포용'과 '화합'이라 믿기 때문일 것이다.

포용적 리더십은 현재의 한국 정치 환경에서 모두들 기대하는 이상 적이며 당위적인 리더십 방향이다. 하지만, 자신의 정치적 이미지를 뚜렷히 내세워야 하는 갈등 상황에서 리더가 발휘하는 리더십으로 효 과를 낼 수 없다. 대중이 원하는 것은 단순한 화합이 아니라, 자신들의 입장을 대변해 주거나 자신의 욕망을 실현시킬 것 같은 지도자이기 때문이다. 대통령이 모든 계층을 포용하려 할 때, 특정 지지층은 '우리 편'을 홀대한다고 인식한다. 이런 사례는 박근혜 대통령 이후, 문재인 대통령이 집권했을 때 아주 잘 나타났다. 그의 애매모호한 중도적 포 용 정책은 아군과 적대적 관계의 진영 모두에게서 비판을 받았다. 우 유부단할 뿐 아니라 어떤 뚜렷한 이미지를 만들어 내는 결정도 이루 어지지 않는 상황만 지속되었을 뿐이다. '우리 검찰총장 윤석열'이라 고 표현했던 문재인 대통령의 발언은 그가 아무런 리더십을 발휘하지 못하고 있다는 사실을 잘 알려 주었다. 중요한 것은 대통령이 대중의 '불안'을 해결할 수 있는 리더십을 발휘해야 한다. 대중들이 가진 '문 제'가 무엇이며, 구체적으로 그것을 해결하는 리더십을 발휘할 수 있 는 지도자를 원한다. 성공적인 리더십을 구축하기 위해 그들이 무엇을 두려워하는지, 리더가 그것을 어떻게 해결할 수 있는지를 먼저 파악해 야 한다.

② 대중의 '마음 읽기'의 중요성: 욕망의 정체 확인

어떤 어젠다를 설정하거나 이슈를 통해 대통령의 이미지를 바꾸려

할 때, 무엇보다 대중의 마음을 아는 것이 중요하다. 이는 지지율을 높이거나 특정 정책을 추진할 때도 마찬가지이다. 대중은 정책이나 제도를 단순히 수용하는 것이 아니라, 자신들의 욕망과 기대를 바탕으로 해석한다. 예를 들어, 어떤 이슈가 한 그룹에서는 강한 지지를 받고 다른 그룹에서는 반대를 받는다 해도, 그 이슈가 사회 전체의 방향성을 결정하는 것은 대다수의 보이지 않는 마음에 달려 있다. 따라서, 인기몰이식 전략만으로는 효과를 기대하기 어렵다. 대중의 마음을 제대로 읽고, 그에 부합하는 정책과 이미지를 제시하는 것이 더 효과적이다. 이 과정에서 중요한 질문은 '대중의 마음을 어떻게 읽어 낼 것인가?'이다. 이는 단순히 찬반 여론조사로 해결되지 않으며, 더 정교한 접근법이 필요하다.

대중은 대통령을 단순히 진보나 보수의 상징으로 바라보지 않는다. 그보다는 자신들의 삶과 연결된 존재로 인식하며, 대통령의 리더십을 통해 자신들의 기대와 희망을 투영한다. 따라서 대통령이 자신의 정체성과 역할을 제대로 인식하지 못하면, 그의 리더십은 대중의 마음속에서 점점 멀어지고 만다. 리더십이란 대통령이 스스로 만들어 가는 것이 아니라, 대중과의 관계 속에서 형성되는 것이다. 대중의 마음을 읽지 못하는 대통령은 정책을 추진할 때마다 예상치 못한 저항에 부딪힌다. 단순한 찬반 논리를 넘어, 대중은 자신들의 감정과 기대를 바탕으로 대통령의 이미지를 만들어 간다.

그렇기 때문에 지도자는 단순히 올바른 정책을 내놓는 것이 아니라, 그것이 대중의 기대와 어떻게 연결되는지를 고민해야 한다. 대중의 마음을 읽는 것은 단순한 정치적 전략이 아니다. 그것은 대통령이 성공

황상민

적인 리더십을 구축하고, 역사에 남는 지도자가 되기 위한 필수 과정이다. 단순히 자신의 신념을 밀어붙이는 것이 아니라, 대중과 소통하고 그들의 감정을 이해하며, 이를 바탕으로 정책을 조율하는 것이야말로 진정한 리더십이다. 예를 들어, 대통령이 강한 개혁 정책을 추진한다고 가정해 보자. 이를 지지하는 그룹은 개혁을 추진하는 대통령을 혁신적인 지도자로 바라볼 것이다. 하지만 반대하는 그룹은 대통령이 독선적이고 강압적인 방식으로 나라를 운영한다고 생각할 수 있다. 여기서 중요한 것은 정책 자체가 아니라, 대중이 그 정책을 바라보는 배경과 기대가 무엇인가 하는 점이다.

3. 대통령의 리더십의 실패 사례

◇◇◇◇◇◇◇◇◇

대중의 인식은 고정된 것이 아니다. 그것은 시대적 환경과 대통령의 행동, 그리고 미디어와 여론의 흐름에 따라 끊임없이 변화한다. 따라서 대통령이 대중과 단절된 상태에서 리더십을 행사하려 한다면, 이는 결국 실패로 이어진다. 대통령이 어떤 행동을 하든, 그것이 대중에게 어떻게 해석되는지를 고려하지 않는다면, 결국 정책도, 리더십도 대중과 괴리될 수밖에 없다. 대중의 마음을 읽는 것은 대통령이 자신의 정체성을 확인하는 과정이기도 하다. 대통령이라는 존재는 단순히 행정적인 결정을 내리는 사람이 아니다. 그는 국민의 기대와 희망을 반영하는 인물이며, 그가 어떠한 리더십을 발휘하느냐에 따라 국민이 느끼는 국가의 방향성이 달라진다. 대중이 대통령을 바라보는 방식은 단순한 이념적 구도 속에서 결정되지 않는다. 어떤 때는 강한 지도력을 원하고, 어떤 때는 포용력을 기대한다. 이 모든 것은 사회적 환경과 대중의 정서에 따라 변화한다. 대통령이 이러한 변화를 감지하지 못하면, 그는 결국 대중의 지지를 잃게 된다. 반대로, 대중의 흐름을 읽고 적절한 방식으로 리더십을 발휘하는 지도자는 국민의 신뢰를 유지하며 역사에 남을 수 있다.

대통령이 자신의 역할을 제대로 수행하기 위해서는 대중이 자신을 어떻게 보고 있는지를 지속적으로 점검해야 한다. 대중의 기대와 리더십의 방향이 일치할 때, 대통령은 국민의 신뢰를 얻고 국가를 효과적으로 이끌어 갈 수 있다. 그리고 이러한 과정 속에서 역사에 남는 지도자가 탄생하는 것이다. 이런 과정이 없이 그냥 왕처럼 단순히 군림하고 지배하는 것에 만족한 정치 지도자의 리더십은 비극적인 결과를 초래한다. 그 역사적 사례가 바로 21세기 대한민국에서 일어났다. 그것의 시작은 세월호 사건이었다. 단순한 교통사고라고 인식한 당시의 집권 세력은 이 사건이 대통령 박근혜에 대한 대중의 이미지와 리더십에 어떻게 영향을 미치는지를 거의 고려하지 않았다. 박근혜 대통령의 집권 초반에는 약 60%에 달하던 지지율이 2014년 4월 이후 급락하며 30%대까지 떨어졌다

대통령의 리더십은 단순히 정치적 권력을 행사하는 것이 아니다. 국민이 대통령을 어떻게 바라보게 되느냐의 이슈는 대통령이 국민을 어떻게 대하는지, 또 위기 상황에서 어떤 모습을 보이는지, 국민의 기대를 어떻게 충족하는지를 통해 그의 리더십이 결정한다. 박근혜 전 대통령의 사례는 이러한 원리를 극명하게 보여 준다. 박근혜 대통령도

황상민

처음에는 신비롭고 강한 지도자로 기대를 받았다. 하지만, 세월호 사건 이후 그의 '꼭두각시' 리더십은 '최순실 국정 농단 사태'로 확인되고 말았다. 대중이 막연하게 그에 대해 가졌던 '리더십 이미지'는 마치 '양자 얽힘' 상태에서 다중적인 형태로 존재하다, 이런 사건들로 그녀의 리더십은 '혼군'으로 확정되고 만 것이다. 본질적으로 모호한 상태에 있던 대통령의 리더십이 뚜렷한 상태로 결정되고 마는 과정이 일어난 것이다. 대중이 대통령의 리더십 이미지를 소비하는 과정이다.

박근혜 대통령을 통해 소비된 '리더십 이미지'
: '꼭두각시'와 '영웅'

박근혜 대통령은 집권 초반 강한 리더십을 내세우며 국민적 기대를 받았다. 그녀는 경제 부흥과 안보 강화를 강조하며 보수층의 확고한 지지를 받았고, '국민 행복 시대'를 표방하며 국정 운영을 시작했다. 그러나 세월호 사건이 발생하며 박근혜 대통령의 리더십에 대한 국민의 신뢰가 급격히 흔들렸다. 박근혜 대통령을 바라보는 대중의 마음에 대한 연구는 역설적으로 세월호 사건이 일어난 이후, 그리고 북한의 미사일 발사에 의한 안보 위협이 계속되고 있을 때 시작되었다. 필자는 이런 상황을 대중들이 국가 위기 상황에서 대통령의 리더십이나 리더십 이미지를 어떻게 소비하는지를 알아보기 위해 연구를 실시하였다. 연구에 참가한 20대에서 60대의 연령에 속하는 남녀 응답자들은 '박근혜 대통령은 이렇다'라고 표1에서 언급된 리더 A의 특성으로 믿고 있었다. 현실의 대통령은 '꼭두각시'의 이미지로 자신의 리더십을 발휘하기보다, 누군가의 조정을 받는 리더십의 이미지를 보

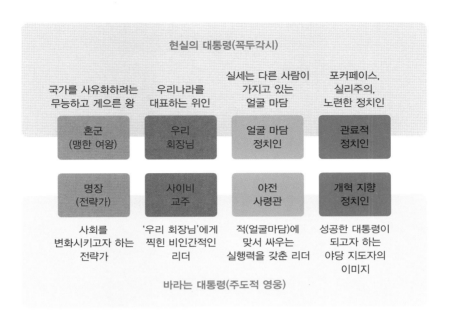

현실의 대통령(꼭두각시)

국가를 사유화하려는 무능하고 게으른 왕	우리나라를 대표하는 위인	실세는 다른 사람이 가지고 있는 얼굴 마담	포커페이스, 실리주의, 노련한 정치인
혼군 (맹한 여왕)	우리 회장님	얼굴 마담 정치인	관료적 정치인
명장 (전략가)	사이비 교주	야전 사령관	개혁 지향 정치인
사회를 변화시키고자 하는 전략가	'우리 회장님'에게 찍힌 비인간적인 리더	적(얼굴마담)에 맞서 싸우는 실행력을 갖춘 리더	성공한 대통령이 되고자 하는 야당 지도자의 이미지

바라는 대통령(주도적 영웅)

〈그림〉 박근혜 대통령에 대한 대한민국 사람들의 리더십 이미지
(2014년 대통령 이미지 연구결과)

여 주고 있었다. 4개로 구분되는 다음과 같은 리더십 이미지로 인식하고 있었다. 대중들은 그녀를 주도적으로 문제를 해결하거나 사회를 이끌어 가는 '영웅'으로 여기지 않았다. 오히려 누군가의 조정을 받는, 단순히 보여지는, 꼭두각시의 역할을 수행하는 존재로 인식하고 있었다.

ⓐ 혼군(맹한 여왕): 책임감보다는 무능함과 혼란스러움을 드러내는 이미지이다.

ⓑ '우리 회장님': 이런 이미지는 마치 거대 기업이나 언론 재벌 회장님을 대하는, 그를 바라보는 추종자들이 가진 리더의 이미지이다.

ⓒ '얼굴 마담 정치인': 정치계에서는 거물로 인정받지만, 정작 그가

무엇을 하는 사람인지 분명하지 않다. 겉모습만 화려하고 심지어 실질적인 리더십을 발휘하지 못한다.

ⓓ '관료적 정치인': 보수적인 관료 체계 속에서 나름 자신의 존재감과 위치를 가지고 있지만, 관료의 틀 속에 얽매여 있는 거물 정치인의 이미지이다.

박근혜 대통령에 대해 '꼭두각시'의 이미지를 가진 대중들은 동시에 그녀를 대체하는 또 다른 영웅과 같은 리더를 기대하고 있었다. 현실의 정치 지도자와 대비되는 또 다른 인물에 대한 막연한 욕망을 대중은 그녀를 통해 그려 내고 있었다. 무기력하게 느껴지는 자신의 현실과 어지럽게 보이는 세상을 바꿀 수 있는 변화를 주도하는 영웅에 대한 리더십을 소비하고 싶어 했다. 그리고, 이런 대중의 욕망이 현실의 대통령은 결코 이렇지 않다는 리더십 이미지를 소비하는 형태로 나타났다.

Ⓐ 명장(전략가): 뛰어난 전략적 사고로 상황을 이끄는 리더.
Ⓑ 사이비 교주: 비현실적이고 맹목적인 지지를 받는 인물.
Ⓒ 야전 사령관: 현장에서 진두지휘하며 강력한 리더십을 발휘하는 인물.
Ⓓ 개혁 지향 정치인: 변화를 이끌어 내고 사회적 혁신을 주도하는 리더.

대한민국에서 대중이 이상적인 리더십의 이미지를 만들어 내기 시작할 때, 그녀는 대통령의 리더십을 발휘하지 못하고 있었다. 대중은 그녀를 대체하는 대통령의 이미지를 각자 자신의 욕망을 실현하려는 방식으로 구체적으로 그려 내기 시작했다. 왜냐하면, 대중들이 기대했던 리더십의 모습을 대중들이 소비할 수 없었기 때문이다.

세월호 참사가 발생했을 때 박근혜 대통령은 사건 발생 후 7시간 동안 공식적인 대응을 하지 않아 '대통령이 도대체 어디에 있었느냐'는 의혹을 불러일으켰다. 이후 등장한 대통령의 모습은 국민의 기대와 거리가 멀었다. 감정을 드러내지 않는 차가운 태도와 형식적인 대응은 국민의 분노를 키웠다. 이 사건을 계기로 박근혜 대통령은 '국민과 공감하지 못하는 대통령'이라는 이미지를 가지게 되었고, 지지율은 급락했다. 하지만 박근혜 대통령의 리더십 위기는 여기서 끝나지 않았다. 2016년 최순실 국정농단 사건은 대통령이 국정을 운영한 것이 아니라, 최순실이라는 비선 실세가 국정을 좌지우지했다는 사실을 알려 주었다.

'최순실 게이트'는 박근혜 대통령의 리더십을 결정적으로 무너뜨린 사건이었다. 대통령이 국민을 위해 정책을 결정하는 것이 아니라, 측근의 이익을 위해 국정이 운영했다는 의혹은 국민의 대통령에 대한 신뢰를 붕괴시켰다. 결국, 대중은 촛불을 들었고, 박근혜 대통령은 헌법재판소의 탄핵 결정으로 대통령직에서 물러나야 했다. 이런 대통령의 리더십 실패는 단순한 정치적 실책이 아니다. 국민이 기대한 지도자의 역할을 이해하지 못하고, 국민과의 소통을 외면한 결과였다. 박근혜 대통령은 국민의 신뢰를 잃었고, 그 결과 역사상 처음으로 대한민국에서 탄핵된 대통령이 되었다.

황상민

북한 김정은은 어떤 리더십으로 정권을 유지하고 있을까?

박근혜 대통령의 이미지 연구에 참가했던 사람들은 동시에 북한의 김정은 위원장에 대한 리더십 이미지를 평가하였다. 그들은 현실의 박근혜에게서 찾지 못한 리더의 이미지, 또는 리더십의 이미지를 북한의 김정은 위원장에서 일부 찾기도 했다.

2014년 당시, 남한 언론에서는 김정은 위원장을 '잔혹한 독재자'로 소개하고 있었다. 북한 내부에서 그의 행보는 27세의 비교적 어린 나이에 아버지 김정일의 권력을 이어받은 상태였다. 아버지의 유지를 이어받아, 국제적 압력에도 불구하고 핵개발을 강행하고 있었다. 그리고, 남한을 위협하는 미사일을 연일 발사하면서 남북 간의 긴장 관계를 더욱 조성하는 상황이었다. 북한 주민들에게는 무엇보다, 외부의 적의 위협을 강조하면서 '국가를 지켜야 한다'는 명분을 강조하고 있었다. 그는 분명 '독재자'였다. 하지만, 국민들의 불안을 이용해서 '국가 수호자'라는 자신의 리더십, 리더십 이미지를 대내외적으로 아주 뚜렷하게 보여 주는 상황이었다. 적국의 지도자에 대해 긍정적으로 평가하기는 참 어렵다. 하지만, 2025년 최근에 과거 그와 몇 번의 미팅을 가졌던 미국의 도널드 트럼프 대통령은 언론에서 김정은 위원장을 '똑똑한 독재자'라고 표현하기도 하였다. 박근혜 대통령과 김정은 위원장의 리더십 이미지를 동시에 탐색하는 연구를 수행할 때, 남한의 대중들에게 북한의 김정은 위원장은 '사악한 독재자'였다. 당시, 남한과 북한은 서로 강경한 태도로 상호 대립하는 상황이었다. 남북 화해를 상징하던 개성공단은 북한의 일방적인 철수 조치로 폐쇄되었다. 거의 매일 새벽마다 북한의 미사일 발사 소식이 언론의 긴급 속보도 뜨는 그런 상황이었다. 이런 상황에서 세월호 사건은 국가 지도자로서 박근혜 대통령이 리더십을 잃어버리게 되는 중요한 '교통사고'가 되고 말았다. 박근혜 대통령의 리더십이 붕괴되는 아니 더 이상 대중이 그를 통해 대통령의 리더십 이미지를 소비할 수 없게 만드는 사건이었다. 이런 상황에서, 북한의 김정은 위원장의 리더십 이미지는 당시 대한민국 국민들이 적국에 가까운 북한의 지도자에 대한 리더십 이미지를 어떻게 만들고 소비하는지를 잘 알려 준다.

표1의 B 리더의 이미지로 표현된 리더십 항목들은 북한 김정은 위원장에 대한 남한 대중들의 인식이었다. 이미지는 '엄한 아버지', 즉 믿음직한 가부장적 독재자의 리더십이다. 현재 탄핵당한 윤석열 대통령이 지난 3년 동안 남한의 대중들에게 차곡차곡 만들어 낸 리더십 이미지이다. 'B 리더의 특성'에서 윤석열 대통령을 연상하게 된 심리적 이유이다. 김정은 위원장의 리더십은 '가부장적 독재자'의 이미지를 기반으로 '폭군', '똑똑한 독재자', '섭정 대상'인 '어린 왕', 그리고 공산주의 국가의 '정치위원' 중의 한 사람 정도로 인식되고 있었다.

역사적인 인물로 비유하면, 김정은 위원장은 대원군의 섭정 대상이었던 고종이나 '나찌 독일'의 히틀러 등의 인물이 발휘하는 리더십의 이미지이다. 특히, 대한민국 현대사에서 이와 유사한 정치 지도자는 이승만, 박정희, 전두환 등의 강한 권력 의지와 권위적이고 독단적인 통치 스타일을 가졌던 지도자들의 모습과 그리 다르지 않다. 그들은 통제력, 기득권 유지를 위해 독단적인 행동을 감행하였으며, 언론과 여론을 조작하며, 정치적 쇼맨십을 활용하였다. 많은 경우, 정치지도자의 리더십 이미지를 언론을 통한 이미지 메이킹 또는 대중 조작

황상민

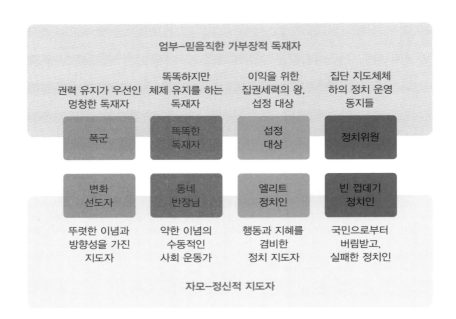

〈그림〉 **북한 김정은 위원장에 대한 남한 사람들의 리더십 이미지**
(2014년 대통령 이미지 연구결과)

의 목적을 지닌 정치적 이벤트의 결과로 보려 한다. 하지만, 대중들이 만들어 내는 각기 다른 정치 지도자의 이미지는 적이냐, 아군이냐와 관계없이 각각의 욕망을 뚜렷하게 투사한 분명한 리더십 이미지 소비 활동이라는 것을 확인할 수 있었다.

4. 대통령의 리더십과 이미지 홍보

◇◇◇◇◇◇◇◇◇

정치 지도자의 리더십을 만들어 내고 또 대중들이 그의 리더십 이미지를 소비할 수 있도록 하는 것이 '리더의 이미지 홍보 전략'이다. 이런 측면에서 박근혜나 윤석열 대통령의 경우 자신만의 뚜렷한 리더십에 대한 인식 없이 막연히 국민들에게 대통령의 리더십 이미지를 홍보하려 한 대표적인 경우이다. 무수하게 다양한 정책 메시지나 국정 홍보를 쏟아 내더라도, 그것은 대중의 마음이나 흥미를 끌기는커녕 쏟아지는 광고물 이상이 되기 어렵다. 이 와중에서 정작 대통령의 리더십은 조금씩 상실되어 간다. 탄핵의 순간까지 가게 된 두 대통령은 역설적으로 대한민국 국민들이 현재 바라는 '대통령의 이미지'가 무엇인지를 알 수 있게 했다. '박근혜 대통령'과 '김정은 위원장'은 '결코 이렇지 않다'라고 대중들이 응답한 특성들이다. 표1의 김정은 위원장의 특성들에서 대중들은 이미 '독재자' 또는 '폐위된 왕'의 신세가 된 윤 대통령의 이미지를 쉽게 찾을 수 있었다. 따라서, 두사람이 각각 '결코 그렇지 않다'라는 문항들은 현실의 대통령 이미지를 통해 대중들이 막연히 기대하는 리더의 이미지가 무엇인지를 알려 주는 것이다.

박근혜는 '결코 아닌' 리더십은 무능한 섭정 수준에 있는 꼭두각시 여왕이 아닌, 개혁 성향을 뚜렷히 보이면서 적을 물리칠 수 있는 '영웅'의 이미지이다. 김정은이 '결코 아닌' 리더십은 엄한 가부장적인 독재자가 아닌, 인자하고 자애로운 '따뜻한 어머니'의 마음을 가진 리더이다. 10년 전, 대한민국 국민들은 처음으로 대통령을 탄핵하는 경험을 했다. 그리고, 이런 과정을 통해, 자신들이 지도자에 대해 가진 리더십의 이미지를 구체적으로 소비하는 경험을 하였다. 대중이 마음속으로 바라는 리더십의 이미지를 새로운 정치 지도자를 선택하는 방식으로 실현하려 했다. 현재 헌법 재판소에서 탄핵 인용을 앞둔 윤석열 대통령에 대한 대중의 리더십 이미지 소비 방식도 이와 유사할 것이

황상민

다. 다음 대권을 노리는 정치 지도자라면, 현재 자신이 믿고 있는 정치 지형과 이념이 무엇인가를 확인하는 것도 필요할 것이다. 하지만, 무엇보다 필요한 것은, 대중이 자신을 어떻게 바라보는지를 지속적으로 점검하고, 국민의 기대에 부합하는 리더의 이미지를 만들어 가는 것이다. 이미지 전략은 단순한 홍보 활동이 아니다. 그것은 대통령이 국민과 소통하는 방식이며, 리더 개인의 능력을 대중과 효과적으로 전달하는 방법이자 도구이다.

박근혜 전 대통령과 김정은 위원장의 사례는 대통령의 리더십이 단순한 정책 운영이 아니라, 대중의 기대와 감정 속에서 형성된다는 것을 보여 준다. 박근혜 대통령은 국민과의 소통을 외면하고, 위기 상황에서 국민이 원하는 리더십을 보여 주지 못했다.

정치 지도자는 자신의 정책과 행동을 통해 리더십을 발휘한다. 하지만, 그가 발휘하는 리더십의 이미지는 받아들이는 국민들에 좌우된다. 북한의 김정은 위원장은 여전히 독재 방식으로 북한을 통치하지만, 그의 리더십 이미지는 뚜렷한 지도자의 이미지로 소비되었다. 남북 정상 회담이나 북미 정상 회담을 통해 '대화할 수 있는 지도자'의 리더십을 발휘하는 수준까지 업그레이드 되었다. 하지만, 이런 적대국 지도자의 리더십이나 그의 리더십 이미지가 영향력을 발휘하는 상황을 지켜보는 것은 괴로운 일이다. 이제 대통령의 탄핵이 헌법 재판소에서 인용이 된다면, 곧 조기 대선이 시작될 것이다. 이런 경우, 대중은 어떤 정치 지도자를 통해 어떤 리더십 이미지를 소비하려 할 것인가? 이미 탄핵의 사례로 실패한 리더십이 무엇인지를 잘 보여 준 두 대통령의 리더십과는 '결코 같지 않은 리더십'의 특성들은 다음의 대권을 노리는

특성	박근혜는 '결코 아닌' 리더십 이미지	김정은이 '결코 아닌' 리더십 이미지
출신 배경	민주화 운동을 통해 자신의 가치를 인정받았다.	민주화 운동을 통해 자신의 가치를 인정받았다.
정치적 개혁 성향	기존 정치의 부정과 부패를 완전히 청소 해 줄 것 같다.	대통령, 검찰, 국회가 대등하게 서로를 견제하는 민주주의를 지켜나 갈 사람이다.
통찰력과 전략적 사고	시대의 요구와 과제를 읽을 줄 아는 통찰력과 혜안을 갖춘 인물이다.	자신을 지지하지 않는 사람들까지도 포용해 나간다.
사회적 공감 능력	삶의 방향을 잃고 고민 많은 청춘들과 공감하고 답을 제시해 주는 사람이다.	삶의 방향을 잃고 고민 많은 청춘들과 공감하고 답을 제시해 주는 사람이다.
지도자의 이미지	시대가 필요로 하는 영웅적인 면모를 보인다.	권력의지가 없어 보이고 정치인 같아 보이지 않는다.
미래 전망 및 희망	지금보다 미래가 좀 더 나아질 것 같은 기대를 품게 한다.	오로지 국민만을 바라보고 가겠다는 진정성이 느껴진다.
국제 정세 및 군사 전략	세계적인 정세를 정확하게 파악하고 군사적인 작전을 짤 수 있는 능력을 가졌다.	미혼모나 장애우, 동성애자, 다문화 가족과 같은 소수를 배려하는 정책에 관심이 많다.
정책적 전문성	자기 분야에서 최고라고 할 수 있는 전문성을 뚜렷하게 갖춘 사람이다.	사회의 양극화 문제 및 빈부격차 해소를 위해 노력한다.
국정 운영 철학	전통 지배세력(언론, 부유층, 보수지식인 등)을 바꿀 개혁가의 면모를 지닌 인물이다.	잘못에 대해서는 솔직하게 시인하고 책임을 진다.
대중과의 관계	국정에 다양한 영역(경제, 교육, 외교)에 해박한 지식을 가지고 있다.	자신보다 나은 사람에게 기꺼이 배우려는 겸손한 마음을 가지고 있다.

〈표3〉 **대한민국 대중들의 마음 속에 있는 이상적 리더십(2014년 연구)**

황상민

정치 지도자라면 누구나 탐을 내어야 하는 리더십 특성들이다. 성공한 대통령, 아니 성공할 수 있는 대통령의 리더십의 특성들에 기초한 리더십 이미지에 대한 제안이 필요할 것이다.

5. 새로운 왕을 위한 '리더십 이미지' 찾기

◇◇◇◇◇◇◇◇◇◇

대중은 리더의 역할을 하는 대통령을 통해 '리더십 이미지'를 소비한다. 대통령의 리더십이란 마치 백화점에 진열된 멋진 상품이라 할 수 있다. 새로운 대통령을 선출하는 상황이 되면, 이것은 마치 수많은 정치 지도자들이 자기 '리더십'을 판매대에 올려놓는 것과 같다. 스스로 왕이라 생각하다 폐위되고 만 왕을 대신하여 이제 대한민국은 왕이 아닌 대통령의 역할을 하는 정치 지도자를 선택해야 한다. 하지만, 아무리 대통령 역할을 잘하는 리더를 선출한다 하더라도, 대중이 왕의 노릇을 하는 리더를 원한다면, 그는 왕 노릇을 자연스레 하게 된다. 대중의 마음을 잡는 리더십 이미지 전략은 자신이 발휘하는 리더십을 뚜렷히 인식하고 실천하는 방법이 있다. 현재 대부분의 정치인들은 자신의 리더십을 '진보'와 '보수'라는 이념적 입맛으로 구분하고 있다. '보수 여당'과 '진보 야당'이라는 전통적인 관념적 잣대를 적용하고 있기도 하다. 하지만, 어느 것이나 뚜렷한 맛을 보여 주기보다, 그 맛이 그맛이다. 아니, 잘 차려진 부페의 다양한 맛을 가진 음식처럼 보이지만, 어느 하나 젓가락질을 하기도 쉽지 않다. 대중이 가진 허전한 마음을 달래 줄 맛깔스러운 음식이 눈에 들어오지 않는 상황이다. 통념적인 보수나 진보, 우파, 좌파 등의 구분은 소비자 대중이 가진 욕망의 입맛과는 별로 무엇보다, 각기 다른 정치 지도자들이 자신이 어떤 맛이나 특성의 리더십을 발휘하고 있는지, 또는 대중들이 자신을 통해 어떤 리더십 이미지를 경험하게 될 것인지에 대한 이해가 분명하지 않다. 대중들이 정치 지도자를 통해 자신의 욕망을 실현하는 과정에는 '진보'나 '보수'와 같은 기준이라는 것이 중요한 구매 기준이 결코 아니라는 생각조차 잘 하지 못하는 것 같다.

'축출된 왕'과 같은 탄핵된 대통령을 통해 대중들이 소비하는 리더십 이미지는 변화를 이끌어 내는 '영웅'과 같은 '리더십 이미지'였다. 이와 동시에, 북한의 정치 지도자를 통해서는 엄한 독재자처럼 군림하는 지도자가 아닌 '자애로운 어머니'와 같은 인간미를 보이는 리더십 이미지를 소비하려 했다. 그렇다면, 향후 대선에서, 자신이 다음 대통령의 리더십을 보여 주고 싶은 정치인이라면 어떤 리더십을 추구해야 할까? 이것이 바로 실패한 박근혜 정권이나 윤석열 정권에서 대중들이 소비해야 했던 '리더십 이미지'를 통해, 향후 대중들이 소비하려 하는 미래 정치 지도자의 리더십 이미지의 정체를 분명하게 확인할 수 있다.

'먹사니즘'이나 '잘사니즘' 등의 실용주의 리더십을 내세우는 유력 야당 정치인이 발휘하게 될, 아니 발휘해야 할 리더십 이미지는 어떻게 될까? 적어도 대중이 그를 통해 자신들의 욕망을 충족시킬 수 있을 뿐 아니라 미래에 대한 기대를 가질 수 있는 리더십 이미지를 팔 수는 있을까? '기본소득'이나 '지역화폐' 등의 경제 활성화 방안을 제시하면서 '실용주의 리더십'을 대중과 소통하려는 그의 리더십은 정말 대

황상민

중의 욕망에 부합하는 것일까? 정책 철학의 부재 또는 '기회주의적인 대중 인기 영합 정책'의 남발이라는 비난을 받지는 않을까?

정치지도자 자신이 자신의 리더십 이미지에 대한 뚜렷한 인식을 하지 않은 채로 막연히 '실용주의' 또는 '먹사니즘' 등의 정책을 주장하는 것은 보수층의 반발과 세대 간 갈등 유발 또는 현실적으로 실현 가능하지 않은 포퓰리즘을 판매하는 정치인이 되기 쉽다. 왜냐하면, 정치인의 리더십 이미지는 '먹사니즘'이나 '잘사니즘'과 같은 저렴하면서도 통념적인 단어를 통해 만들어지지 않기 때문이다. 무엇보다, 대중이 가진 욕망이 정치 지도자의 뚜렷한 리더십의 가치와 철학에 기반하여 이루어져야 한다.

대중들이 거부하는 정치 지도자의 리더십 이미지를 '꼭두각시'와 '독재자'로 보게 될 때, 그들이 바라는 리더십 이미지는 '영웅'의 강인함과 '자모-자애로운 어머니'의 따뜻함을 갖춘 정신적 지도자의 모습이었다. 이것을 리더의 행동을 나타내는 구체적인 단어로 표현하면 '혁신'과 '공감'의 이미지로 포장된 '개혁적 문제 해결사Reformist Problem-Solver' 또는 '포용적 개혁가Inclusive Reformer'의 리더십 이미지이다. 이것은 다양한 사회 계층의 사람들을 포용하면서 공정한 사회를 구현하려는 노력을 한다는 이미지와 더불어 강력한 개혁 의지와 혁신적인 방식으로 문제를 해결할 수 있다는 미래지향적 비전을 제시하는 정치 지도자의 이미지이다. 이런 리더십 이미지를 만일 유력한 야당 후보인 이재명 대표가 자신의 리더십 이미지로 받아들인다면, 성공한 대통령으로 자기 위치를 역사 속에서 찾을 수 있을 것이다. '개혁적인 문제 해결사'나 '포용적 개혁가'와 같은 리더십 이미지를 구체적으로 어떻게 특정 정치인이 자신의 '리더십'으로 발휘할 수 있을까? 이미 자신과 관련하여 만들어진 정치 지도자로서의 이미지를 바꾸어야 하는 것일까? 아니면, 이런 멋지고 이상적으로 보여지는 추상적인 리더십 이미지를 어떻게 각기 다른 정치 지도자는 자신의 리더십과 리더십 이미지로 구체화할 수 있는가? 이런 질문을 현재 가장 높은 여론 지지를 받는 야당의 이재명 대표의 리더십과 관련된 질문으로 던져 보자. 만일 유력한 야당 후보인 이재명 대표가 자신의 리더십 이미지로 '개혁적 문제 해결사' 또는 '포용적 개혁가'라는 이미지를 어떻게 자신의 리더십으로 전환시켜 낼 수 있을까? 이 질문에 대한 구체적인 답변을 마지막으로 대통령의 리더십 이미지와 대중의 소비활동에 대한 이 글을 마무리 하고자 한다.

6. 성공한 대통령의 리더십 이미지 전략
: 2025년 조기 대선 정치 지도자를 위한 리더십 이미지

◇◇◇◇◇◇◇◇◇◇

2025년 조기 대선 상황에서, 유력한 야당 후보인 이재명 대표의 경우, 대중이 소비하는 리더십 이미지에 맞추어 자신의 리더십을 '개혁적 문제 해결사' 또는 '포용적 개혁가'라는 이미지로 전환시켜 낼 수 있을까? '먹사니즘'과 '잘사니즘'을 가치와 기능에 중심으로 하는 경제 정책의 기본 기조로 내세웠다. 하지만, 이런 구호들이 이재명 대표가 대통령 리더십을 발휘해, 대중이 그를 통해 '개혁적 문제 해결사' 또는 '포용적 개혁가'의 이미지를 어떻게 소비할 수 있을까?

황상민

여당인 국민의힘 정치인은 야당 대표인 이재명을 향해 독설을 날렸다. "이재명 대표가 대통령이 된다면, 그는 자신의 욕망, 아니 자신의 실책을 감추기 위해 군대를 동원한 비상계엄을 선언할 것이다"라는 말이었다. 하지만, 이런 독설은 그 정치인이 자신의 마음이나 삶에 대한 성찰이 전혀 없는 권력을 누리는 데 익숙한 전형적인 검사 출신 정치인이라는 것을 잘 보여 주었다. 왜냐하면, 탄핵으로 쫓겨나는 그의 동료이자 선배였던 윤석열 대통령에 대한 고백과 같은 표현이기 때문이다. 비상계엄 선언으로 탄핵된 윤대통령의 리더십을 야당 대표의 리더십이라 착각한 것 같다. 자신의 욕망을 중심으로 자신이 보고자 하는 것을 보려 하면, 적과 아군조차 잘 구분하지 못하는 관료 정치인의 전형적인 모습이다.

미래 대통령에 대해 대중은 '현재보다 나은 미래', 그리고 '혼란에서 벗어난 안정된 상황이 만들어지기를 기대한다. 동시에, '새로운 시대'와 '미래의 희망'이라는 그들의 욕망을 뚜렷하게 구현해 낼 수 있을 것이라 믿는 정치 지도자는 아직 분명하지 않다. 표3에 언급된 박근혜와 김정은은 '결코 아니다'라는 리더십이 이재명 대표를 통해 실현될 수 있을까? 그것은 대통령 후보로 나서는 이재명 대표가 자신의 리더십을 다음의 5개의 항목을 활용하여 표현할 수 있으면 된다. '잘사니즘', '먹사니즘'을 구체화할 수 있는 국정 운영의 방향을 설정하는 것이다. 그렇게 되면, 대통령으로 이재명은 어떤 역할을 수행할 것이며, 대중은 그의 리더십에 대해 무엇을 기대할 수 있을지를 분명히 알게 된다. 5개의 리더십 특성이 무엇보다 이재명 대표를 위한 맞춤 리더십 이미지처럼 느껴진다면, 바로 그가 이런 리더십을 발휘할 역사적 사명을 가지게 되었다는 뜻이다.

ⓐ 시대가 필요로 하는 영웅적인 면모를 보인다.

ⓑ 지금보다 미래가 좀 더 나아질 것 같은 기대를 품게 한다.

ⓒ 전통 지배세력을 바꿀 개혁가로의 면모를 지닌 인물이다.

ⓓ 삶의 방향을 잃고 고민하는 청춘들과 공감하고 그들이 원하는 답을 제시해 줄 수 있는 사람이다.

ⓔ 국정의 다양한 영역(경제, 교육, 외교)에 해박한 지식을 가지고 있다.

영웅적인 면모를 보이며, 공감하고 따뜻한 마음을 나타내는 리더십 이미지는 어떤 정치인이라도 가지고 싶은 리더십이다. 하지만, 이것이 이재명 대표를 통해 구현되는 것과 다른 정치인을 통해 실현되는 것은 완전히 다르다. 리더 개인이 이런 리더십에 대한 믿음과 실천 의지를 얼마나 보일 수 있느냐에 달려 있다. 정치 리더는 자신의 리더십을 대중에게 자신의 믿음과 확신으로 전달할 수 있어야 한다. 무엇보다 지금까지 살아왔던 자신의 이력이 이런 이미지를 만드는 과정이다. 과거를 언급할 필요 없이, 현재 보이는 행동으로 대중의 기대와 희망을 얻을 수 있다. 이런 리더십 이미지를 그와 함께라면 가능할 것 같은 기대와 희망을 '먹사니즘'과 같은 절박한 삶을 강조하는 이재명 대표의 현재 리더십은 과거의 그의 행적과도 쉽게 연결된다. 하지만, 그가 발휘하게 될 대통령의 리더십과는 별 관련성이 없다. 무엇보다, 대중에게 뚜렷하게 어필할 수 있는 리더십 이미지가 분명하지 않다. 이재명 대표의 리더십은 이제 대통령의 리더십 중심으로 재구성되어야 한다.

황상민

앞에서 언급한 5가지 항목 중의 어느 하나라도 이재명 대표 자신이 믿고 실천할 수 있는 리더십이자 목표로 삼아야 한다. 그렇게 해야 대통령으로서의 그의 리더십이 생겨나며, 또 대중이 그에 대해 가진 리더십 이미지가 새롭게 만들어질 것이다. 실질적인 문제 해결에 집중하면서 소수자와 약자에 대한 배려와 공감 능력을 보여 주는 따뜻한 해결사의 이미지를 추구한다면, 포용성과 실용성을 동시에 강조하는 그만의 리더십이 생겨난다. 답답한 현실을 타개하고 기대를 걸만한 미래의 지도의 리더십을 발휘하는 것이다.

과거 이런 '개혁'과 '포용'의 리더십 이미지를 가장 잘 보여 준 정치인은 김대중과 노무현 대통령이었다. 그분들의 리더십 핵심은 시대의 변화를 선도하며 따뜻한 마음을 갖춘 리더십의 발휘였다. 이제 우리는 '다음 대통령이 누가 될 것인가?'라는 질문보다, '누가 되더라도' 대중이 바라는 리더십 이미지를 구체적으로 자신의 리더십으로 잘 만들 수 있는 사람이 누구인지를 찾아야 한다. 그리고 대중의 욕망을 자신의 리더십으로 채택하고 그것을 실현할 수 있는 사람이 누구인지를 물어야 한다. '정치 지도자가 자신의 역할을 수행한다'는 것은, 아니 '대통령이 리더십을 발휘한다'는 것은 대중이 자신의 욕망을 그의 리더십을 통해 실현될 수 있다는 기대와 희망을 품고 살게 하는 것이다.

21세기 대한민국의 정치 리더는 더 이상 대중을 계몽의 대상으로 보지 않고, 대중의 욕망을 자신이 대신 실현시킬 리더십을 발휘하는 지도자가 되어야 할 것이다. 그것이 성공적인 대통령으로, 리더십을 발휘한 정치 지도자로 자신의 정체성과 역할을 분명히 실현하는 일이다.

주

◇◇◇◇◇◇◇◇

1   김재칠, 정화영(2023), "가계의 사적연금소득과 주택연금의 역할", 자본시장연구원 이슈보고서 23-11 참조.

2   디폴트옵션에 대한 자세한 논의는 남재우(2023), "퇴직연금 사전지정운용 적격상품의 특성과 시사점", 자본시장연구원 이슈보고서 23-18 참조.

3   기금형 퇴직연금과 호주 사례에 대한 자세한 논의는 남재우(2025), "사적연금 구조개혁과 퇴직연금 지배구조 개편", 자본시장연구원 참조.

4   자세한 내용은 이효섭(2024), "일본 자본시장 개혁의 성과 동인 및 시사점", 자본시장연구원 이슈보고서 24-16 참조.

5   이성복(2024)에 따르면 70% 주총 출석율 기준으로 우리나라 상장기업의 64.9%(코스피 77.2%, 코스닥 55.8%)는 최대주주 우호지분을 활용하여 주주총회 안건을 단독으로 의결할 수 있다. 자세한 내용은 이성복(2024), "국내 상장기업의 소유구조 현황과 특징", 자본시장연구원 이슈보고서 24-20 참조.

6   이에 대한 자세한 논의는 김우진, 임지은(2024) "국내 상장기업의 ROE, 자본비용, PBR 및 이에 따른 배당정책 적정성 분석", 2024 한국증권학회 학술세미나 시리즈 참조.

7   자세한 논의는 천경훈(2024), "한국 회사법 상 이사의 의무와 주주이익의 보호"

2024년 9월 한국상사법학회 학술대회 자료집 참조.

8 이에 대한 자세한 논의는 황현영(2024), "주주권 강화를 위한 주주총회 관련 제도 개선 방안", 2024년 6월 10일 "자본시장 선진화를 위한 기업지배구조" 정책세미나 자료집 참조.

9 이에 관한 통계와 경제 분석은 본 저서의 다른 챕터와 본 저자의 다른 논고에서 다루고 있고 본고의 주제에서 다소 벗어나 있어 지면의 제약상 생략한다.

10 본고는 필자의 논문 등을 토대로 재구성하여 작성되었다.

11 OECD, A New Economy, 2000.

12 OECD, Measuring Productivity, 2001.

13 이의영(2012), "생산성의 새로운 원천과 개념", 『생산성논집』, 한국생산성학회 새로운 생태계생산성 개념에 대한 저자의 주장이 가지는 하나의 이론적 근거는 뉴케인지언(New Keynesian)의 협력실패이론(coordination failure theory)에 토대를 두고 있다. 경제학에서의 협력실패는 기업들과 여타의 경제주체들이 협력에 실패함으로써 경기침체(recessions)에 이를 수 있음을 설명할 수 있다는 개념이다.(G. Mankiw and Romer(1991), New Keynesian Economics 참조)

14 이의영 외(2011), 「중소기업 수출지원의 고용효과 분석」, 『생산성논집』, 한국생산성학회 참조.

15 이의영 외(2015), 『산업혁신과 클러스터』, 한국산업단지공단 참조.

16 클러스터 이론 및 실천에 관해서는, 이의영 외(2007), 『한국산업클러스터백서』와 이의영 외(2009), 「산업단지 클러스터의 기업경쟁력 분석」 참조.

17 Eui Young Lee, et. al.(2009), "Optimizing Risk Management for the Sustainable Performance of the Regional Innovation System in Korea through Metamediation", Human and Ecological Risk Assessment 참조.

18 Statista, AI market size worldwide in 2021 with a forecast until 2030, 2023.10.

19 McKinsey Global Institute (2023) "The Economic Potential of Generative

AI": The next productivity frontier, 2023. 6.

20 Stanford University (2024) "AI Index Report 2024": https://aiindex.stanford.edu/wp-content/uploads/2024/04/HAI_AI-Index-Report_2024.pdf.

21 2021년을 전후하여 RTA의 숫자가 크게 늘어난 것처럼 보이는 이유는 브렉시트 이후 영국이 기존에 EU의 회원국으로 체결된 RTA를 영국의 이름으로 다시 체결했기 때문이다. 그 숫자는 무려 41개에 달한다.

22 이 절은 김흥종(2024), "일련의 충격에 따른 혁신적 국제무역체계 변화 가능성", 「ASAN 국제정세 전망 2025」를 수정·보완한 것이다.

23 이 절은 김흥종(2024), "일련의 충격에 따른 혁신적 국제무역체계 변화 가능성", 「ASAN 국제정세 전망 2025」를 수정·보완한 것이다.

24 이 용어는 바이든 행정부 시절에 적용되었던 "좁은 분야, 높은 장벽(Small yard high pence)"의 변형이다. 즉, 바이든 행정부는 일부의 첨단 과학기술 분야에서 중국의 접근을 차단하는 전략을 택했지만, 트럼프 2기 행정부는 범위를 넓혀 내연기관차, 철강, 알루미늄, 가전, 전력 등까지 포괄하는 분야로 확대하고 펜스(규제)는 더 높인다는 의미이다. 이는 이 전통 분야에 종사하는 노동자를 보호할 목적을 띠고 있다.

25 바이든 행정부는 친환경 경제로의 전환과 인플레이션 감축을 목적으로 2022년 8월부터 IRA를 시행, 우리나라를 포함한 2차 전지 생산업체에게는 투자세액공제(Investment Tax Credit, ITC), 생산세액공제(Production Tax Credit, PTC) 그리고 첨단제조생산세액공제(Advanced Manufacturing Production Credit, AMPC) 등 파격적 세액공제 혜택을 주고 있다.

26 FTA 피해보전기금의 집행은 주요하게 두 가지 방면에서 이루어지는데 첫째는 주로 산업 구조조정, 인력 재배치, 생산성 향상 등을 위한 산업 피해 지원이며, 둘째는 특정 지역이 FTA로 인해 큰 영향을 받을 경우 해당 지역의 경제 회복을 위한 지역 피해 지원이다.

27 예컨대 2021년에는 귀리가 FTA 피해보전 직접지불금 지원대상 품목으로 선정되어 귀리 재배 농가에게 총 6.1억 원이 지급되었으며, 농가당 약 300만 원의 지원금을 받았다. 2024년 7월 해양수산부는 전복과 가리비를 지원대상 품목으로 선정하여 해당 어민들에게 최대 3,500만 원을 지급했다.

28 김흥종(2021), 경제안보(Economic Security), 경제안보 TF, 2021.11.

29 또 다른 차이로 다른 나라는 정의의 여신이 칼을 들고 있는데, 우리는 법전을 들고 있다. 칼은 법의 엄격한 집행을 의미하지만, 군사 독재를 겪은 우리 실정상 법전으로 바꾼 것이 아닐까 한다.

잘사니즘, 포용적 혁신 성장

이재명과 전문가 9인이 말하는 한국경제를 어떻게?

글 서정희, 구윤철, 신진영, 박홍재, 이의영, 김흥종, 박정수, 이한주, 황상민
발행일 2025년 3월 20일 초판 1쇄

발행처 다반
발행인 노승현
출판등록 제2011-08호(2011년 1월 20일)
주소 서울특별시 마포구 양화로81 H스퀘어 320호
전화 02-868-4979 **팩스** 02-868-4978

이메일 davanbook@naver.com
인스타그램 @davanbook

ISBN 979-11-94267-22-5 03320